Tom Kenyon und Judi Sion

Das Manuskript der Magdalena

Tom Kenyon und Judi Sion

Das Manuskript der Magdalena

Die Alchemie des Horus
&
die Sexualmagie der Isis

Titel der Originalausgabe:
»The Magdalen Manuscript«, first printing 2002
© Copyright: Tom Kenyon, Judi Sion
ORB Communications
Aus dem Englischen von Nayoma de Haën
Deutsche Ausgabe: © KOHA-Verlag GmbH Dorfen

Aus dem Englischen von Nayoma de Haën
Lektorat: Delia Rösel
Gesamtherstellung: Karin Schnellbach
Druck: CPI Books Gmbh, Leck
ISBN 978-3-929512-96-0

Koha Verlag GmbH - St. Sebastian 13 - 84405 Dorfen
www.koha-verlag.de   info@koha-verlag.de

Inhaltsverzeichnis

Anrufung der Kosmischen Mutter ... 6

I. Das Manuskript der Magdalena ... 7
Toms Einführung zum Manuskript der Magdalena ... 7
Judis Einführung zum Manuskript der Magdalena ... 12
Das Manuskript der Magdalena ... 16
Übungsanleitung für die Alchemie des Horus ... 50

II. Innere Alchemie ... 59
Einführung in die Grundlagen der inneren Alchemie ... 59
Ägyptische Alchemie ... 66
Alchemistische Systeme – ein vergleichender Überblick ... 98

Tantra Yoga ... 101
Taoismus ... 110
Alchemie des tibetischen Buddhismus ... 124
Alchemie der Beziehungen ... 132

III. Die Geschichte einer Frau ... 140
Toms Einführung zur Geschichte einer Frau ... 140
Judis Einführung zur Geschichte einer Frau ... 145
Die Geschichte einer Frau ... 148

Fragen an Maria Magdalena ... 240

Glossar ... 246

Anrufung der Kosmischen Mutter

Oh, Große Mutter, göttliche Weiblichkeit, Gebärerin des Kosmos, Geliebte des Geistes, Schöpferin aller Materie und Königin aller Welten in allen Welten und außerhalb von ihnen, wir rufen dich in dieser Stunde zu uns.
Wir sind deine Kinder, erhöre unser Rufen.
Wir sind die Söhne und Töchter aus deiner göttlichen Vereinigung, das Fleisch deiner Leidenschaft für das Leben. Du, die du dich am Anbeginn aller Zeiten mit dem Geist, unserem Vater vereinigt und uns aus dieser gesegneten Einheit von Geist und Materie hervorgebracht hast: Wir sind deine Kinder, die Söhne und Töchter deines Fleisches und deines Herzens. Wir erinnern uns an deine Berührungen, an den Duft deiner Essenz, und wir sehnen uns nach dir.
Komm in unsere Herzen und schenke uns Erinnerung. Komm in unseren Verstand und öffne unseren Geist.
Erleuchte uns durch deine Gegenwart.
Lüfte die Schleier, auf dass wir sehen können, und lass die Tore sich öffnen, auf dass sich Schönheit und Ekstase in unseren Häusern und in unseren Herzen ausbreiten.
Dies ist die Stunde unserer größten Bedrängnis. Wir rufen dich durch Feuer und Wasser, durch Erde und Wind, durch alles, was deinen Namen trägt. Wir rufen all deine Ahnen auf und alle deine Namen. Komm zu uns. Erfülle uns. So sei es.

Judi Sion

Erstmals vorgelesen am 9. November 2001 beim Magdalena-Retreat in Sedona, Arizona

EINS

Das Manuskript der Magdalena

Toms Einführung zum Manuskript der Magdalena

Ich habe mich mit dem Manuskript von Maria Magdalena sehr schwer getan. Das lag unter anderem daran, dass es sich hier um gechanneltes Material handelt und ich eigentlich annahm, dass ich diese Art des Schreibens seit dem Abschluss des Hathor-Buches (siehe Veröffentlichungen) hinter mir gelassen hätte.
Meiner Ansicht nach ist das Channeln eine fragwürdige Angelegenheit. Es kommt mir vor wie die Schlagnetz-Fischerei in den Wasserläufen der Camargue in Südfrankreich. Übrigens vermuten viele Menschen, dass Magdalena hier an Land gegangen war. Dort lässt man große Netze vom Ufer aus ins Wasser hängen, zieht sie ab und zu mit einer Winde hoch und schaut dann, was darin hängen geblieben ist.
Das Channeln erscheint mir sehr ähnlich. Durch unsere Psyche ziehen Strömungen, in denen so allerhand vor sich hin treibt. Manches davon ist interessant, manches wertlos und manches einfach nur wunderlich. Ab und zu verfängt sich etwas eindeutig Wertvolles im Channel-Netz, doch meistens ist es mit einer Menge Müll vermengt.
Meine ersten Erfahrungen mit dem Channeln hatte ich in den späten siebziger Jahren. Ein Freund von mir war in der medizinischen Forschung an der Duke Universität tätig und wir führten eine Reihe von Untersuchungen über dieses Phänomen durch. Ich arbeitete zu jener Zeit in meiner psychotherapeutischen Praxis mit Hypnose und wir wollten wissen, was bei einem hypnotisierten Zustand an gechanneltem Material entstehen kann. Gleich am ersten Abend bekamen wir »Kontakt« mit einer großen Intelligenz, die wir euphemistisch »Big Dude« (großer Macker) nannten. Ich habe manchmal eine ziemlich respektlose Art, wie jeder weiß, der mich kennt. Big Dude sprach in der, für viele gechannelte Intelligenzen und Wesenheiten typischen weit ausholenden und pastoralen Art über mögliche Veränderungen auf der Erde und über die Zusammenhänge im Universum. Die Abschriften der Vorträge waren zwar spannend, doch nachdem wir

uns drei Monate lang alle zwei Wochen zum Channeln getroffen hatten, kamen wir übereinstimmend zu dem Schluss, dass die Informationen nichts wirklich Substantielles enthielten und beendeten die Angelegenheit damit.

Als Psychotherapeut im Bereich der transpersonalen Psychologie habe ich im Laufe der Jahre viele Klienten erlebt, die channelten. Manche fühlten sich ganz wohl damit, andere störte es, wie zum Beispiel eine Frau, die ein Jahr lang jeden Morgen um drei Uhr geweckt wurde. Sie musste sich dann hinsetzen und Botschaften der »anderen Seite« aufzeichnen. Doch der anderen Seite von was? Ihre Protokolle sprachen von der heilenden Macht der Liebe, boten manchmal sinnvolle Lösungen für Probleme an, enthielten aber auch einiges, was mir, offen gesagt, ziemlich merkwürdig vorkam. Merkwürdig ist natürlich ein relativer Begriff. Was dem einen merkwürdig vorkommt, erscheint dem anderen als durchaus vernünftig. Die kulturellen Filter unserer Erfahrungen sind oft willkürlich und basieren auf erlerntem Unsinn. Als Psychotherapeut bestand meine Aufgabe darin, meinen Klienten zu helfen, mit ihrem transpersonalen Gelaber zurechtzukommen. Ich verwende diese Begriffe absichtlich, denn das kollektive Unbewusste ist mit allem Möglichen angefüllt. Es gibt geistige Wesenheiten aller Art, genau wie es Menschen aller Art gibt. Manche Bewohner des kollektiven Unbewussten sind brillant und wohlwollend, andere sind Idioten, die sich als spirituelle Wesen verkleidet haben .

Inzwischen erfreut sich das Channeln unter Laien und Professionellen zunehmender Beliebtheit. Ich sehe darin einfach ein Zeichen dafür, dass wir anfangen, Zugang zu unseren seelischen und spirituellen Tiefen zu erhalten. Immer mehr Menschen erleben spirituelle Krisen, die ihre Sichtweise der Welt plötzlich und nachhaltig durch tiefe spirituelle Erlebnisse verändern. Ich bin davon überzeugt, dass wir im Laufe der nächsten paar Jahrzehnte mit dem Auftauchen eines neuen Mythos im kollektiven Bewusstsein immer mehr dieser psycho-spirituellen Krisen erleben werden.

In diesem Zusammenhang ist Channeling nicht mehr als eine Botschaft aus der Tiefe. Und genau wie beim Fischen ist manches, was aus der Tiefe geholt wird, nicht der Mühe wert. Doch es wird mit an die Oberfläche des Bewusstseins gebracht, wie ein vergammelter Schuh oder eine rostige Bierdose.

Es kommt beim Channeln also sehr darauf an, das Wertvolle vom

Wertlosen, das Bereichernde vom Gefährlichen zu trennen. Nur weil etwas von der *anderen Seite* kommt, ist es nicht glaubwürdiger als das, was irgendjemand auf der Straße sagt. Es ist sogar so, dass ich eher vorsichtiger werde, wenn mir jemand etwas zu lesen gibt und sagt, es wäre gechannelt. Und wenn sich Wesen von der *anderen Seite* bei mir melden, halte ich Ausschau nach logischen Fehlern und lege Fallen aus. Wenn sie diese Tests bestehen, bin ich eher bereit, das, was sie mir erzählen, in Erwägung zu ziehen. Doch auf jeden Fall fälle letztlich ich das Urteil. Wenn mir das Gesagte nicht sinnvoll erscheint, beschäftige ich mich nicht weiter damit.

Trotz all meiner Widerstände gegen das Phänomen des Channelns meldete sich eines Nachts in Zürich Maria Magdalena. Meine Partnerin Judi hatte mich gebeten, ob ich nicht irgendetwas über Magdalena in Erfahrung bringen könnte, da wir kurz darauf in Les-Saintes-Maries-de-la-Mer sein würden, wo Magdalena angeblich nach der Kreuzigung an Land gegangen sein soll.

Ich schloss meine Augen und versetzte mich in einen leichten hypnotischen Trance-Zustand. Vor meinem inneren Auge erschien unmittelbar ein Wesen, das sich als Maria Magdalena vorstellte. An jenem Abend begann sie den hier vorliegenden Text zu diktieren. Sie sprach viele Sitzungen lang mit größter Klarheit und Eindringlichkeit. Jedes Wort war präzise, und im Raum herrschte während der Sitzungen eine deutlich spürbare elektrische Spannung.

Inzwischen sind einige Monate vergangen, und ich schaue mit kritischem Blick auf das *Manuskript*. Die Aussicht, dem Berg gechannelter Bücher noch ein weiteres hinzuzufügen, verursacht mir Beklemmungen. Das erscheint mir als das Letzte, was die Menschheit jetzt braucht. Doch andererseits habe ich noch nie etwas Vergleichbares gesehen. Seit drei Jahrzehnten studiere ich die innere Alchemie. Dabei haben mich die Ähnlichkeiten und Unterschiede der alchemistischen Traditionen immer fasziniert. Meine Erfahrungen mit den unterschiedlichsten alchemistischen Methoden zur Transformation und Erhöhung des menschlichen Bewusstseins sind zu einem wichtigen Teil meines persönlichen Weges geworden. Aus dieser Perspektive betrachtet sind die von Magdalena dargestellten Techniken ziemlich außergewöhnlich. Als spiritueller Pragmatiker habe ich immer alles selbst ausprobiert – so auch hier. Magdalenas Techniken funktionieren jedoch nicht nur, sie tun es sogar außerordentlich gut. Ich muss sogar sagen, dass ihre

Praxis die Wirkung all meiner anderen alchemistischen Übungen verstärkt hat, egal aus welcher Tradition sie stammen.
Aus all dem habe ich einen logischen Schluss gezogen. Dieses Material kann von unschätzbarem Wert sein, sowohl für all jene, die die Alchemie studieren, als auch für jene, die tiefer gehende Erfahrungen der spirituellen Transformation machen wollen und für diejenigen, die sich nach einer »Heiligen Beziehung« sehnen. Deshalb habe ich mich entschlossen, es zu veröffentlichen.
Mein nächstes Problem ist, dass ich es gerne genau nehme. Diese Geschichte lässt sich jedoch unmöglich beweisen. Das Ganze hat sich vor so langer Zeit abgespielt und es gibt so viele Versionen der Magdalenen-Legende, dass ich annehme, wir werden es nie sicher wissen, zumindest nicht aus objektiver Sicht.
Die Geschichte, die uns Magdalena im Verlaufe unserer Sitzungen vermittelte, hat mich tief berührt. Manche Aspekte davon berühren mich immer noch. Doch der größte Teil des Erzählten ist für mich nichts weiter als eine Geschichte, die wahr oder nicht wahr sein kann. Als ein Mensch, der fest in den Grundsätzen der Logik verankert (manche würden vielleicht eher sagen »eingemauert«) ist, stört es mich, dass ich nicht sagen kann, ob diese Geschichte wahr ist oder nicht. Nichtsdestotrotz muss ich sagen, dass die Methoden und Einsichten, die Maria Magdalena vermittelt, außerordentlich sind. Also habe ich für mich die Geschichte zurück in den Fluss geworfen und die Methoden behalten. Ich möchte Sie einladen, das Gleiche zu tun. Lesen Sie es mit Ihrem eigenen Herzen und Verstand. Behalten Sie das, was Ihnen sinn- und wertvoll erscheint, und lassen Sie den Rest.
Mir ist klar, dass dieses Buch unterschiedliche Reaktionen auslösen wird. Ich halte es trotzdem für richtig, dieses Manuskript in die Welt zu entlassen. Auch wenn es nichts weiter erreichen sollte, als dass wir die angesprochenen Themen hinterfragen, ist seine Existenz gerechtfertigt. Schließlich ist es für die gesamte Christenheit an der Zeit, die falsche Bewertung des Weiblichen in Frage zu stellen.
Für diejenigen, die ein tieferes Verständnis der inneren Alchemie zur Transformation ihres Bewusstseins suchen, wird sich der Wert dieses Materials von selbst erschließen.
Als ich gerade das *Manuskript* noch einmal durchlas, geschah etwas Merkwürdiges: Ich sah das Material kritisch durch. Als ich darüber

nachdachte, ob ich es veröffentlichen sollte oder nicht, erschien mir Isis – ja: Isis. Sie forderte mich auf, das Buch so schnell wie möglich fertig zu stellen.
Was soll man da noch tun?

Insel Paros, Griechenland

Judis Einführung zum Manuskript der Magdalena

Es war eine kühle Nacht und Zürich lag in dichtem Nebel. Wir hatten bei unserem Lieblingsthailänder direkt neben unserem Hotel vorzüglich zu Abend gegessen und wir hatten genug Zeit. Es war eine seltene Gelegenheit in unserem Leben. Es war Donnerstag, der 30. November im Jahre 2000.

Ich hatte mich zunehmend für Maria Magdalena begeistert, sowohl als Archetyp als auch als Wesen. Wer war sie wirklich? So vieles von dem, was in unserer Zivilisation alltäglich ist, beruht darauf, dass sie und damit alles Weibliche von der Kirche als Hure gebrandmarkt wurde, als sündhaft. Wegen dieser Brandmarkung – die wirklich einer Erniedrigung des Göttlichen entspricht, dem das heiße Eisen ins Fleisch gepresst wurde – war das Weibliche für über zweitausend Jahre von Scham erfüllt und wurde als minderwertig betrachtet.

Dass die Kirche sie als Hure bezeichnet, entbehrt jeder Grundlage. In den Originaltexten findet sich kein einziges Wort, das diese Anschuldigung unterstützen würde. Erst das Konzil zu Nicäa unter Kaiser Konstantin gab der Geschichte diesen Dreh, um das Patriarchat zu unterstützen, die weibliche Autorität zu untergraben, alles Weibliche zu schmähen und die vielen verschiedenen Religionen mit der neuen, populären Religion, Christentum genannt, zu einer Religion zusammenzuschmieden – alles zum Wohle Roms, zum Wohle der Regierung. Warum brandmarkten sie Maria Magdalena als Hure? Aus Eifersucht und Angst vor der Macht des Weiblichen, vor allem vor der Art der Macht, über die Maria Magdalena verfügte.

Ich habe nie daran geglaubt, dass wir in Sünde geboren sind, und ich habe nie geglaubt, dass Maria Magdalena und – da sie den Archetypus der Frau verkörpert – alle Frauen Huren waren. Das Bild von Jesus Christus als einem überfrommen, zölibatär lebenden, scheinheiligen, fanatischen Prediger habe ich ihnen nie abgekauft.

Vor Jahren war ich dem Weg von Maria Magdalena durch Südfrankreich gefolgt, und ich wollte Tom den gleichen Weg führen, den mein Herz damals gefunden hatte, um meine Spur mit meinem Geliebten wieder aufzunehmen.

Doch ich traute mich nicht, einfach meinem Herzen zu folgen und sehnte mich nach mehr Hintergrundwissen. Ich wollte die Geschichte.

Ich wollte mehr als die Geschichte. *Ich wollte die Wahrheit.* Ich sagte Tom, dass ich einer Durchsage, die er erhalten würde, Glauben schenken würde, weil ich seine Integrität und seine Fähigkeit, mit der wahren Quelle in Verbindung zu treten, so hoch schätze. So bat ich ihn, ob er vielleicht irgendwann Kontakt mit ihr aufnehmen könne.

Dazu muss man sagen, dass Tom nicht gerne channelt! In ihm kämpft oft der Wissenschaftler mit dem Mystiker, und da ich beide gleichermaßen liebe, trete ich dabei zurück und beobachte, wie der Wissenschaftler letztendlich dem süßen Licht der Wahrheit nachgibt, die der Mystiker hervorzubringen vermag. Aus diesem Tanz entstehen dann zu guter Letzt großartige Lehren für die Welt, eingehüllt in den Schleier der Wissenschaftlichkeit, die von den Unwissenden dieser Zeit gefordert wird.

An jenem Abend, aus welchem Grund auch immer, war jedoch das Glück auf meiner Seite. Ich fragte ihn, ob er vielleicht versuchen würde, mit Maria Magdalena Kontakt aufzunehmen, und er sagte »Ja«.

»Wann?«, fragte ich und hielt die Luft an.

»Wie wäre es mit jetzt gleich?«

Er streckte sich auf dem Bett aus und ich machte den Laptop bereit. Toms Person ging aus dem Weg und die Hathoren kamen, um ihm zu helfen, sein Nervensystem anzupassen, was sie oft tun, um den Wissenschaftler zu beruhigen, der sonst zu viel widerspricht.

Und sie kam herein. Das Zimmer füllte sich mit Kraft und einer intensiven Elektrizität, die ich in meinen Fingerspitzen spüren konnte. Meine Finger zitterten auf den Tasten, als sie zu sprechen begann. Es war, als ob die Ewigkeit den Abgrund der Zeit überspannte und schloss. Sie war da. Wir waren da. Das Stundenglas zerbrach und die Zeit hörte auf zu sein.

Ich hoffe, dass ich ihre Worte nie vergessen werde. Ich schwöre, dass ich niemals vergessen werde, dankbar zu sein für ihre Wahrheit, für Toms offenes Herz, für die Ehre, die uns Jeshua erwies und für das Vertrauen, das sie mir entgegenbrachte, indem sie mir ihre Geschichte erzählte.

Sie fuhr damit fort, während wir ein paar Wochen lang durch die Schweiz, die italienischen Alpen und die Toskana reisten. Sie kam auf der Fähre von Genua nach Palermo durch. Und als sich herausstellte, dass Sizilien nicht der Ort war, an dem wir überwintern wollten, besuchte sie uns auf der Fähre von Livorno nach Malta. Auf Gozo,

einer kleinen Insel vor Malta, fuhr sie mit ihrer Geschichte fort, in Sichtweite der Stelle, an der sie auf ihrer Reise von Ägypten nach Frankreich gelandet war, um Proviant aufzunehmen. Sie sprach die Worte »Wir haben es vollendet« kurz vor Weihnachten 2000.
Jeden Abend, bevor sie begann, ließ sie mich vorlesen, was ich von ihrem vorigen Besuch notiert hatte. Sie korrigierte jedes Wort, das ich nicht richtig verstanden hatte, änderte ab und zu ein Wort, um einen Sachverhalt klarer auszudrücken. Und bevor sie uns jeweils verließ, bat sie mich, ihr vorzulesen, was ich an dem Abend aufgeschrieben hatte.
An vielen Abenden hielt sie an besonders ergreifenden Stellen ihres Berichtes inne, während Tom ihre Geschichte unter Stöhnen und Wimmern emotional durchlebte.
Sie sagte dann zu mir: »Dieser Kanal spürt jetzt die Emotion dessen, was ich dir erzähle.«
Mein Herz öffnet sich für Tom, weil er, wenn auch nur für einen Augenblick, gespürt hat, wie es für sie war, einen Mann so sehr zu lieben wie sie Jeshua geliebt hat, und ihn dann an den Tod zu verlieren, zum Wohle der Menschheit. Und mein Herz öffnet sich für Jeshua, nachdem ich jetzt ihre Geschichte gehört habe und weiß, dass sie wahr ist. Er liebte sie so sehr, dass er das, wofür er hergekommen war, fast nicht getan hätte.
Als wir im Frühling Malta verließen, wurden die Computer eingepackt und nach Hause geschickt. Wo auch immer ich hinging, trug ich eine Diskette und einen Ausdruck des *Manuskriptes* bei mir. Auf diese Art fuhr Magdalena mit uns nach Russland, in die Ukraine, zurück nach Deutschland, in die Schweiz und nach Venedig, und kehrte so in gewisser Weise auch wieder nach Les-Saintes-Maries-de-la-Mer in Südfrankreich zurück, wo sie damals an Land gegangen war. Die Diskette und die Papiere warteten geduldig, während wir nach Rennes-le-Chateau fuhren und uns vorstellten, wie die Pyrenäen wohl damals ausgesehen hatten, als sie sich in die Wildnis dieser majestätischen Gipfel begeben hatte.
Schließlich kam sie in dem winzigen Appartement mit Blick auf das Mittelmeer, in dem wir auf Paros lebten, noch einmal zu uns, um bestimmte Fragen hinsichtlich einiger Begriffe im *Manuskript* zu klären. Ohne ihre Erlaubnis änderten wir kein einziges Wort, noch nicht einmal, um grammatikalische Unebenheiten auszubügeln und sie dankte uns für unsere Genauigkeit.

Wenn die Unwissenheit, in der wir 2000 Jahre gelebt haben, darauf zurückzuführen ist, dass jemand die Worte Jeshuas falsch herausgegeben hat, so wollte ich mein Bestes tun, dass wirklich niemand das missverstehen kann, was sie jetzt zur Richtigstellung der Geschichte zu sagen hatte.

Ich stellte ihr etliche persönliche Fragen, von denen ich annahm, dass die Leute sie uns stellen würden, wenn wir ihnen das Manuskript zeigten. Ich kenne die Fragen, die vielen Menschen durch den Sinn gehen und wollte von ihr wissen, was ich darauf antworten sollte.

Meistens sagte sie: »Sage ihnen, Maria Magdalena kommentiert das nicht.«

Die Fragen, die sie beantwortete, stehen im letzten Abschnitt des Buches.

Auf der Insel Orcas sprachen wir sie noch ein letztes Mal an. Sie erwähnte die besondere Wichtigkeit des *Manuskriptes* und seine Bedeutung für die Rückkehr der Kosmischen Mutter. Sie sagte, es sei: »für die ganze Erde, für die Galaxie, für das Universum und darüber hinaus«. Sie sagte auch, dass sie die Menschen aus aller Welt zu dieser Wahrheit rufen würde, und dass alle, die dafür bereit wären, das *Manuskript* auf die eine oder andere Art finden würden.

Sie beglückwünscht Sie dafür, den Ruf vernommen zu haben und dankt Ihnen aus tiefstem Herzen, auch im Namen der Kosmischen Mutter, dafür, dass Sie hier sind. Sie sagt, nichts wird mehr so sein, wie es war.

Orcas Island

Das Manuskript der Maria Magdalena

Ich wuchs mit einem Verständnis von Magie auf. Mein Vater stammte aus Mesopotamien und meine Mutter aus Ägypten. Vor meiner Geburt hatte sie Isis angefleht, sie mit einem Kind zu segnen. Ich bin dieses Kind. Man kannte mich als Maria Magdalena.
Im Alter von zwölf Jahren sandte man mich zu einer geheimen Schwesternschaft von Eingeweihten, damit ich unter den Fittichen der Isis ausgebildet würde. Ich wurde in den Geheimnissen Ägyptens unterwiesen, in der Alchemie des Horus und in der Sexualmagie des Isis-Kultes. Als ich dem begegnete, den ihr Jeshua nennt, hatte ich alle meine Initiationen durchlaufen. Ich hatte mich für die Begegnung mit ihm am Brunnen vorbereitet.
Die Evangelien berichten von mir als einer Hure, denn alle Eingeweihten meines Ordens trugen ein goldenes Schlangen-Armband, und man wusste, dass wir uns mit sexueller Magie befassten. In den Augen der Hebräer waren wir damit Huren.
Als ich Jeshua sah und unsere Augen sich trafen, wusste ich, dass wir für einander bestimmt waren.
Was ich euch jetzt erzählen werde, war bislang nur denen bekannt, die mit mir waren. Es gibt viele Legenden über das, was geschah. Für mich ist es eine Geschichte tiefster Liebe. Mich berührt es nicht, dass Jeshua eine Vision für die Welt hatte. Meine Geschichte ist eine Liebesgeschichte.
Viele Menschen folgten Jeshua. Und es gab sehr selten Gelegenheit für uns, allein zu sein.
Es steht nicht in den Evangelien, denn außer denen, die uns am Nächsten standen, wusste niemand davon. Bevor Jeshua in den Garten von Gethsemane ging, empfingen wir ein Kind, und ihr Name sollte Sar'h sein.

Die Geschichte, die ich euch erzählen werde, klingt unglaublich.
Ich erinnere mich an das Schilf in Les-Saintes-Maries-de-la-Mer, obwohl dieser Ort damals natürlich nicht so genannt wurde. Hier ging unser Boot an Land. Sar'h war noch sehr jung. Noch nicht einmal ein Jahr alt. Ich war hin und her gerissen zwischen Kummer und Verwunderung.

Ich war dabei, als Jeshua gekreuzigt wurde. Ich sah ihn im Grab und seine Mutter und ich wickelten ihn in Tücher. Der Geruch von Myrrhe wird mir ewig unvergesslich bleiben. Es war eine der Essenzen, die wir verwendeten.
Jeshua erschien mir in seinem strahlenden Licht. Ich traute meinen Augen nicht und berührte deswegen seine Wunden. Die Jünger waren eifersüchtig, dass er zuerst zu mir gekommen war.
Es war seltsam, dass mein Geliebter in andere Reiche überging, in andere Welten, während ich und unsere Tochter alleine das Mittelmeer überquerten. In Ägypten, wo wir hingegangen waren, war es nicht mehr sicher für uns gewesen.
Als wir die Küste dessen erreichten, was später Frankreich sein würde, war dort nichts als Wildnis. Wir wurden von Priesterinnen des Isis-Kultes empfangen und zogen dann nach Norden unter den Schutz der Druiden, denn Isis hatte zu ihnen gesprochen, und sie hatten die Aufforderung erhalten, ihre Tochter Sar'h zu beschützen. So eilten wir nach Norden und überquerten ein weiteres großes Wasser, um zu dem späteren England zu gelangen.
Dort wurden wir im heiligsten Herzen der Druiden verborgen, am »Tor« und in Glastonbury. Obwohl wir hier sicherer waren als in Israel oder Ägypten, reichte der römische Einfluss auch bis nach England und man versteckte uns.
Wir lebten viele Jahre lang in dieser Gegend, bis Sar'h einen Mann heiratete, von dem dann die Tempelritter abstammen. Ich ging danach Richtung Norden nach Wales und verbrachte den Rest meiner Tage dort, nahe am Meer.
In jenen Jahren, in denen ich allein am Meer lebte, besuchte mich Jeshua oft. Natürlich war es nicht so wie zuvor, da sein Körper mehr Energie als Fleisch war, mehr Licht. Aber es war trotzdem wunderbar, wieder mit ihm zusammen zu sein.
Als ich starb, war er da und führte mich in das, was manche »Himmel« nennen, doch es ist einfach ein Platz in der Seele.

Ich beginne mit meiner Geschichte am Brunnen, denn in mehrfacher Hinsicht begann dort wirklich mein Leben. All die Jahre zuvor waren Vorbereitung dafür gewesen.
An jenem Morgen wusste ich, dass etwas in der Luft lag. Ich spürte eine Art Erregung, ein Zittern in Armen und Beinen, noch bevor ich

ihm begegnete. Ich befand mich bereits am Brunnen, als er kam. Ich hatte meinen Krug schon hineingesenkt und er half mir, ihn herauszuheben. Manche der Apostel sahen mein goldenes Schlangen-Armband und nahmen an, dass ich eine Hure sei. Sie waren entsetzt, dass der Meister so einer half.
Doch das berührte mich nicht. Jeshuas Augen hatten mich in eine andere Welt versetzt. Als unsere Blicke sich begegneten, schien ich in die Ewigkeit zu schauen, und ich wusste, dass er der Eine war, für den ich vorbereitet worden war – und er wusste es auch.
Ich hielt mich unter denen, die mit ihm gingen, eher im Hintergrund. Abends entfernten wir uns gemeinsam. Nicht jeden Abend, denn er wurde ständig gebraucht.
Ausgebildet in den alchemistischen Praktiken des Horus und in der Sexualmagie der Isis galt ich bei meinen Lehrerinnen als hoch entwickelt, doch als ich das erste Mal in Jeshuas Armen lag, war ich eine zitternde Frau und ich musste darum ringen, jenen zentralen Weg durch mein Verlangen hindurch zum höchsten Thron zu finden, denn das war meine Aufgabe.
Mit den Techniken, in denen ich unterwiesen war, und mit den Methoden, die er in Ägypten gelernt hatte, vermochten Jeshua und ich sein Ka, seinen Energiekörper, mit mehr Licht und Kraft aufzuladen, damit er leichter mit denen arbeiten konnte, die ihn aufsuchten. Und so war es auch.
Ich finde es immer noch merkwürdig, dass in den Evangelien steht, dass ich am Brunnen war, als Jeshua kam. Doch in jenen vielen Nächten, wenn Jeshua und ich allein waren, kam er zu meinem Brunnen, um aus mir die Kräfte der Isis zu schöpfen, um sich aufzubauen und zu stärken.

Im Rückblick sehe ich all dies wie einen Traum und doch so lebendig und klar. Mein Herz erzittert bei der Erinnerung an diese Geschichte, als wäre es gestern gewesen. Jene erste Nacht mit Jeshua ist meinem Gedächtnis fest eingemeißelt, so klar wie der Himmel über Jerusalem. Nachdem ich mich durch mein Verlangen als Frau hindurchgearbeitet hatte und den Pfad der spirituellen Alchemie erklomm, in dem ich unterwiesen worden war, konnte ich Jeshuas Geistgestalt erkennen – schon leuchtend, schon vor Licht strahlend.
Eine Taube schwebte über seinem Haupt und Strahlen goldenen Lichts

strömten aus ihm hervor. Seine Geistgestalt trug die Siegel des Salomon, der Hathor, der Isis, des Anubis und des Osiris in sich, als Zeichen, dass er diese Initiationen durchlaufen hatte. Es gab auch andere Symbole, die mir unbekannt waren, weil sie aus Kulturen stammten, von denen ich nichts wusste und in denen ich nicht unterwiesen war. Doch aus den mir bekannten ägyptischen Siegeln erkannte ich, dass er auf dem Weg des erhabenen Gottes Horus war.

Doch er hatte seine Todesinitiation noch nicht durchlaufen, und in meinem zitternden Herzen wusste ich, dass ich deswegen zu diesem Zeitpunkt zu ihm geführt worden war – um seine Seele mit den Kräften der Isis und der Kosmischen Mutter zu stärken, so dass er das dunkle Tor durchschreiten und den Horus erlangen konnte.

In jener Nacht, nachdem wir uns geliebt und unsere geistigen Körper vereint und verschmolzen hatten, begann die Alchemie zwischen uns. Jeshua schlief ein. Ich hielt ihn in meinen Armen und war aufgewühlt von dem Verlangen, ihn zu schützen, dem Verlangen, immer bei ihm zu sein und dem Wissen, schneidend wie ein kaltes Messer, dass wir von Kräften, weit größer als mein Verlangen getrennt werden würden. Die Kirche behauptet, dass ich eine Hure war, doch ich sage euch jetzt, dass die Kirche die Hure ist, denn sie will euch weismachen, dass Frauen verdorben sind und dass die sexuelle Leidenschaft zwischen einem Mann und einer Frau böse ist. Doch genau hier, in der magischen Anziehungskraft der Leidenschaft, entsteht die Grundlage für die Himmelfahrt.

Dieses höchste aller Geheimnisse war allen Eingeweihten der Isis bekannt, doch es war mir nie in den Sinn gekommen, dass ich diejenige sein würde, die es in der Vereinigung mit jemandem wie Jeshua zu seiner höchsten Ausdrucksform bringen würde.

Für mich ist dies eine Reise meines Geistes und Herzens.

Doch für alle, die an der physischen Reise interessiert sind: Nach Jeshuas Kreuzigung machten seine Mutter Maria, Joseph von Arimathäa mit seinem zwölfjährigen Sohn namens Aaron, zwei weitere junge Frauen und ich uns von Nordägypten aus auf den Weg.

Merkwürdigerweise mussten wir zuerst in Richtung Osten, bevor wir uns westwärts wenden konnten. Wir mussten unterwegs Proviant aufnehmen, da unser Schiff sehr klein war. Unser Weg führte uns nach Malta und zu der kleinen Insel Gozo, von da aus nach Sardinien und zu dem heutigen Cinqueterre, bis wir schließlich in Les-Saintes-Maries-de-la-Mer landeten. Von dort aus reisten wir nordwärts durch Rennes-le-Chateau nach Nordfrankreich und über den Kanal in das Land, das jetzt England heißt. Wir ließen uns einige Jahre lang in Glastonbury nieder, bis Sar'h zwölf war.

An ihrem zwölften Geburtstag machten wir uns auf den Weg zu dem Ort im Schilf, an dem wir einst gelandet waren. Hier, so nah an Ägypten wie es uns in Sicherheit möglich war, weihte ich meine Tochter in den Isis-Kult ein und tauchte sie in die Wasser des Mittelmeeres, so wie man mich gelehrt hatte.

Wir kehrten dann nach Glastonbury zurück, bis Jeshuas und meine Tochter, Sar'h, sich im Alter von sechzehn Jahren vermählte. Ihr Mann stammte aus einer angesehenen Familie, deren Nachfahren später zu den Templern werden würden, auch wenn es zu diesem Zeitpunkt noch keine Tempelritter gab.

Durch Sar'h wurde diese Blutsverwandtschaft an die Templer weitergegeben. Als Sar'h verheiratet war und sich in ihrem neuen Leben eingewöhnt hatte, begab ich mich nach Norden und verbrachte den Rest meiner Tage in einem kleinen Steinhaus an der walisischen Küste. Hinter meiner Hütte gab es einen Fluss, der aus den Hügeln kam und an dem ich viele Tage lang saß. An einer Stelle teilte sich dieser Fluss, und die beiden Wasserläufe flossen erst ein Stück nebeneinander, bis dann der eine nach rechts strebte und der andere nach links. Ich setzte mich zwischen diese beiden und dachte an den Fluss meines Lebens und an den Fluss von Jeshuas Leben – wie unsere Leben eine Zeitlang zusammengeflossen waren und sich dann getrennt hatten.

Das erste Mal, als Jeshua nach seiner Auferstehung dort zu mir kam, wird mir ewig in Erinnerung bleiben.

Es war zunehmender Mond und der Himmel war klar. Über der Heide hing leichter Nebel und das Licht des Mondes und der Sterne tauchte alles in Silber. Ich sah, wie eine Gestalt auf dem gewundenen Pfad, der zu meiner Hütte führte, auf mich zukam.

Es ist ein seltsamer Zufall, dass ich gerade nach draußen gegangen war, um Wasser vom Brunnen zu holen, und da war er. Er sah so aus wie immer, doch ein nicht zu übersehendes Strahlen umgab ihn. Meine Augen füllten sich mit Tränen, und mein Herz zitterte.

Ich lief auf ihn zu und blieb dann abrupt stehen, weil mir seine Worte einfielen, die er mir direkt nach der Auferstehung gesagt hatte.

»Berühre mich nicht«, hatte er damals gesagt, »denn ich bin noch nicht zum Vater aufgestiegen.«

Oh, wie habe ich, eine Eingeweihte der Isis, mich all die Jahre danach gesehnt, diese Überlieferung richtig zu stellen! Was bedeuteten seine Worte? Die Christen haben nur einen Teil der Wahrheit übernommen. Der größere Teil der Wahrheit liegt in den Mysterien der Großen Mutter verborgen, und weil die Kirche die Frauen und alles Weibliche entrechten wollte, verbarg sie diese Wahrheit.

Die Wahrheit hat mit dem Ka-Körper selbst zu tun, dem, was wir als Eingeweihte das ätherische Doppel oder den spirituellen Zwilling nannten, weil der Ka-Körper, wenn er mit genügend Energie und Vitalität aufgeladen ist, wie der physische Körper aussieht. Im Gegensatz zum physischen Körper besteht der Ka-Körper jedoch nicht aus Fleisch und Blut, sondern aus Energie – Energie und Licht.

Als mir Jeshua nach der Auferstehung also erschien, befand er sich in seinem Ka, doch es war noch nicht stabil, denn er war noch nicht beim Vater gewesen – das heißt, er war noch nicht in dem Großen Geist *seiner eigenen Seele* gewesen. Bevor er das tun konnte, musste er das Tor des Todes durchschreiten und durch seine eigene Unterwelt reisen.

So wie ich es verstehe, tat er dies aus zwei Gründen. Zum einen war er eine Meisterseele, und solche Dinge zu tun verleiht dem Ka enorm viel Kraft. Zum anderen bahnte er einen Weg durch den Tod, auf dass andere ihm folgen könnten und einfacher durch die dunkle Welt hindurch kämen, indem sie der Spur seines Lichtes folgten.

In jener Nacht, als wir uns das erste Mal wieder vereinten – ich spüre es immer noch lebendig, klar und deutlich – war mein Herz voller Freude darüber, wieder mit ihm zusammen zu sein. Er kam kurz vor Mitternacht und verließ mich vor dem Morgengrauen. In jenen Stunden lagen wir beisammen, unsere Ka-Körper waren vereint, und es gab nichts zu sagen. Wir kommunizierten telepathisch. Und ohne physische Sexualität vereinte sich die Schlangenkraft in ihm mit der Schlangenkraft in mir und kroch die heiligen Pfade entlang unsere Wirbelsäulen hinauf, zum Thron der Krone in unseren Köpfen und versetzte mich in reine Ekstase und Glückseligkeit. So ging es viele Jahre lang. Mehrmals im Jahr besuchte er mich auf diese Weise. Manchmal sprachen wir miteinander. Die meiste Zeit verbrachten wir in der Vereinigung.

Ich fragte ihn, wo er hinginge, wenn er nicht bei mir sei. Er sagte, dass er viele heilige Orte auf der Erde aufgesucht habe und vielen unterschiedlichen Menschen begegnet sei. Er sagte, dass er eine Spur des Lichtes auslegen würde.
Bei einem seiner Besuche bat ich ihn, mir dieses merkwürdige Konzept zu erklären.
Er zeichnete einen Kreis auf den Boden meiner Hütte, und dann zwei einander überschneidende Dreiecke, das Salomonsiegel, was zum Davidsstern wurde. Er sagte, dass es viele Länder gäbe, von denen wir hier, in unserem Teil der Welt, nichts wüssten. In vielen dieser Länder gäbe es Punkte, die mit den Spitzen des Salomonsiegels in Verbindung stünden. Indem er diese Gebiete aufsuchte, stellte er sicher, dass seine Arbeit tiefer in den Erdboden verwurzelt würde.

Von all seinen Besuchen erinnere ich mich am deutlichsten an jenen, als Sar'h gerade bei mir war.
Sie war schwanger geworden und wollte sich von mir segnen lassen. Ich war so glücklich, sie und ihre Reisegefährten zu sehen. Sie hatte mir durch die Druiden ihren Besuch ankündigen lassen, doch die Botschaft hatte mich erst am Tag vor ihrer Ankunft erreicht. Sie blieb drei Tage lang, und in der zweiten Nacht erschien Jeshua.
Ich weiß nicht, ob ihr begreift, wie merkwürdig das war. Sar'h war ihrem Vater nie begegnet und Jeshua nie seiner Tochter. Sie sahen sich hier zum ersten Mal! In seiner Auferstehung war der Körper ihres Vaters in einem Lichtblitz zu den Elementen zurückgekehrt, und er befand sich jetzt in seinem Ka-Körper, der ein einzigartiges Licht ausstrahlte.
Beide waren tief bewegt, Sar'h war zu Tränen gerührt und Jeshua hatte tiefes Mitgefühl. Sie verbrachten eine Stunde gemeinsam, nur sie beide, und gingen draußen spazieren. Ich weiß nicht, worüber sie sprachen, doch während der ganzen Zeit, die sie miteinander verbrachten, war der Himmel voller Sternschnuppen.
Bevor Jeshua, so wie immer, uns kurz vor der Morgendämmerung verließ, legte er seine Hände auf Sar'hs Bauch und segnete das Kind. Als Sar'h am nächsten Tag abreiste, war sie von einem tiefen Gefühl des Friedens erfüllt.
Ich habe euch nun alles, was ich von meinem Leben als Mutter mitteilen wollte, erzählt, so dass ich nun zu meiner Geschichte als Einge-

weihte kommen kann, zu den alchemistischen Praktiken des Horus, zu den Geheimnissen der Isis.

Ich wende mich jetzt meiner geliebten Schwester zu, meiner geistigen Schwester, der Mutter von Jeshua, die auch als Maria bekannt ist.
Maria war eine hohe Eingeweihte des Isis-Kultes und in Ägypten ausgebildet. Deswegen flohen sie und Joseph vor dem Zorn des Königs in Israel nach Ägypten, denn sie war dort, bei den Priesterinnen und Priestern der Isis in Sicherheit.
Ihre Ausbildung war anders als meine, doch wir dienten dem Gleichen. Um mein Verständnis von Maria zu erklären, muss ich eines der tiefsten Geheimnisse des Isis-Kultes enthüllen. Man glaubte, und ich halte es für wahr, dass unter bestimmten Bedingungen die Göttin selbst inkarniert, durch eine Geburt oder durch eine spirituelle Einweihung. Als Maria, die Mutter von Jeshua, noch sehr jung war, erkannten die Hohepriesterinnen der Isis-Tempel sie an der Reinheit ihres Geistes. Sie wurde zur Eingeweihten ausgebildet und erreichte die höchsten Grade. Doch sie wurde nicht zur Priesterin ausgebildet, sondern zu dem, was wir ein »Inkarnat« nennen.
Ein Inkarnat muss eine hoch entwickelte Seele sein und muss sich einer enormen spirituellen Ausbildung und Disziplin unterziehen. In ihrer abschließenden Einweihung wurde Maria zur Hüterin eines direkten Energiestrahls der Isis. In dieser Hinsicht war sie eine Verkörperung der Kosmischen Mutter. Es war so, als ob es zwei gäbe: Maria als Mensch, reinen Geistes und Herzens, und Maria als Inkarnat, die in sich ein direktes Tor zur Großen Mutter hütete, zur Schöpferin aller Materie, aller Zeit und allen Raums.
So war alles vorbereitet, um ein Wesen mit bemerkenswerten Eigenschaften zu empfangen, das ihr Sohn werden würde, Jeshua.
Als Maria das erlebte, was die Kirche die Unbefleckte Empfängnis nennt, war sie Zeugin eines himmlischen und galaktischen Befruchtungsprozesses, bei dem das väterliche Prinzip oder der Geist, wie wir ihn im Isis-Kult kannten, seine Essenz auf Isis übertrug, die Mutter, die den Samen des Vaters empfängt – die Materie empfängt den Impuls des Geistes. Diese hoch entwickelte und mächtige geistige Energie verwurzelte sich in Marias Schoß und gebar Jeshua.
Maria befand sich bei den Aposteln, als sie zu mir an den Brunnen kamen. An dem goldenen Schlangen-Armband und an dem Siegel der

Isis, das in meinem Ka-Körper leuchtete, erkannte sie in mir sofort die eingeweihte Schwester, denn Maria war hellsichtig und medial begabt. Als Erstes begegnete mein Blick den Augen Jeshuas, und wie ich schon sagte, fühlte ich mich von seiner außerordentlichen Präsenz in andere Welten versetzt. Der zweite Mensch, dessen Blick dem meinen begegnete, war seine Mutter. In ihren Augen sah ich, dass sie mich erkannte und meinen Status als Miteingeweihte des Isis-Kultes anerkannte. Obwohl ihre Ausbildung nichts mit Sexualmagie zu tun gehabt hatte, war ihr klar, dass ich für Jeshua vorbereitet worden war.
Zwischen diesen beiden war mir, als ob ich auf den Schwingen transzendenter Liebe hoch empor gehoben würde. Ich spürte, wie mein Geist in großen Höhen schwebte.
Es war schon merkwürdig, dass mein Blick als nächstes den Augen der Jünger begegnete, die mich als Hure abstempelten, und seitdem haben mich zahllose Generationen als solche betrachtet.
Aber ich sage euch, in den Augen von Jeshua und seiner Mutter war ich keine Hure, sondern ein klares Gefäß für die heilenden und nährenden Kräfte der Isis selbst.
Im Leben eines Mannes, sei er menschlicher oder göttlicher Herkunft, kommt irgendwann der Zeitpunkt, da kann seine Mutter ihm nicht mehr die Essenz dessen geben, was er braucht. Ihre Liebe bleibt bestehen, doch er braucht Unterstützung durch eine andere Frau. Ich war diese Frau.
Maria erkannte mich und meine Stellung, und in jenem Moment am Brunnen übergab sie mir ihren Sohn.
Maria und ich verbrachten viel Zeit miteinander, in der wir über Jeshuas Werk, seine Bedürfnisse und meinen Platz in seinem Leben sprachen. Es war klar, dass ich einer höheren Macht diente. Ich war dafür ausgebildet, doch ich muss euch sagen, dass die Erkenntnis dessen immer noch eine erschütternde Wirkung auf mich hat. Dass er mich erkannte, lässt mich immer noch erzittern.
In den vielen gemeinsamen Tagen und Nächten kümmerten Maria und ich uns um die Bedürfnisse Jeshuas und seiner Jünger, und wir kamen uns dabei sehr nahe, denn ich liebte sie, und ich liebe sie immer noch – wegen ihrer Schönheit, wegen der Reinheit ihres Herzens und ihres Geistes und wegen der Sanftmut, mit der sie handelte.
Aus eigener Erkenntnis kann ich sagen, dass Maria, indem sie das Gefäß darstellte, in dem sich Isis inkarnierte, bereits eine hoch ent-

wickelte Meisterin war, doch durch diesen Dienst wurden ihre Meisterschaft und ihre spirituelle Vollkommenheit einfach herrlich.
Sie existiert in den himmlischen Reichen, ihr Mitgefühl und ihre Liebe fließen ständig zu allen Menschen. Sie steht allen zur Verfügung, unabhängig von deren Glauben. Wer sie anruft, kann sich darauf verlassen, erhört zu werden.

Ich möchte nun meinen geistigen Hintergrund erläutern. Ich möchte über die sexuelle Magie des Isis-Kultes und die Alchemie des Horus sprechen. Ich möchte euch Geheimnisse enthüllen, die keine Eingeweihte je enthüllt hätte, auch nicht unter Todesgefahr. Doch die Zeiten haben sich geändert.
Wie ihr wisst, wird die Zeit knapp, und die Göttin selbst hat mir erlaubt, ja, sie hat mich sogar gebeten, euch einige der bestgehüteten Geheimnisse aller Zeiten zu enthüllen. Sie werden euch enthüllt in der Hoffnung, dass ihr euch rechtzeitig erhöhen werdet.

Bei der Alchemie des Horus geht es um ein Wissen und um Methoden zur Veränderung des Ka-Körpers. Es heißt dabei, dass, während sich das Ka verkörpert beziehungsweise mehr Energie und Licht aufnimmt, das magnetische Feld einer Person stärker wird, und dass sich dadurch das, was auch immer sich die oder der Eingeweihte wünscht, rascher manifestiert.
Um sich seiner eigenen Himmlischen Seele, oder dem Ba, hinzugeben, wird jedoch jegliches persönliche Verlangen zwar nicht völlig aufgegeben, aber hintangestellt. Statt dessen schaut man sozusagen aufwärts, auf die eigenen höheren Fähigkeiten, die durch das Ba oder die Himmlische Seele sichtbar werden.
Diese Himmlische Seele, das Ba, existiert auf einer viel höheren Schwingungsebene als der physische Körper (Khat) oder als das Ka (der geistige oder ätherische Zwilling des physischen Körpers). Im Ka-Körper gibt es Kanäle, die stimuliert und geöffnet werden können. Die Aktivierung dieser geheimen Pfade in dem Ka verleiht ihm enorme zusätzliche Kraft. Die Alchemie des Horus dient zur Stärkung dieser Kanäle, zur Erweckung der latenten Kräfte und Fähigkeiten des Eingeweihten durch das, was Djed genannt wird, oder die aufsteigenden sieben Siegel, das, was die indischen Yogis und Yoginis als Chakren bezeichnen.

In der Schule, in der ich ausgebildet wurde, übten wir, die Schlangenkraft zu aktivieren, sie entlang bestimmter Kanäle in der Wirbelsäule zu leiten und Verbindungen im Gehirn zu öffnen. Daraus ging das hervor, was der Uräus genannt wird. Der Uräus ist meist ein blaues Feuer, das sich senkrecht und waagrecht über die Wirbelsäule ausbreitet, bis zum Gehirn, und es schwingt entsprechend den energetischen Veränderungen innerhalb dieser Kanäle. Die Aktivierung des Uräus erhöht das Potential des Gehirns für Intelligenz, für Kreativität und vor allem für Empfänglichkeit, denn die Aufgabe eines Eingeweihten ist es, die Qualität des eigenen Seins zu verwandeln, damit das Ba, die Himmlische Seele, klar und ungehindert empfangen werden kann.

Als ich Jeshua zum ersten Mal begegnete, bei jenem Brunnen, aktivierte einfach die Nähe zu ihm meine inneren alchemistischen Prozesse. Eine Schlangenkraft stieg in meiner Wirbelsäule auf, als hätte ich gerade die Übungen gemacht, die ich gelernt hatte.
In der ersten Nacht, in der wir zusammen allein waren, Arm in Arm nebeneinander liegend, praktizierten wir die Sexualmagie der Isis. Diese spezielle Form der Magie lädt den Ka-Körper durch den physischen Orgasmus mit immenser magnetischer Kraft auf, denn beim Orgasmus wird eine sehr große Menge an magnetischer Energie in den Zellen freigesetzt. Während sich diese Energie ausbreitet, setzt sie ein magnetisches Potential frei, das genutzt werden kann.
Ich möchte das gerne genauer erklären, doch dazu muss ich mehr von dem grundlegenden Wissen über Sexualität und spirituelle Erkenntnis erläutern, denn dieses Geheimnis wurde von der Kirche gestohlen.

Wenn ich als Eingeweihte der Isis mich mit Jeshua vereinte, dann hatte ich ganz bestimmte Kanäle in mir zu öffnen. Zu meinem Erstaunen merkte ich jedoch, dass sich viele dieser Kanäle in seiner Gegenwart spontan öffneten. Ich habe am Anfang dieser Geschichte erwähnt, wie ich als Frau erzitterte, wie ich mit meiner eigenen Leidenschaft und mit meinem Verlangen zu kämpfen hatte. Der Weg der Eingeweihten verwendet nämlich die Energie der Leidenschaft auf höchst spezifische Weise und darf sich davon nicht einfach hinreißen lassen. Für den alchemistischen Prozess muss diese Energie gesammelt werden, damit sie transformiert werden kann.

In sehr kurzer Zeit erreichten Jeshua und ich den Zustand, der »Vier Schlangen« genannt wird. Dieser tritt ein, wenn beide Partner die innere Alchemie des Horus so weit gemeistert haben, dass sie sowohl die solare und als auch die lunare Schlange in ihren Wirbelsäulen aktivieren können.
Hellsichtige können den zentralen Kanal sehen, der durch die Wirbelsäule verläuft. Links davon gibt es einen lunaren Kreislauf und rechts davon einen solaren. Die Yogis nennen sie Ida und Pingala.
Bei den alchemistischen Praktiken des Horus werden diese beide Ströme durch schlangenartige magnetische Felder aktiviert.
Die lunare Schlange auf der linken Seite ist pechschwarz, die Farbe der Leerheit; in der Tat ist sie die Verkörperung der Leerheit und enthält als Schöpferin das Potential aller Dinge.
Die solare Schlange ist golden.
Ein Eingeweihter oder eine Eingeweihte lässt diese beiden Schlangen nach oben aufsteigen, wobei sie sich in den Chakren kreuzen und dabei jeweils die Seite wechseln. Bei den alchemistischen Praktiken des Horus kreuzen sich diese beiden Schlangen im fünften Siegel, dem Kehlchakra, und in allen darunter liegenden Siegeln.
Dann schauen sie sich an, ungefähr im Bereich der Zirbeldrüse, in der Mitte des Kopfes. Hier wird ein Kelch so visualisiert, dass die Zirbeldrüse an seinem Grund liegt.

Diese beiden Schlangen sind lebendig. Sie sind nicht statisch, sondern funkeln und vibrieren vor Energie, und das Schlängeln ihrer Körper im Ka aktiviert einen Zuwachs an magnetischem Potential.
Es gibt bestimmte Übungen, über die ich später sprechen werde, an dieser Stelle möchte ich nur die Praxis der Vier Schlangen erörtern.

Als, wie ihr es nennt, Jeshua und ich uns liebten, brachten wir unsere Schlangen dazu, unsere Wirbelsäulen, unsere Djeds entlang aufzusteigen. Wir taten dies synchron, und in dem Augenblick, als wir gleichzeitig den Orgasmus hatten, wurde die Ladung aus den ersten Siegeln im Beckenbereich nach oben hin zum Thron geschickt, der sich im oberen Bereich des Kopfes befindet, und stimulierte dort die höheren Gehirnzentren.
In diesem Augenblick sexueller Ekstase konzentrierten wir unsere Aufmerksamkeit ganz auf unsere Ka-Körper, denn das Ka wird durch

Ekstase gestärkt. Ekstatische Zustände sind nährend und stärkend für den Ka-Körper, und wie ich schon sagte, macht dies das Ka magnetischer und stärkt die Anziehungskraft der Person für alles, was sie begehrt.

Die Sexualmagie der Isis bezieht sich auf die, dem Wesen der Frau innewohnende Fähigkeit, magnetische Energien zur Erschließung tieferer Bewusstseinsebenen zu verwenden, indem sie sich den sexuellen Energien und dem Öffnen der Kanäle hingibt.

Wenn eine Frau, so wie ich von Jeshua, tief geliebt und anerkannt wird, dann entspannt sich etwas in ihrem tiefsten Sein und im Augenblick des Orgasmus kann ein unkontrollierbares Erschaudern stattfinden. Wenn sie sich sicher fühlt und sich diesem Zittern und Zucken ganz überlassen kann, öffnet sich ein riesiger magnetischer Strudel, dessen Mittelpunkt in ihrem Schoß liegt.

Zwei Eingeweihte, die sich der Sexualmagie der Isis widmen, können sich durch die Kraft dieses magnetischen Feldes stärken und ihr Bewusstsein rasch erweitern.

In den fortgeschrittenen Übungen der Sexualmagie der Isis bringt der Mann seine beiden Schlangen dazu, durch den Ka-Körper der Frau aufzusteigen und die Frau bringt ihre beiden Schlangen dazu, durch den Ka-Körper des Mannes aufzusteigen. Die Explosionskraft dieser Übung gleicht der, die von einer Atombombe freigesetzt wird. Die magnetischen Flutwellen können das Ka auf unvorstellbare Weise stärken – oder es zerstören, wenn die Übung nicht richtig praktiziert wird.

Jeshua führte diese fortgeschrittene Praxis in jener Nacht durch, bevor er in den Garten von Gethsemane ging. Der immense Zuwachs an magnetischem Potential in seinem Ka stärkte ihn für die schweren Aufgaben, die ihm in seiner abschließenden Initiation durch das Tor des Todes bevorstanden. Als sein physischer Körper sich in seine Elemente auflöste, konnte dies somit in einem Aufleuchten von Licht und Hitze geschehen – die Kirche nannte dies dann Auferstehung. Es war jedoch einfach die Auswirkung eines Prozesses, der viel tiefer in ihm stattfand und der durch den Magnetismus seines Ka-Körpers ausgelöst wurde, denn es war sein aufgeladenes Ka, mit dem er durch seine Unterwelt, durch den Tod selbst wanderte.

Während Jeshua und ich die Sexualmagie der Isis ausübten, wussten wir beide, dass es diesem Zweck diente.

Für ihn war jede Vereinigung mit mir ein Mittel, sein Ka zu stärken.

Deswegen habe ich gesagt, er kam an meinen Brunnen, denn der Brunnen, den eine Eingeweihte einem Mann anbietet, ist ein nie versiegender Brunnen magnetischen Potentials. Er öffnet sich jedoch nur, wenn sich die Frau sicher und geliebt fühlt. Nur dann wirken die Übungen. Ohne den nährenden Urgrund der Liebe sind die Übungen einfach Techniken, die nicht zu dem benötigten oder erwünschten Ergebnis führen werden.

Ich war dabei sowohl Frau als auch Eingeweihte. Ich war jahrelang ausgebildet worden und kannte mich mit den Kanälen und Pfaden aus, doch zu meiner Überraschung fühlte ich mich als Frau völlig ergriffen.

Ich bemerkte, wie ich einen Blick oder eine Berührung von ihm kaum erwarten konnte. Die Zeiten, in denen wir allein waren, waren das Wertvollste, das ich je erlebt hatte. Seine Berührung, sein Blick, einfach wie er sich anfühlte, brachte etwas in mir dazu, sich zu öffnen, und ich musste manchmal über mich selber lachen.

Ich, die ich in den geheimsten Praktiken der Isis ausgebildet war – meine Lehrerinnen waren der Ansicht, ich sei weit fortgeschritten – diese Eingeweihte stellte fest, dass sie als Frau eine Anfängerin war.

Denn ich sage euch jetzt, dass im Herzen, im Verstand und in der Körperweisheit des Weiblichen einige der größten Geheimnisse und Kräfte ruhen, die darauf warten entdeckt zu werden.

Und sie offenbaren sich alle durch die gegenseitige Berührung!

Wenn ich von Jeshua spreche, werde ich jedes Mal wieder von meiner Liebe und meinen Gefühlen überwältigt, die ich durch alle Zeiten für ihn empfinde.

Die Sexualmagie der Isis beruht auf der Erkenntnis, dass das weibliche Prinzip von seinem Wesen her, besonders als sexuelles Wesen, einen alchemistischen Schlüssel enthält. Dieser Schlüssel offenbart sich durch das, was ihr geschlechtliche Liebe nennt. Wird er stark genug aktiviert, dann treten die alchemistischen Prozesse des Horus spontan hervor.

In meiner Ausbildung ging man davon aus, dass es, alchemistisch gesprochen, zwei Wege zu demselben Ziel gibt.

Die Alchemie des Horus war die Grundlage bei beiden alchemistischen Wegen oder Übungswegen, da die gleichen Pfade als Basis dienten. Wer sich nicht auf eine Partnerschaft einlassen wollte, dem boten die alchemistischen Übungen des Horus eine Möglichkeit, den Ka-Körper zu stärken und zu aktivieren, um die Ebenen für hohe Einweihungen zu erreichen.

Denjenigen, die sich in einer Partnerschaft befanden, bot die sexuelle Magie der Isis die Flügel, auf denen sie sich den Djed hinauf zum Thron des höchsten Bewusstseins schwingen konnten.

Aus meiner jetzigen Sicht finde ich es äußerst tragisch, dass die Geheimnisse und die Heiligkeit unserer Sexualität von der Kirche, von den Kirchenvätern, als böse verteufelt wurden. Fast zweitausend Jahre lang wurde einer der kraftvollsten und schnellsten Wege zur Gotteserkenntnis als falsch hingestellt.

Und ich finde es wirklich eine Ironie, dass die Kirche eine Sünde daraus gemacht hat – zum Schrecken all jener, die vielleicht zufällig darauf gekommen sind.

Viele halten Jeshuas Wunder für etwas sehr Außergewöhnliches, doch aus der Sicht eines Eingeweihten sind sie einfach der Ausdruck – der natürliche Ausdruck – der Fähigkeiten des Bewusstseins. Sie sind ein Zeichen. Es gibt Gründe für Wunder, und ich möchte sie aus der Sicht des Wissens der Eingeweihten, über das Jeshua und ich verfügten, darlegen.

Als ich Jeshua begegnete, zeigte er bereits die Zeichen. Die Ebene seiner Schöpfungskraft war sehr hoch.

Meine Aufgabe bestand darin, ihm zu helfen, seinen Ka-Körper für seine abschließende Initiation durch das Tor des Todes zum erhabenen Gott Horus zu stärken. Wie gesagt, geschah dies durch die Sexualmagie der Isis und die alchemistischen Praktiken des Horus.

Von all den Wundern Jeshuas, deren Zeugin ich war, ist mir das mit dem Brot und den Fischen das liebste.

Es war an einem langen, heißen Tag. Die Jünger, Maria und ich waren dem Meister wie immer gefolgt. Eine große Menschenmenge hatte sich versammelt und lauschte auf jedes Wort, das der Meister sprach. Wir alle waren von seiner Vision und Ausdrucksstärke hingerissen.

Es schien mehrere Stunden lang so, als ob wir in den Himmel gehoben würden, und ich bemerkte, dass Jeshuas Ka sich derart erweitert hatte, dass es alle umfasste – ein weiteres Zeichen.

Als er seine Rede beendete, war es bereits später Nachmittag, und in

seinem Mitgefühl bat er, man solle Essen sammeln und verteilen, denn er wusste, dass der Heimweg für manche mehrere Tage dauern würde. Die Jünger, Maria und ich sowie ein paar andere aus der Menge begannen, das an Lebensmitteln einzusammeln, was da war.
Doch es kam nicht mehr zusammen als ein paar Fische und ein paar Laibe Brot. Längst nicht genug.
So wurde ich Zeugin eines außergewöhnlichen Ereignisses. Jeshua ging nach Innen und schloss seine Augen. Ich konnte die Absicht seines Gebetes spüren, auch wenn ich seine Worte nicht hörte. Mit hellsichtigem Blick sah ich, wie ein Licht den Djed seiner Wirbelsäule entlang aufstieg, aus seinem Kronen-Chakra hervorbrach und weiter stieg zu seinem Ba, seiner Himmlischen Seele. Dann floss eine Energie herab, wie als Antwort auf seine Bitte. Er legte seine Hände über die zwei kleinen Körbe und begann, Brot und Fisch zu verteilen. Er brach sie in Stücke, die er persönlich an alle verteilte.
Es war höchst bemerkenswert: Mehr als tausend Menschen wurden verköstigt und weder Brot noch Fisch gingen zur Neige. Als er die Menge gespeist hatte, gab Jeshua den Jüngern, Maria und mir noch davon, und das Brot hatte den süßesten Geschmack und die Fische ein so köstliches Aroma, wie ich es nie wieder schmeckte.
Solche Wunder waren für einen Meister von Jeshuas Format nur natürlich, und aus der Sicht der Eingeweihten liegen solche Wunder für jeden, der das dazu Notwendige übt, im Bereich des Möglichen.

Jeshua verwendete oft den Satz: »Ich und der Vater sind eins.« Dies hat zu großen Fehlinterpretationen geführt. Aus der Sicht eines Eingeweihten ist »Vater« einfach ein anderes Wort für »Geist«. Jeshua wies mit diesen Worten also darauf hin, dass er mit *seinem* Geist eins sei, und dass das die Grundlage der Wunder sei.
So wechselte er zwischen zwei Vorstellungen hin und her, über die die Evangelien in ihrer eigenen eingeschränkten Art berichten.
Einerseits sagte Jeshua manchmal: »Ich und der Vater sind eins«, und zu anderen Zeiten sagte er: »Ohne meinen Vater vermag ich nichts«. Das sind die beiden Pole, die sich durch den Einweihungsprozess ergeben. Der Eingeweihte pendelt hin und her zwischen der Kraft und Überzeugung seiner Verbindung zur Geist-Quelle einerseits und dem Geisteszustand andererseits, in dem er erkennt, dass er nichts ist und ohne den Geist nichts vermag.

Der eine Geisteszustand fühlt sich allmächtig an, der andere ohnmächtig. Der Eingeweihte muss sich zwischen diesen beiden hindurch bewegen. Als Miteingeweihte erkannte ich an diesen Worten Jeshuas, dass er sich mitten in diesem Paradox befand.
Er lebte im Bewusstsein dieses Paradoxes bis zu dem Abend im Garten Gethsemane. Denn vor seiner Zeit im Garten, von der die Evangelisten erzählen, war er zu mir gekommen, und wir praktizierten zum letzten Mal die Vier Schlangen. Unser Zusammensein war von großer Intensität, denn wir wussten beide, dass die Zeit nahte.
Jeshuas Ka-Körper funkelte vor Energie und Überzeugungskraft durch die explosiven Kräfte, die bei der Praktik freigesetzt worden waren. So gestärkt ging er in die letzten Stunden seines Lebens und trat seine Reise durch den Tod an. Die Male zuvor verbrachten wir jedoch oft – wie soll ich sagen – in einer Art Selbstbefragung.
Jeshuas Nachfolger, die, die sich Christen nennen, stellen sich gerne vor, dass er sich seiner Sache immer sicher war, im klaren Bewusstsein seiner Mission, und dass er nie wankte. Doch ich, die ich die Nächte mit ihm verbrachte, weiß es besser.
Nur weil jemand eine gewisse Meisterschaft erlangt hat, ist er doch vor Unsicherheit nicht gefeit.
Jeshua spürte den Druck seiner Himmlischen Seele, doch ein Eingeweihter zu sein ist eine merkwürdige Sache. Denn man ist Mensch, mit allem, was dazu gehört – und man ist seiner Himmlischen Seele zunehmend verbunden und Teil von ihr.
Es ist das Ba, die Himmlische Seele, die die Stimme Gottes ist. Der hohe Eingeweihte handelt wie ein Reflex auf die Stimme Gottes, doch nur weil für die Himmlische Seele alles klar ist, braucht das der Mensch nicht auch so zu empfinden.
Jeshua sah in anderen das Potential für Gotteserkenntnis, und er sprach mehrmals darüber. In den Evangelien wird einmal davon erzählt, dass er sagte: »Ihr werdet größere Dinge tun als ich«. Ihm war klar, dass Wunder ein natürlicher Ausdruck des Bewusstseins sind, und dass, indem sich das Bewusstsein der Menschheit erweitern würde, auch Wunder immer häufiger werden würden.

Gleichzeitig war er sich der Begrenzungen derer, die ihn umgaben, sehr bewusst – ihrer Anhaftung an Hass, Ignoranz und Frömmelei – und es bekümmerte ihn zutiefst. Wir sprachen viele Abende lang darüber. Bis

ein paar Tage vor Gethsemane war er sich nicht sicher, ob er das erreichen würde, was notwendig war, um die abschließende Initiation durchführen zu können.
Ich weiß nicht, warum sich etwas in ihm veränderte, doch wenige Tage vor Gethsemane und unserem letzten gemeinsamen Akt der Einweihung durch die Vier Schlangen, kam ein Gefühl tiefen Friedens über ihn, und er war sich auf eine Weise sicher, die ich noch nicht an ihm gesehen hatte.

Jetzt stehe ich in der Zeit fast zweitausend Jahre nach Jeshuas Kreuzigung und immer noch erschüttert mich der Gedanke daran. Es war sehr seltsam, gleichzeitig Eingeweihte und Frau zu sein.
Als Eingeweihte stand ich bei Jeshua während der Kreuzigung und hielt mein Ka in inbrünstigem Gebet, das heißt, ich hielt unerschütterlich an meiner Absicht fest, für ihn da zu sein, wenn er in den Tod hinüber ging. Dies war eine Einweihungshandlung, und sie erforderte einen gewissen inneren Abstand.
Für eine gut ausgebildete Eingeweihte ist das nicht schwer, doch als die Frau, die Jeshua, den Mann, liebte, zerriss es mir das Herz. Da stand ich also auf Golgatha, hin- und herschwankend zwischen der Kraft der Eingeweihten und dem Kummer der liebenden Frau, deren Liebster leidet.
In jenem Augenblick war mir die Einweihung egal. Es war mir egal, dass Jeshua einen Lichtpfad durch das Reich des Todes hinterlassen würde, auf dem andere ihm nachfolgen konnten.
Ich schrie sogar Isis an.
»Wie kannst du nur«, rief ich!
Im Augenblick meiner größten Qual streckte Maria ihre Hand zu mir herüber. Ich war mit meinem Kummer allein gewesen und hatte den ihren gar nicht bemerkt. Unsere Blicke begegneten sich, mit Tränen in den Augen, und wir lagen uns schluchzend in den Armen. Sie weinte um ihren Sohn, ich um meinen Geliebten.
In den Evangelien wird berichtet, dass die Erde erbebte, als Jeshua verschied, und ich sage euch: Das ist wahr. Es schien, als würde die ganze Natur leiden und als ob sich die Erde vor Wut und Zorn darüber schütteln würde, dass solch ein Meister, solch ein Wesen, durch die Hand seiner Mitmenschen leiden musste.
Doch das Leben auf der Erde ist paradox.

Auch ein Gewittersturm zog über die Stadt mit Böen, wie ich sie noch nicht erlebt hatte. Der Himmel verdunkelte sich mit Wolken, Blitze zuckten, und das Donnerkrachen ließ alles erzittern. Diese Schrecken schienen sich ewig hinzuziehen, doch ich nehme an, es dauerte nur etwa eine Stunde.

An der Grabstätte wuschen Maria und ich seinen Körper entsprechend den jüdischen Bräuchen und Traditionen, wir wickelten ihn in Tücher und verließen die Gruft. Wir taten dies schweigend. Das einzige Geräusch war unser unterdrücktes Schluchzen.

Ich fand es merkwürdig, dass er Lazarus von den Toten auferwecken konnte, doch sich selbst nicht zu helfen wusste.

Ich verstand nicht, was er tat.

Nach seiner Auferstehung aber, als ich ihn in seinem Ka-Körper sah, so strahlend und schön wie immer, da verstand ich.

Zum erhabenen Gott Horus zu werden bedeutet aus der Sicht der Eingeweihten, dass jemand das höchste Bewusstseinspotential aktiviert hat, was in der menschlichen Form möglich ist. Traditionellerweise tat man das nur für sich selbst. Jeshua tat es für die gesamte Menschheit. Das ist sein Vermächtnis.

Doch ich sage euch: Das hat nichts mit Religion zu tun! Es hat mit Physik und Alchemie zu tun.

Jeshuas einfache Lehre war, dass wir alle Gott sind, dass wir alle in uns die Kraft haben, zu lieben und zu heilen, und er hat das, so gut er konnte, gezeigt.

In den frühen Tagen der Kirche – damit meine ich die Gemeinschaften, die sich um Jeshuas Lehren herum bildeten – entstand ein wunderschöner Brauch.

Diejenigen, die weiter in seiner Energie oder Präsenz bleiben wollten, teilten Brot und Wein miteinander. Manchmal führten Männer das Ritual durch und manchmal Frauen. Dieses einfache Miteinanderteilen war ganz in Jeshuas Sinn, doch im Laufe der Jahre ging die Schlichtheit verloren, und nur die von der Kirche Ordinierten konnten Kommunion erteilen, was Jeshua abscheulich gefunden hätte. (So gut, wie ich ihn kannte, kann ich das durchaus behaupten.)

Die Wahrheit und die Kraft von Jeshuas Lehren wurden von der Kirche verdreht.

Die Geheimnisse der Erhöhung des Bewusstseins durch heilige

Sexualität, so wie Jeshua und ich sie praktizierten, wurden von der Kirche unterschlagen.
Mir ist klar, dass nur eine Handvoll von Menschen meine Geschichte verstehen wird, doch das genügt.

Ich möchte jetzt einige der Geheimnisse der Sexualmagie der Isis enthüllen.
Wie bereits gesagt, ist es möglich, allein die Höhen des Bewusstseins zu erklimmen, ohne Partnerschaft, und die alchemistischen Praktiken des Horus dienten dazu, die Eingeweihten dabei zu unterstützen.
Doch für diejenigen, die sich in Partnerschaften befanden, heiligen Beziehungen, wurde die Sexualmagie der Isis enthüllt. Ich möchte verschiedene Aspekte davon hier erläutern.
Als Erstes möchte ich klarstellen, dass in dem Augenblick des Orgasmus magnetische Felder entstehen. Eigentlich entstehen diese Felder durch das, was ihr Vorspiel nennt: Die Stimulation der Sinne durch Berührung. Diese Stimulation der Sinne setzt den Prozess des Aufbaues der magnetischen Felder in Gang und ist für die alchemistische Sexualmagie von entscheidender Bedeutung.
Den Eingeweihten stehen verschiedene Methoden zur Verfügung, und ich werde einige davon erklären. Von grundlegender Bedeutung ist aber das Wissen um die Wechselwirkung der beiden alchemistischen Elemente im Mann und in der Frau.
Auf der gewöhnlichen Ebene enthält der Samen des Mannes die Information seiner genetischen Abstammungslinie, die er an das Kind weitergibt. Wenn das Sperma in seinem Samen sich mit der Eizelle der Frau verbindet, entsteht Leben, und Leben ist eine komplexe Verbindung magnetischer Felder. Das Kind, das in der Gebärmutter entsteht, entwickelt Organe und Systeme, doch auf der magnetischen Ebene können diese als ineinander greifende komplexe Schwingungs- und Magnetfelder betrachtet werden. So erschafft der sexuelle Akt auf der gewöhnlichen Ebene also neue Magnetfeldmuster.
Eingeweihte der Alchemie verwenden auch sexuelle Energie, um komplexe magnetische Felder zu erschaffen, doch aus diesen Feldern entsteht kein Kind, sondern sie werden den Ka-Körpern der beiden Eingeweihten einverleibt, um sie zu stärken und ihre Schwingung anzuheben. Dies gilt es als Erstes zu verstehen. Darum dreht sich alles. In dem System, in welchem Jeshua und ich ausgebildet waren, ist es

die Aufgabe der Eingeweihten, den Ka-Körper über die Begrenzungen des physischen Körpers (Khat) hinaus zu stärken.
Beim nächsten Punkt, den es zu verstehen gilt, geht es um die emotionale Einstimmung der weiblichen Eingeweihten, denn ihre Empfänglichkeit hängt von ihrem emotionalen Zustand ab. Das ist Teil ihres Wesens und darf nicht übergangen werden, wenn die Techniken funktionieren sollen.
Für die Eingeweihte ist das authentische Gefühl von Sicherheit und Liebe, oder zumindest von Würdigung, von essentieller Bedeutung. Ist das gegeben, kann etwas in ihrem Wesen loslassen, und die Alchemie kann sich ereignen.

Die Alchemie entsteht durch die Vereinigung vom Ka des Mannes und dem der Frau. Wenn sie sich lieben, verbinden sich ihre Ka-Körper, und dies bringt die Frau dazu, ihren *Magnetischen Boden* zu öffnen. Dies ist ein merkwürdiger Ausdruck. Er stammt aus der Sprache, die in den Tempeln der Isis verwendet wurde.
Der Boden ist die Grundlage, auf der man steht. Wenn wir etwas sicher abstellen wollen, legen wir es auf den Boden. In den Tempeln bezeichneten wir somit etwas Grundlegendes als »Boden«. Wenn ich also von dem *Magnetischen Boden der Frau* spreche, dann meine ich, dass dies das Grundlegende ist, was sich ereignen muss.
Wenn die zwei Eingeweihten sich weiter lieben und die Leidenschaftlichkeit ihrer Verbindung sich steigert, werden starke chemische Substanzen in ihren Gehirnen und ihren Körpern freigesetzt, die sie in einen veränderten Zustand versetzen. Dies öffnet die magnetischen Felder noch mehr und verstärkt sie.
Für den männlichen Partner gibt es im Augenblick des Orgasmus zwei Möglichkeiten. Er kann ejakulieren oder seinen Samen zurückhalten. Wenn er ejakuliert und die übrigen Bedingungen stimmen, entsteht in der Gebärmutter der Frau eine unmittelbare Reaktion. Wenn die energetische Essenz des Spermas die Wände ihres Allerheiligsten berührt, entsteht eine Explosion magnetischer Energie – Welten in Welten, alles dreht sich. In dem Maße, wie der Mann einen ebenso hohen Bewusstseinsstand erreicht hat wie die Frau, können die durch den Kontakt der Sexualsekrete freigesetzten Magnetkräfte enorm sein. Man muss unbedingt wissen, dass dies komplexe Magnetfelder erschafft, die beide Partner in ihre Körper ziehen können.

Dieses zweite Phänomen geschieht, während die weibliche Eingeweihte beginnt, unkontrollierbar zu schütteln. Dabei ist die Gebärmutter in der Regel der Mittelpunkt, von dem Schauer ausgehen, die das Becken in eine wellenartige Bewegung versetzen. Dadurch entstehen ebenfalls komplexe Magnetfelder, die beide Partner wiederum in ihre Ka-Körper ziehen können. Das ist das grundlegende Wissen.

Mehr darf ich darüber nicht sagen, weil die Anwendung dieser Übung einen erheblichen Kraft- und Machtzuwachs mit sich bringen kann. Ich überlasse es denen, die dies lesen, zwischen den Zeilen zu lesen. Wer bereit ist für diese Übung, wird wissen, wie sie geht.

Sowohl in der Ausbildung der Sexualmagie der Isis als auch in den alchemistischen Praktiken des Horus wurden die Eingeweihten in den Grundübungen der Zwei Schlangen unterwiesen.
In dieser Übung erschafft der (oder die) Eingeweihte allein Energie durch die Kraft von Ra, dem inneren Feuer, um eine Anhebung des Gewahrseins zu erreichen – um komplexe Magnetfelder in seinem (oder ihrem) Körper zu erzeugen – und diese dann dem Ka einzuverleiben.
Ich möchte diese Methode gerne mitteilen. Sie ist grundlegend sowohl für die, die diese Arbeit alleine durchführen möchten als auch für jene, die es in einer Partnerschaft tun.
Für die Grundübung ist es notwendig, dass die Person aufrecht sitzt und rhythmisch und ruhig atmet.
Dann wird sie sich des unteren Endes ihrer Wirbelsäule bewusst und zieht mit dem Atem die Schwarze Schlange von der linken Seite die Wirbelsäule hoch und die Goldene Schlange von der rechten.
In jedem Chakra kreuzen sich die zwei Schlangen und bewegen sich so in Richtung Kronen-Chakra. Doch in dieser Übung werden die zwei Schlangen in die Mitte des Kopfes gebracht, in die Nähe der Zirbeldrüse.
Mit der Kraft des Atems sendet der Eingeweihte dann die Energie des Einatmens in die Schlangen, und mit dem Ausatmen schickt er diese Energie noch tiefer in die Schlangenkörper, wodurch sie sozusagen »lebendig« werden. Durch die Kraft des Atems und die Absicht des Eingeweihten kommt es dann nach einer Weile dazu, dass sie anfangen, sich zu schlängeln, sich zu bewegen.

An diesem Punkt stellt man sich dann im Kopf einen Kelch vor, an dessen Rand die beiden Schlangenköpfe einander unverwandt anstarren und an dessen Grund die Zirbeldrüse ruht.

Im nächsten Schritt wird die Energie von Ra hochgezogen. Der Übende stellt sich einen lebendigen Feuerball an seinem Solarplexus vor, wie die Sonne, und mit jedem Ausatmen wiederholt er leise oder laut tönend den Klang »Ra«. Dies aktiviert das Licht, das Feuer des inneren Ra, und es beginnt, spontan aufzusteigen.

Beim Aufsteigen bewegt sich dieses Licht und diese Hitze durch den Mittelpunkt des Kelches zwischen den zwei Schlangen hindurch und zur Krone des Kopfes. Hier ereignet sich dann ein äußerst bemerkenswertes Phänomen.

Von der linken Seite der Krone fließt eine Energie herab, die fast wie eine Flüssigkeit wirkt. Diese Flüssigkeit wird »Roter Schlangentropfen« genannt. Von der rechten Seite fließt eine andere, quasi-flüssige Energie herab in den Kelch, die »Weißer Schlangentropfen« genannt wird. Durch die Hitze und das Licht des inneren Ra sondert die Krone diese Substanzen ab.

Die Roten Schlangentropfen stehen in Verbindung zur biologischen Mutter des Eingeweihten, die Weißen Schlangentropfen zum biologischen Vater. Wenn die beiden sich vermischen, können verschiedene Dinge geschehen. Es kann sich ein süßer Geschmack im hinteren Gaumenbereich einstellen – die Yogis nennen das »Amrita« – doch wir vom Isis-Kult nennen dies die Quellwasser, denn sie scheinen von einer Quelle im Kopf zu stammen.

So zeigt es sich manchmal zuerst, und wenn der oder die Eingeweihte sich auf die Empfindung der Quellwasser konzentriert, entsteht eine Art Ekstase. Manche Eingeweihte empfinden ein Licht in ihrem Kopf. Auch hier: Wenn sie sich auf diese Wahrnehmung konzentrieren, entsteht Ekstase.

Manchmal entsteht bei der Vermischung der Roten und der Weißen Schlangentropfen spontane Ekstase. Wie auch immer sie hervorgerufen wird: Die Ekstase ist unerlässlich für diese Art der Alchemie, denn Ekstase ist Nahrung für das Ka.

Es besteht die Tendenz, dass die Ekstase in den höheren Zentren bleibt, denn da wurde sie bei dieser Praxis ja hervorgerufen. Doch bei dieser Übung muss der Eingeweihte beim ersten Auftreten der Ekstase seine Aufmerksamkeit auf den ganzen Ka-Körper lenken. Dadurch verteilt

sich die Ekstase über den gesamten physischen Khat-Körper und wird dann vom Ka absorbiert. Dies stärkt und belebt das Ka. Das ist die grundlegende Übung.
Bei denjenigen, die in einer Partnerschaft sind und die Sexualmagie der Isis praktizieren, entsteht der ekstatische Zustand auf natürliche Art. Diejenigen, die alleine üben, müssen die Ekstase selbst hervorbringen.
Auf jeden Fall ist es jedoch notwendig, dass die Eingeweihten sich im Moment der Ekstase ihres Ka bewusst werden, so dass der Ka-Körper an den reichhaltigen Magnetfeldern, die durch solche Wonnen hervorgerufen werden, teilhaben kann.

In einem sehr realen Sinn ist der männliche Eingeweihte in der Sexualmagie der Isis am meisten gefordert, denn er muss sich scheinbar gegen seine Natur verhalten. Das Männliche ist aus alchemistischer Sicht vom Wesen her elektrisch, während das Weibliche magnetisch ist.
Elektrizität will sich bewegen, agieren, während Magnetismus sich einbetten will, sich einhüllen.
In der Praxis konzentrieren wir uns darauf, den Ka-Körper zu stärken, indem wir die, durch den sexuellen Akt freigesetzten Magnetfelder in ihn aufnehmen. Direkt nach dem Orgasmus fahren die von der Frau erschaffenen Magnetfelder damit fort, sich aufzuwickeln und zu kreisen. Dies ist eine Zeit, um zu ruhen und dem Magnetismus nachzuspüren, doch ihrer Natur nach neigen die Männer dazu, dann aufzustehen und etwas zu tun oder einzuschlafen.
Der männliche Eingeweihte muss also üben, sich einzunisten, den erzeugten Magnetfeldern zu erlauben, sich in sein Ka und in seinen Körper hineinzudrehen.
Das ist von dem, was normalerweise geschieht, verschieden, denn im Mann beschränkt sich der Orgasmus auf den Beckenbereich und breitet sich manchmal aus. Doch in der Frau, vor allem in einer, die sich in die Erfahrung hinein fallen lassen kann, breitet sich der Orgasmus durch den gesamten Körper aus und kann sich in unterschiedlicher Intensität über mehrere Stunden hinziehen.
Manche Männer mögen befürchten, dass sie, wenn sie sich verändern und sich einnisten, weniger männlich würden, doch ich versichere euch, das Gegenteil ist der Fall.

In Wahrheit wird der Ka-Körper des Eingeweihten stärker, wenn er sich in die Magnetfelder einnistet, und seine sexuelle Energie wird potenter. Eine der Aufgaben des männlichen Eingeweihten ist es, sich für neue Ebenen der Empfindsamkeit zu öffnen, damit er die, durch den Sex freigesetzten Magnetfelder in seinen Körper und in sein Ka aufnehmen kann.

Das Sich-Einnisten bedeutet nicht notwendigerweise, dass das Glied des Mannes in der Frau bleibt. Es bedeutet, dass der Mann der Frau nahe ist, sie berührend, streichelnd, ganz bei den Körperempfindungen und Emotionen bleibend, die dem Orgasmus folgen. Durch das Sich-Einnisten kann der Mann Zugang zu den weiblichen Schöpfungsmysterien finden.

Ein weiterer Aspekt, dessen sich der männliche Eingeweihte bewusst werden muss, wird die »Verehrung der Geliebten« genannt.

Wenn die Alchemie der Sexualmagie stärker wird, so treten bestimmte Zeichen auf. Eines davon ist die Verehrung oder Bewunderung der oder des Geliebten.

Dies geschieht sowohl dem männlichen als auch der weiblichen Eingeweihten. Wenn die Verehrung des/der Geliebten beidseitig ist, wird die Alchemie der Sexualmagie um ein Vielfaches verstärkt, denn die Harmonien und magnetischen Kräfte, die durch solches Empfinden hervorgerufen werden, unterstützen die Magie sehr.

Ich möchte an dieser Stelle über den Begriff der »Magie« sprechen. Wir verwenden diesen Begriff, weil er sich auf die Transformation des einzelnen Menschen in einen Gott bezieht. Das ist in der Tat magisch. Das Symbol dafür ist der Gott Horus, der halb Mensch, halb Falke ist, und der durch die alchemistischen Praktiken zu dem erhabenen Gott Horus wird, was bedeutet, dass er den allerhöchsten Bewusstseinszustand erreicht hat.

Die Sexualmagie der Isis ist also genau genommen eine Methode zur Anhebung des Bewusstseins, was eigentlich auch Magie ist, und sie verwendet die Energien und die Ekstase, die beim sexuellen Akt erschaffen werden.

Ein weiterer Grund, weshalb der Begriff der Magie verwendet wird, liegt in den Methoden, die man anwenden kann, wenn der Ka-Körper gestärkt ist, um die eigene Realität auf so direkte Weise zu beeinflus-

sen, dass es magisch erscheint. Wenn wir zum Beispiel die grundlegenden Übungen der alchemistischen Praktiken des Horus betrachten – das Aufsteigen der Schwarzen und der Goldenen Schlange entlang der Wirbelsäule, die Erschaffung des Kelches, die Aktivierung des inneren Ra-Feuers, das Vermischen der Roten und der Weißen Schlangentropfen – dann sind das alles magische Handlungen, in denen Absicht und sowohl persönlicher als auch spiritueller Wille zusammenkommen. Deswegen nennen wir es Magie.
Zurück zu dem Paradox, dem sich der männliche Eingeweihte gegenüber sieht, dass nämlich diese Praktiken, besonders die Sexualmagie, in gewisser Weise seiner Natur zuwider laufen. Denn wenn sein Ka gestärkt ist, will er naturgemäß aktiv werden, er will etwas tun. Doch wenn er sich beherrschen kann, es übt, bei seiner Geliebten zu bleiben, kann er sich in die reichhaltigen Magnetkräfte einnisten, die durch ihrer beider Sexualität und Liebe hervorgerufen wurden und sein Ka noch umfassender nähren.

Der männliche Eingeweihte muss sich in diesem Prozess einem weiteren Aspekt stellen, den wir in den Tempeln »Flughindernisse« nannten, doch in eurer Sprache würdet ihr das wohl eher »psychologische Probleme« nennen. Der Ausdruck »Flughindernisse« bezieht sich auf Behinderungen bei der Entfaltung der eigenen Horus-Natur, insbesondere den Anteil von ihr, der sich zu erhöhten Bewusstseinzuständen aufschwingen kann.
Es gibt Haltungen, Überzeugungen und emotionale Gewohnheiten, die den »Flug«, also die Anhebung des Bewusstseins, behindern. Das meinen wir, wenn wir von »Flughindernissen« sprechen. Dies ist eine der verzwicktesten Passagen für den männlichen Eingeweihten, und sie erfordert hoch entwickelte Fähigkeiten.
Als Kind wurde der Mann im Leib seiner Mutter getragen und danach von ihr geschützt und genährt, bis er autonom genug war, eigenständig zu handeln. Dann schiebt der Junge die Mutter sozusagen beiseite, um sich der Welt zu stellen.
Es kann vorkommen, dass er sich an dieser Stelle seiner Entwicklung von der Mutter eingeengt fühlt oder begrenzt, und dass es zu Auseinandersetzungen kommt. Als Mann trägt er möglicherweise immer noch diese emotionalen Gewohnheiten mit sich herum. In dem Fall wird es schwer für ihn sein, sich entspannt in die Magnetfelder einzu-

nisten, da er es auf der psychologischen Ebene als eine Hingabe an das Weibliche empfindet.
Wenn der Mann Probleme mit der Mutter seiner Kindheit hat, lebt er diese möglicherweise bewusst oder unbewusst mit seiner Partnerin aus.

Es ist wichtig, dass sich beide Partner, die sich der Sexualmagie der Isis widmen, darüber klar sind, dass sie auf eine lange Reise gehen, und dass es dabei letztendlich um einen alchemistischen Prozess geht. Alchemie dient dazu, eine Substanz in eine andere zu transformieren. Das geschieht, indem die Schlacken oder das Negative der Substanz verbrannt wird, so dass die reine Substanz übrig bleibt oder erzeugt wird.
In der Sexualmagie der Isis handelt es sich bei den Substanzen, die transformiert werden, um Sexualsekrete, Hormone, Neurotransmitter und andere Substanzen, die eure Wissenschaften noch nicht entdeckt haben. Doch auch die Transformation der eigenen Psyche gehört dazu. Die Sexualmagie der Isis heizt den alchemistischen Prozess sozusagen an, so dass die Schlacken geklärt werden und das, was gereinigt werden muss, schmerzhaft ins Bewusstsein tritt.
Wer das nicht als einen Nebeneffekt der Alchemie begreift, der wird vielleicht durch das Auftauchen psychologischer Probleme verstört sein. Es ist jedoch tatsächlich eines der Ergebnisse, denn der innere Druck, den die intensive Alchemie der Sexualmagie der Isis auslöst, zwingt den Ka-Körper, alle Unreinheiten »auszuschwitzen« und sich von allen »Flughindernissen« zu befreien.
Bei den alleine, ohne Partner Praktizierenden, erzeugen die alchemistischen Praktiken des Horus diesen inneren Druck um Unreinheiten auszustoßen. Die Aufgabe ist jedoch schwieriger, da die Energie, die benötigt wird, von der Person allein erzeugt werden muss, und sie nicht den Vorteil hat, von einem anderen gespiegelt zu werden. Doch es ist möglich.

Dies sind die grundlegenden Kenntnisse, die für die Sexualmagie der Isis notwendig sind. Auf den vorangegangenen Seiten habe ich euch die Geheimnisse der Jahrhunderte, eines der bestgehüteten Geheimnisse aus den Tempeln der Isis enthüllt.
Nur die Fortgeschrittensten wurden in diesen Übungen unterwiesen.

Ob man nun den einsamen Pfad der alchemistischen Praktiken des Horus geht oder den Pfad der heiligen Beziehungen durch die Sexualmagie der Isis, in jedem Fall beschreitet man den Weg zur Göttlichkeit.

Der zentrale Schlüssel auf dieser Reise ist die Stärkung des Ka durch ekstatische Bewusstseinszustände. Ob diese selbst hervorgerufen werden oder durch Sex ist eigentlich nicht wichtig. Das Ka wird durch ekstatische Zustände genährt und gestärkt, was auch immer sie ausgelöst hat.

Im Gegensatz dazu ist Scham Gift für den Ka-Körper. Scham baut seine Vitalität und Kraft ab.

Als Eingeweihte der Isis finde ich es äußerst tragisch, dass die Kirche die Sexualität von Männern und Frauen mit so viel Scham beladen hat und damit einen der direktesten Wege zu Gott verschloss. Was auch immer ihr auf diesem Weg tut, ich rate euch: Befreit euch von aller Scham.

Begebt euch in die Katakomben eures Verstandes und eures Herzens, findet die dunklen Ecken in euch, in denen die Scham lebt und entfernt sie.

Nutzt jede Gelegenheit, um Ekstase zu erzeugen, denn das stärkt euch und nährt euer Ka.

Mögen der Hindernisse auf eurem Flug wenige sein und der Segnungen auf eurer Reise viele.

Ich möchte jetzt noch ein paar Anmerkungen zu den Übungen der Alchemie des Horus und der Sexualmagie der Isis machen.

Die männlichen Eingeweihten müssen verstehen, dass die Magnetfelder zuerst durch das Berühren und Streicheln der Geliebten hervorgerufen werden, und dass daraus Wellen von Magnetfeldern entstehen, die sich bis zum Orgasmus hin aufbauen.

Es ist wichtig, dass der Mann übt, sich in die Magnetfelder einzunisten. Es ist außerordentlich wichtig, dass beide Partner sich während der ekstatischen Bewusstseinszustände auf den Ka-Körper konzentrieren, denn dies stärkt den Ka-Körper, und das ist bei dieser Art von Alchemie, wie sie von Jeshua und mir praktiziert wurde, entscheidend.

Im Augenblick des Orgasmus besteht entweder die Tendenz, dass der magnetische Spannungsstoß hochsteigt, durch das Schädeldach, oder dass er nach unten durch die Füße geht – in beiden Fällen aber verlässt das magnetische Feld den Körper und löst sich auf. Es ist wichtig, im Augenblick des Orgasmus dieses magnetische Feld oder die Spannung zu halten. Idealerweise konzentriert sich der oder die Eingeweihte auf das Kronen-Chakra oder die höheren Hirnzentren. Dadurch steigt die Spannung des Orgasmus in den Kopf auf und seine Energie fließt ins Gehirn und in den Ka-Körper.

Manchmal möchte der Eingeweihte vielleicht seinen Samen zurückhalten. In der Sexualmagie der Isis wurde den Männern eine Übung beigebracht, die »das Anhalten des unteren Nils« genannt wurde.
Für die Eingeweihten des alten Ägypten gab es den Nil sowohl im Außen als auch in ihrem Inneren, wobei der äußere Nil der Fluss war und der innere Nil dem Djed entsprach, der durch die sieben Siegel oder Chakren fließt. Im Augenblick des körperlichen Orgasmus, wenn der Mann ejakuliert, werden die schöpferischen Kräfte vom oberen Nil in den unteren Nil freigesetzt.
Dieser Samen enthält ein großes Potential zur Erschaffung von Magnetfeldern, sei es in Form von neuem Leben oder als alchemistische Reaktion in der Gebärmutter der Frau, wie wir es schon besprochen haben.
Es kommt jedoch vor, dass der Mann seinen Samen zurückhalten möchte, hauptsächlich weil, abhängig vom Zustand seiner Vitalität, die Ejakulation tatsächlich seine Energie verringern kann, und dafür wurde die Technik des Anhaltens des unteren Nils entwickelt.
Der Mann legt dabei einen Finger auf die Prostata, direkt davor, so dass in dem Augenblick der Ejakulation der Samen zurückfließt statt vorwärts, und die Magnetfelder seiner sexuellen Essenz durch seinen eigenen Körper und sein Ka kreisen. Doch selbst dann ruft sein Ka Magnetfelder hervor, die auf das Ka der Frau wirken, und beide können sich in diese Wechselwirkungen einnisten.

Ich möchte jetzt eine seltenere Form der Partnerschaft ansprechen, die jedoch auch unter den Eingeweihten der Isis vorkam. Ich meine gleichgeschlechtliche Partnerschaften.
Der Aufbau der Magnetfelder und das Einnisten in diese sowie das Erzeugen ekstatischer Zustände kann auch mit gleichgeschlechtlichen Partnern erfolgen, die Wechselwirkung zwischen Samen und Gebärmutter fällt jedoch weg. Dieser Aspekt der Alchemie findet dann nicht

statt, alle anderen Aspekte der Alchemie und der Sexualmagie besitzen jedoch auch hier Gültigkeit.

Zuletzt möchte ich mich dem Begriff des Eingeweihten zuwenden, denn ich habe dieses Wort jetzt sehr häufig verwendet. Es bezieht sich auf jemanden, der sich entschieden hat, sein Leben der Erhöhung seines Bewusstseins zu widmen, der sich entschieden hat, das gewöhnliche Leben hinter sich zu lassen und sich in ein Abenteuer des Bewusstseins zu stürzen.
Im Allgemeinen wird der Übergang vom gewöhnlichen Leben zum spirituellen Leben durch ein Einweihungsritual markiert. In der alten Zeit wurde diese Einweihung von einem Priester oder einer Priesterin durchgeführt, die auf den Kandidaten die relative Kraft ihrer jeweiligen Tradition übertrugen.
Bei bestimmten Übergängen ist es notwendig, von einer anderen Person eingeweiht zu werden. Doch für die Anfangsphase ist es möglich, dass sich ein Mensch selbst einweiht, denn die wahre Essenz der Initiation ist, dass sie eine Schwelle markiert: Den Übergang vom gewöhnlichen zum spirituellen Leben.

Wer sich von den Übungen der Alchemie des Horus angezogen fühlt und für seine innere Hingabe und Verpflichtung zu einem spirituellen Leben ein Zeichen setzen möchte, dem empfehle ich dieses einfache Ritual. Ich tue dies, weil es so wenige qualifizierte Personen gibt, die Einweihungen in die alte Tradition Ägyptens durchführen können.
Ihr braucht dazu eine Kerze und zwei Gläser oder Becher.
Das eine Glas ist mit Wasser gefüllt, das andere ist leer. Ihr könnt das Ritual mit Blumen und Räucherwerk ausschmücken, doch letztendlich geht es bei der Selbstinitiation um Absicht und um persönlichen und spirituellen Willen.
Das Ritual ist einfach eine äußere Spiegelung von etwas, das sich tief im Inneren vollzieht. Und in der Tat kann diese innere Entscheidung ohne äußeres Ritual vollzogen werden, denn ein Ritual ohne innere Entscheidung ist wertlos.

Ihr zündet dann die Kerze an und sprecht folgende Worte:
»*Geist allen Lebens, sei mein Zeuge hier.*
Um meiner eigenen Höherentwicklung

und um der Höherentwicklung allen Lebens willen,
werde ich danach streben,
weder mir selbst noch anderen Leid zuzufügen.«

Dann haltet das Glas mit dem Wasser in der rechten Hand, gießt das Wasser in das Glas in eurer linken und besiegelt diese Handlung mit folgenden Worten :

»Indem ich das Wasser gieße, tue ich kund,
dass die heiligen Wässer meines Lebens
vom Gewöhnlichen zum Heiligen transferiert wurden.
Geist allen Lebens, sei mein Zeuge hier.
Amen. Amen. Amen.«

Ich möchte meine Geschichte mit Gedanken über meinen Geliebten Jeshua beenden. Als Eingeweihte der Isis war ich auf den Augenblick der Begegnung mit ihm vorbereitet. Als sich unsere Blicke begegneten, wurde ich in andere Welten versetzt.
Ich begriff die Lehren, die mir zuvor unverständlich waren. Ich verstand die tiefsten Geheimnisse der Isis, und sie enthüllte sie mir nicht durch die heiligen Schriften, sondern durch die lebendige Gegenwart meiner Liebe für Jeshua.
Als sich die Alchemie zwischen uns zunehmend intensivierte, verehrte ich ihn und er mich. Es fiel ihm sehr schwer, mich zu verlassen.
Manches in ihm wollte lieber bei mir bleiben als sich der Todesinitiation des Horus auszusetzen, doch als Meisterseele war er gekommen, um einen Lichtpfad durch die dunklen Reiche des Todes zu legen. Er tat dies um seiner selbst willen und um der ganzen Menschheit willen.
Viele haben missverstanden, was er tat und warum er es tat.
Manche meinen, sie bräuchten nur an ihn zu glauben und sich selbst nicht zu bemühen. Das war nie sein Verständnis oder seine Überzeugung. Er kam als Lichtfülle, als Strahl der Liebe zu einer Zeit, als die Welt noch im Schatten eines eifersüchtigen Gottes lebte. Jeshua, die Meisterseele, demonstrierte enormen Mut und Stärke, dass er in solch einer Zeit Liebe lehrte.
Da ich gleichzeitig die Eingeweihte und die ihn liebende Frau war, war es ausgesprochen seltsam für mich, ihm meiner Aufgabe gemäß zu

helfen, sein Ka aufzubauen, damit er dem Reich des Todes mit größerer Kraft gegenübertreten konnte.
Als Eingeweihte war ich mir meiner Aufgabe bewusst, und ich verstand in gewisser Weise Jeshuas Vision. Doch als liebende Frau überschwemmten mich meine Gefühle für meinen Geliebten.
So hinterlässt der Rückblick auf unsere gemeinsame Zeit einen bittersüßen Geschmack in mir.
Die Süße seiner Gegenwart wird mich auf ewig erfüllen und erhalten, doch die Bitternis unserer Trennung wird auch immer da sein.
Als mein Leben zu Ende ging, kam Jeshua wieder in seinem Ka-Körper zu mir, so wie er es viele Jahre lang getan hatte. Er war bei mir, als ich meinen letzten Atemzug tat und führte mein Ka durch das Reich des Todes, auf jenem Lichtpfad, den er durch die Macht seiner Absicht gelegt hatte, und er führte mich in das, was ihr Himmel nennen würdet, doch es ist ein Ort in der Seele.
Dort ruhe ich in seiner Gegenwart durch Zeit und Raum.

Ich war zufrieden hier zu bleiben, mit seiner Essenz, die ich in meinem Herzen und meinem Geist trage, doch Isis selbst kam zu mir und sagte, dass ich jetzt meine Geschichte erzählen müsse; dass die Lügen der letzten zweitausend Jahre jetzt ein Ende haben müssten; dass das Weibliche zu einem Gleichgewicht mit dem Männlichen zurückfindet; dass die Kosmische Mutter sich am Anfang des Endes der Zeiten selbst enthüllt.
So kommt es, dass ich eines der verlorenen Geheimnisse der alten Zeit aufdecke – dass der Geist, das männliche Prinzip, die Unterstützung des weiblichen Prinzips, der Intelligenz der Materie, braucht, um durch seine Reise durch die Materie zu sich selbst zurückzukehren.
Doch aus der, von Sonnenlicht durchfluteten Perspektive des männlichen Prinzips, trägt das weibliche Prinzip einen dunklen, feuchten, gefährlichen Abgrund in sich. Das solare Prinzip fühlt sich von der Dunkelheit des lunaren Prinzips bedroht. Doch durch die Vereinigung von Sonne und Mond, durch die Vereinigung des maskulinen und des femininen Prinzips, im Gleichgewicht und energetisch ausgeglichen, kann wahre Erleuchtung erreicht werden.
Als Jeshua sich mit mir auf das vorbereitete, was ihm im Garten Gethsemane bevorstand, war ich die Verkörperung der Isis. Ich war sie. Es gab keinen Unterschied zwischen ihr und mir. Ich war in den

dazu notwendigen Übungen unterwiesen worden. So vereinte sich Jeshua als die Sonne, das solare Prinzip, das sich im Bereich der Materie manifestiert hat, mit mir, der Mondin; und er war mit Isis selbst vereinigt und sein Aufstieg hätte ohne sie nicht stattfinden können. Sie ist die Kosmische Mutter. Andere Kulturen kennen sie unter anderen Namen, doch sie ist dieselbe.

In dem Maße, in dem sich der männliche Eingeweihte in die magnetischen Felder seiner Geliebten einnisten kann und die Schwingungsenergien dieser Magnetkräfte in sich aufnehmen kann – in diesem Maße steht er in Kontakt mit Isis selbst, der Kosmischen Mutter, der Schöpferin von Zeit und Raum.

In dem Maße, in dem die weibliche Eingeweihte sich den Magnetkräften hingeben und sich in ihr eigenes Wesen hinein entspannen kann, wird sie zu Isis selbst. Wenn diese beiden Ereignisse auf kosmischer Ebene stattfinden, stimmt sich der männliche Eingeweihte energetisch auf Osiris ein und die weibliche Eingeweihte auf Isis. Aus der Vereinigung ihrer Magnetfelder wird Horus geboren, nur dass Horus in diesem Fall nicht die Form eines Kindes annimmt. In den Ka-Körpern der Eingeweihten selbst nimmt Horus Form an und fliegt. Sie werden auf sehr reale Weise erhoben. Sie können sich in die himmlischen Reiche ihres eigenen Seins aufschwingen.

In Wahrheit kann sich Osiris nicht ohne Isis erheben und Isis nicht ohne Osiris. Der erhabene Gott Horus wird aus den Magnetkräften ihrer Vereinigung geboren.

Der männliche Eingeweihte mit seiner elektrischen Natur meint, er könnte es allein vollbringen, doch er kann es nicht.

Isis wartet darauf, dass er das erkennt, doch er erkennt es nicht.

Jahrhundertelang hat sie gewartet, und jetzt stehen wir am Anfang vom Ende der Zeit und der Druck ist stark. Dies ist einer der Gründe, weshalb ich erschienen bin.

Ihr männlichen Eingeweihten, die ihr den Weg in euch selbst gefunden habt, euch den Isiskräften im Wesen eurer Geliebten hinzugeben, oder die ihr den Weg in eurem eigenen Wesen gefunden habt, wenn ihr den Weg alleine geht: Wisst, dass ihr es nicht nur um euer selbst willen tut, sondern für die ganze Menschheit.

Wer sich mit der Sexualmagie der Isis befasst, kann dies unmöglich nur um seiner selbst willen tun, denn die Übungen erheben den Eingeweihten schnell auf die Ebene des lebendigen Mythos, denn, wie

bereits gesagt, wird auf der höchsten Ausdrucksebene der männliche Eingeweihte selbst zu Osiris und die weibliche Eingeweihte zu Isis – und der Horus wird aus ihren Magnetkräften geboren.
Diejenigen, die den Weg der Alchemie alleine gehen, erreichen dies durch die Magnetkräfte des lunaren und des solaren Kreislaufes. Wenn die zuvor erwähnte Grundübung gemeistert wurde, erbebt die Schwarze Schlange der Mondin, die die Essenz der Leere enthält, und lässt den Ka-Körper des Eingeweihten erzittern, ähnlich dem Zittern und Beben der weiblichen Eingeweihten in den Armen des Mannes, wenn sie die Sexualmagie praktizieren.
In dem Eingeweihten, der den Weg alleine geht, begegnet die Goldene Schlange der Sonne der Schwarzen Schlange der Mondin mitten im Kopf, und die aus ihrer Verbindung hervorgehenden Magnetfelder und die energetischen Reaktionen, die sich aus ihrem Sich-Kreuzen in den Siegeln oder Chakren ergeben, erschaffen den Horus.
Letztlich kommt es also nicht darauf an, ob es alleine oder mit einem Partner durchgeführt wird: Es muss das Gleiche geschehen. Die Sonne und die Mondin müssen im Gleichgewicht sein, dann kann die Erleuchtung, die wir Horus nennen, stattfinden.

Ich habe euch meine Geschichte und die mir anvertrauten Lehren in der tiefsten Hoffnung gegeben, dass ihr einen Weg zu eurer eigenen Größe finden mögt, denn das braucht diese Welt jetzt mehr denn je.
Ich hoffe, dass meine Erkenntnisse euch bereichern, und dass ihr euch, so wie ich, von dem wunderbaren Wesen inspirieren lasst, den ihr Jeshua nennt, und den ich meinen Geliebten nenne.
Meinen Segen spende ich denen, die den Mut haben, die alchemistischen Praktiken des Horus auszuüben und denen, die sich dafür entscheiden, eine heilige Beziehung zu leben, egal ob gleichgeschlechtlich oder mit dem anderen Geschlecht.
Möge der Segen der Kosmischen Mutter euch auf eurer Reise zu euch selbst begleiten. Möge der Pfad zwischen der Sonne und der Mondin offenbar werden.
Geist allen Lebens, sei mein Zeuge. Amen

Maria Magdalena

Übungsanleitungen zur Alchemie des Horus

Dieses Kapitel ist für diejenigen, die die alchemistischen Praktiken des Horus gerne von Grund auf erlernen möchten. In dem *Manuskript* vermittelte Magdalena eine fortgeschrittene Form der Praxis, doch diese ist vielleicht für manche Leser zu schwierig. Deswegen habe ich Magdalena um ein paar einfache, vorbereitende Übungen gebeten, die hier dargestellt werden sollen.

Das *Manuskript* will in erster Linie eine Botschaft vermitteln und kein Lehrbuch sein. Die folgenden Anleitungen ergänzen es. Sie vermitteln die grundlegenden Erfahrungen, die zur angemessenen Durchführung der im *Manuskript* erwähnten *Übung der Zwei Schlangen* notwendig sind.

Magdalena sagt, dass die alchemistischen Praktiken des Horus sowohl für Menschen, die ihren Weg alleine gehen, als auch für Menschen in Partnerschaften geeignet seien. Der Hauptunterschied besteht darin, dass ein Mensch, der alleine praktiziert, die Energie und Ekstase aus sich selbst heraus erschaffen muss, während diejenigen, die sich in heiligen tantrischen Beziehungen befinden, diese Energie und Ekstase spontan aus dem sexuellen Akt gewinnen.

Der Djed oder der heilige Pfad der Chakren beginnt am Steißbein und verläuft durch die Wirbelsäule bis in den Kopf. Außerdem gibt es den sekundären Djed-Pfad, der vom Perineum direkt zur Schädeldecke aufsteigt und die *Zentrale Säule* genannt wird. Manche esoterischen Schulen bezeichnen ihn auch als *Pranakanal*. In den folgenden Übungen werden beide Pfade verwendet.

Die alchemistische Aufgabe besteht dabei darin, so viel Energie aufzubauen, dass sie durch diesen Pfad in die Zentren des Kopfes geschickt werden kann. In den folgenden Übungen wird diese Energie mit Hilfe des Atems erzeugt. Die Übungen dienen dazu, Sie mit der körperlichen Empfindung vertraut zu machen, die entsteht, wenn feinstoffliche Energien den Djed entlang aufsteigen.

Der erste Teil der Anleitung besteht aus drei verschiedenen Übungen. Die erste befasst sich mit dem sekundären Djed, der Zentralen Säule, die direkt vom Perineum zur Schädeldecke aufsteigt. Die zweite Übung bezieht sich auf den primären Djed, der in der Wirbelsäule verläuft und die dritte arbeitet mit der dadurch im Kopf angekommenen Energie.

Der zweite Teil der Anleitung soll Sie dann damit vertraut machen, wie Sie die Energie im Djed in eine schlangenähnliche Form bringen können. Die letzte Übung aktiviert den Pfad der *Zwei Schlangen*, indem die Energie gleichzeitig durch den lunaren und den solaren Pfad geschickt wird.

Sicherheitshinweise

Da diese Übungen Energie zum Gehirn und in die oberen Kopfregionen bringen, sind sie für manche Menschen nicht geeignet. Wenn Sie eine Kopfverletzung oder einen Schlaganfall hatten, so sprechen Sie bitte mit Ihrem Arzt, bevor Sie mit den Übungen beginnen. Das Gleiche gilt für Menschen, die unter Anfällen, wie zum Beispiel Epilepsie leiden. Und für Manisch-Depressive sind die Meditationsübungen, besonders in der manischen Phase, kontraindiziert. Für alle anderen sind die Meditationen harmlos und wohltuend. Sollten Sie während der Meditation einmal Kopfschmerzen bekommen, so hören Sie auf und ruhen sich aus.

Erster Abschnitt

Die erste Übung

Setze dich bequem hin und schließe die Augen. Richte deine Aufmerksamkeit – also das alchemistische Gefäß deines Gewahrseins – auf deinen Beckenboden. Dies ist der unterste Bereich deines Unterleibes, die Tiefe der Schale deines Beckens. Atme tief in einem Rhythmus, der dir angenehm ist und ziehe den Atem dabei in den Bauch. Mit dem Einatmen lässt du den Unterbauch sich ausdehnen und mit dem Ausatmen ziehst du ihn ein. Diese so genannte Bauchatmung mag zuerst ungewohnt sein, doch nach einer Weile wird sie sich natürlich und angenehm anfühlen. Bei all diesen Übungen soll der Atem sanft und angenehm fließen. Nichts soll dabei erzwungen werden.
Stelle dir beim Einatmen vor, dass die Energie deines Atems tief in alle Winkel und Nischen deines Beckens reicht. Das ist wichtig, weil du das Sekhem, das heißt deine Lebenskraft, in Bewegung bringst und die ruht in deinem Becken. Auch beim Ausatmen hältst du deinen Fokus im Beckenbereich. Dadurch wird die Energie des

Sekhem dort aufgebaut und intensiviert. Fahre ein paar Minuten lang damit fort.

Dann stelle dir einen feinstofflichen Energiekanal vor, der vom Perineum zur Schädeldecke (der Krone) verläuft. Das Perineum ist der Damm, der in der Mitte zwischen den Genitalien und dem After sitzt. Beim Einatmen konzentriere dich jetzt weiterhin aufs Becken, doch wenn du ausatmest, richte deine Aufmerksamkeit – also das alchemistische Gefäß deines Gewahrseins – diesmal den Kanal. Dadurch wird die Sekhem-Energie in den Kanal geleitet und beginnt, sich aufwärts zu bewegen. Während du weiter ausatmest, wandert deine Aufmerksamkeit den Kanal entlang nach oben und in den Kopf. Wiederhole dieses Atmungsmuster, das heißt, bring die Aufmerksamkeit mit jedem Einatmen ins Becken, halte sie dort während des gesamten Einatmens, und mit dem Ausatmen konzentriere dich auf den Kanal und lass die Aufmerksamkeit nach oben zu deinem Kopf hin wandern. Wiederhole dies so lange, bis du deutlich spürst, wie die Energie den sekundären Djed entlang nach oben zum Kopf hin fließt.

Diese Übungen bauen aufeinander auf, es ist also wichtig, jede erst zu beherrschen, bevor man zur nächsten übergeht. Du solltest dir sicher sein, die aufsteigende Energie im Djed zu spüren. Wenn es nicht ganz eindeutig ist, wiederhole die Übung.

Eine Bemerkung zu unangenehmen Körperempfindungen
Gelegentlich spürt jemand Verspannungen oder Kopfschmerzen von diesen Übungen. Die Ursache kann in einer Neigung zu chronischen Verspannungen im Kiefer, Nacken oder Gesicht liegen, die den aufsteigenden Fluss des Sekhem, der Lebenskraft, behindern. Wenn Du dich während irgendeiner dieser Übungen unwohl fühlst, so brich sie sofort ab und versuche es zu einem anderen Zeitpunkt noch einmal. Wenn die Verspannungen jedes Mal beim Praktizieren dieser Übungen auftreten, kannst du es mit Gähnen versuchen. Dabei entspannen sich die Kiefer-, Nacken- und Gesichtsmuskeln. Gähne einfach beim Ein- und Ausatmen. Das kann sehr hilfreich sein und ist außerdem lustig. Wenn die Verspannung hartnäckig bleibt, bringe die Aufmerksamkeit zu dem verspannten Bereich und stelle dir vor, dass die Spannung mit jedem Ausatmen nachlässt und allmählich verschwindet. Versuche es einfach ein paar Minuten lang. Bei dieser Art von Verspannungen lassen sich damit gute Erfolge erzielen.

Die zweite Übung

Hier machst du im Prinzip dasselbe wie in der ersten Übung, nur dass das Sekhem diesmal durch die Wirbelsäule, also den primären Djed fließt.
Setze dich bequem hin und schließe die Augen. Richte deine Aufmerksamkeit – also das alchemistische Gefäß deines Gewahrseins – auf deinen Beckenboden. Finde einen angenehmen Atemrhythmus und atme tief in den Bauch, ohne dich dabei anzustrengen. Lass den Unterbauch sich beim Einatmen ausdehnen und ziehe ihn beim Ausatmen ein.
Stelle dir beim Einatmen vor, dass dein Atem bis in jeden Winkel und jede Nische deines Beckens dringt. Wie bei der ersten Übung dient dies dazu, das Sekhem, die Lebensenergie in Schwung zu bringen, die in deinem Becken ruht. Auch beim Ausatmen hältst du deinen Fokus in diesem Bereich. Dadurch baut sich die Sekhem-Energie dort auf und intensiviert sich. Setze dies ein paar Minuten lang fort.
Im nächsten Schritt verschiebst du deine Aufmerksamkeit ein wenig. Beim Einatmen konzentrierst du dich weiterhin auf dein Becken, doch beim Ausatmen bringst du deine Aufmerksamkeit zur Wirbelsäule und lässt den Fokus dort nach oben wandern, bis du am Ende des Ausatmens oben am Schädeldach ankommst. Setze dies ein paar Minuten lang fort, bis du eine deutliche Wahrnehmung davon hast, wie die Energie in deiner Wirbelsäule aufsteigt. Wenn du das eindeutig spürst, so kannst du zur nächsten Übung übergehen. Wenn nicht, wiederhole bitte die Übung.

Die dritte Übung

Diese Anweisungen entsprechen denen aus der zweiten Übung, jedoch mit einem Unterschied. Wenn die Energie beim Ausatmen die Wirbelsäule entlang aufsteigt, wird sie in die Mitte des Kopfes geleitet und nicht unter das Schädeldach. Dort darf die Energie im Gehirn kreisen, und du spürst einfach dieser Bewegung nach.
Setze dich sich also wieder bequem hin und schließe die Augen. Richte deine Aufmerksamkeit – also das alchemistische Gefäß deines Gewahrseins – auf deinen Beckenboden. Finde einen angenehmen

Atemrhythmus und atme tief in den Bauch, ohne dich dabei anzustrengen. Lass den Unterbauch sich beim Einatmen ausdehnen und ziehe ihn beim Ausatmen ein.

Stelle dir beim Einatmen vor, dass die Energie deines Atems bis in jede Nische und Ecke deines Beckens reicht. Beim Ausatmen lass den Fokus im Becken. Dadurch wird die Sekhem-Energie im Becken in Bewegung gebracht und intensiviert. Setze dies ein paar Minuten lang fort.

Wenn du die Energie auf diese Weise eine Weile aufgebaut hast, bist du bereit für die nächste Phase. Beim Einatmen bleibt die Aufmerksamkeit im Becken, doch bei jedem Ausatmen lässt du den Fokus die Wirbelsäule entlang vom Steißbein bis in die Mitte deines Kopfes wandern.

Die Sekhem-Energie wird der Aufmerksamkeit folgen und somit auch nach oben in die Mitte deines Gehirns fließen. Oben angelangt hältst du einen Moment lang inne und spürst, wie sich die Energie von alleine durch die verschiedenen Bereiche deines Gehirns bewegt.

Setze dies so lange fort, bis du den Energiefluss entlang der Wirbelsäule und im Gehirn deutlich wahrnimmst.

Zweiter Abschnitt

Die erste Übung: Das Aufsteigen der einen Schlange

Anstatt die Energie wie bei der vorigen Übung in die Mitte des Kopfes zu führen, wird sie hier nach oben unter die Schädeldecke geleitet und über die zwei Gehirn-Hemisphären ausgebreitet. Dadurch entsteht eine kobra-ähnliche Bewegung: Der Körper der Schlange zieht sich die ganze Wirbelsäule entlang, während sich ihre Haube über die zwei Gehirnhälften wölbt. Die Energie so in Form einer Kobra zu halten stimuliert das Gehirn auf eine bestimmte Art und ist der Vorläufer des Uräus.

Setze dich bequem hin und schließe die Augen. Richte deine Aufmerksamkeit – also das alchemistische Gefäß deines Gewahrseins – auf den Beckenboden. Atme auf entspannte Weise tief und rhythmisch in den Bauch. Beim Einatmen wölbt sich der Unterbauch nach außen, beim Ausatmen ziehst du ihn ein.

Stelle dir beim Einatmen vor, dass dein Atem jede Nische und Ecke deines Beckens erfüllt. Lass den Fokus auch beim Ausatmen dort. Das baut die Sekhem-Energie im Becken auf. Fahre damit ein paar Minuten lang fort.

In der nächsten Phase bleibt der Fokus beim Einatmen im Becken, beim Ausatmen bringst du deine Aufmerksamkeit jedoch in die Wirbelsäule und lässt sie vom Steißbein aus nach oben bis in den Raum oberhalb der beiden Gehirn-Hemisphären und unterhalb der Schädeldecke wandern. Spüre die Bewegung der Energie in diesem Bereich. Stelle dir vor, dass diese Energie die Form einer Kobra hat, deren Haube sich über dein Gehirn wölbt. Wiederhole die Übung, bis du diese schlangenähnliche Energieform deutlich über dem Gehirn spürst.

Die zweite Übung: Das Aufsteigen der zwei Schlangen

Diese Übung baut auf einer erfolgreichen Durchführung der letzten Übung mit der einen Schlange auf. Wenn du die Schlange nicht deutlich erfahren hast, so kehre bitte zur ersten Übung dieses Abschnittes zurück.
In dem *Manuskript* findest du eine Beschreibung der Schwarzen und der Goldenen Schlange. Die Schwarze Schlange steigt durch den lunaren Pfad auf der linken Seite des Djed auf und ist mit der Dunkelheit der Leere oder anders gesagt, der Schöpferin der gesamten Schöpfung verbunden. Die Goldene Schlange steigt durch den solaren Pfad auf der rechten Seite des Djed auf und ist mit dem Licht verbunden. In gewisser Weise sind die zwei Schlangen alchemistische Gegensätze. Wenn zwei Gegensätze in einem alchemistischen Gefäß zusammengebracht werden, kann eine unglaubliche Menge an Energie erzeugt werden.
In dieser vorbereitenden Übung wirst du die Sekhem-Energie in zwei Energieströme aufspalten. Die Lebensenergie wandert dabei auf zwei parallelen Pfaden den Djed hinauf. Die Schwarze Schlange erhebt sich von der linken Seite an der Basis des Djed und die Goldene Schlange von der rechten. Doch während ihres Aufstiegs kreuzen sich in jedem Chakra ihre Pfade. So fließt die Goldene Schlange bei ihrem Eintritt in das Sexualchakra zur linken Seite des Djed hinüber, und die Schwarze Schlange kreuzt zur rechten. So steigen sie weiter auf, und die Goldene

Schlange kehrt im Solarplexus zur rechten Seite zurück, während die Schwarze zur linken Seite strömt. Im Herzchakra kreuzen sie wieder die Seiten, die Goldene Schlange nach links und die Schwarze Schlange nach rechts, und genauso im Kehlchakra: Goldene Schlange nach rechts und Schwarze Schlange nach links.

Zum Schluss treffen sie sich in der Mitte des Kopfes, wo die Goldene Schlange auf der rechten Seite schwebt und die Schwarze auf der linken. Sie schauen einander an, und die Zirbeldrüse sitzt zwischen ihnen.
Im Manuskript wird noch intensiver auf diese Praxis eingegangen, die folgende Übung soll dir jedoch einfach helfen, dich mit der Empfindung der beiden aufsteigenden Schlangen vertraut zu machen.

Setze dich für diese Übung bequem hin und schließe die Augen. Richte deine Aufmerksamkeit – also das alchemistische Gefäß deines Gewahrseins – auf deinen Beckenboden. Atme rhythmisch und tief in einem dir angenehmen Rhythmus und ziehe dabei den Atem in den Bauch. Lass den Unterbauch sich mit dem Einatmen nach außen wölben, und mit dem Ausatmen ziehst du ihn nach innen.
Stelle dir vor, dass die Energie deines Atems beim Einatmen jede Nische und Ecke deines Beckens erfüllt. Konzentriere dich auch beim Ausatmen auf den Beckenboden. Dadurch wird die Sekhem-Energie im Becken aufgebaut. Fahre ein paar Minuten lang damit fort.
Wenn du bereit bist für die nächste Phase, so lass deine Aufmerksamkeit beim Einatmen im Becken, doch beim Ausatmen bringst du sie zum unteren Ende des Djed. Mit Hilfe deiner Absicht (Willenskraft) kannst du die beiden Schlangen mit der Energie deines Atems aufladen. Während du weiter ausatmest, schickst du die Energie durch die beiden Schlangenpfade nach oben. Stelle dir so deutlich wie möglich vor, wie sich ihre Pfade an jedem Chakra kreuzen, und wie sie dann in der Mitte deines Kopfes ankommen.

Übe dies, bis du eine klare Empfindung davon hast, wie die beiden schlangenartigen Energien deine Wirbelsäule hinauf und in deinen Kopf fließen. Spüre der Bewegung der Lebensenergie nach, wie sie sich als Reaktion auf deinen Atem windet und schlängelt und spüre die feinen Energien, die durch diese Übung im Gehirn erzeugt werden.

Der Pfad der Zwei Schlangen

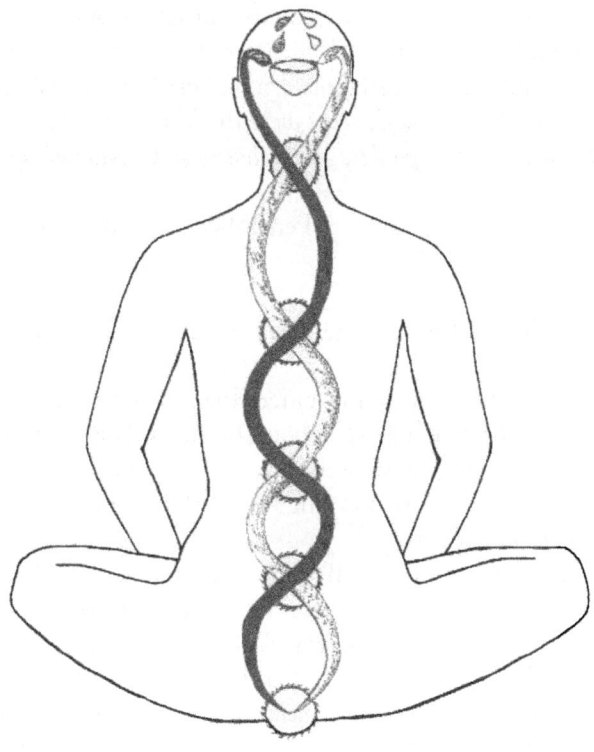

Linke Seite:
Schwarze Lunare Schlange
Rote Schlangen Tropfen

Rechte Seite:
Goldene Solare Schlange
Weiße Schlangen Tropfen

ZWEI

Innere Alchemie

Die grundlegenden Konzepte des Manuskripts sind ohne Kenntnis der verwendeten alchemistischen Begriffe wahrscheinlich schwer zu begreifen. Manchem Leser mögen auch die zentralen Ideen der inneren Alchemie unbekannt sein. Deswegen habe ich an dieser Stelle einen kurzen Überblick über die innere Alchemie im Allgemeinen und die ägyptische Alchemie im Besonderen eingefügt. Ich hoffe, dass diese Einführung den Lesern ein tieferes Verständnis und eine größere Wertschätzung des Manuskripts ermöglicht.

(Persönliche Anmerkung von Tom)

Einführung in die Grundlagen der inneren Alchemie

Ich beschloss heute Morgen, mir einen Tee zuzubereiten.
Schläfrig durchwühlte ich den Küchenschrank und fand einen kleinen Wasserkessel, den ich mit Wasser füllte und auf den Herd stellte. Ich entzündete die Gasflamme und fing an, die Überreste vom gestrigen Abendessen zu beseitigen.
Nach kurzer Zeit vernahm ich das vertraute Brodeln kochenden Wassers und tatsächlich schwebten kleine Dampfwolken über dem Herd. Ich drehte das Gas ab und goss das heiße Wasser in einen leeren Becher. Es zischte, als das Wasser über das heiße Metall in das bereitstehende Gefäß floss. Ich hängte einen Teebeutel hinein und räumte fertig auf. Während ich damit beschäftigt war, fand das heiße Wasser unmerklich seinen Weg in die Teeblätter und was eben noch ein Becher heißes Wasser gewesen war, war jetzt ein Becher Tee.
Sie fragen sich vielleicht, was das alles mit Alchemie zu tun hat? Eine ganze Menge.
Die Kunst der Alchemie besteht einfach darin, eine Form in eine andere umzuwandeln. Die meisten Menschen halten Alchemie für den mittelalterlichen Wahn, Blei in Gold verwandeln zu wollen. Dies ist zwar eine Form der Alchemie, doch alles was bewirkt, dass eine Form zu einer anderen wird, ist ebenfalls Alchemie. Wasser in Dampf zu

verwandeln ist Alchemie. Aus einem trockenen Teebeutel Tee zu machen ist Alchemie.

Die äußere Alchemie, die zum Beispiel Blei in Gold verwandelt, ist zweifellos eine faszinierende Angelegenheit, doch die innere Alchemie, wie Magdalena sie in dem *Manuskript* beschreibt, interessiert mich weit mehr. Doch egal, ob man nach einer Erweiterung seiner inneren Fähigkeiten strebt oder sich eine Tasse Tee zubereiten will, einige der Grundprinzipien sind die gleichen.

Jeder erfolgreiche alchemistische Prozess muss drei Elemente aufweisen: 1. eine zu transformierende Substanz, 2. ein Gefäß, in dem die alchemistische Reaktion ablaufen kann und 3. Energie. Wenn ich heute morgen das Wasser einfach auf den Herd gegossen hätte statt in ein Gefäß, wäre dadurch kein alchemistischer Prozess entstanden, sondern ein Durcheinander.

Bei der äußeren Alchemie, bei der Teezubereitung oder der Kernspaltung (ja, Atomkraft ist auch Alchemie), sind die Gefäße deutlich sichtbar und je nach Aufgabe verschieden. Eine Teetasse ist als Gefäß für eine Kernspaltung schlecht geeignet. Dafür sind große Mengen Beton, Blei und ungeheuer viel Wasser notwendig.

Bei der inneren Alchemie sind die Gefäße abstrakter, genauso wie die Ziele. Der Sinn und Zweck der inneren Alchemie ist die Transformation von Bewusstsein, die Beschleunigung der eigenen persönlichen Evolution. Ich verwende den Begriff der Evolution hier nicht im gewöhnlichen Sinne. Ich bezweifle, dass irgendjemand durch die innere Alchemie dahin gelangt, dass ihm Flügel wachsen, mit denen er sich in die Lüfte erheben könnte. Doch die Veränderungen, die durch die Anwendung der inneren Alchemie entstehen können, sind so umwälzend, dass man das Gefühl haben kann, über dem Leben zu schweben und es aus einer sehr viel umfassenderen Perspektive zu betrachten. Deswegen tauchen in den alchemistischen Symbolen aus aller Welt immer wieder Flugwesen auf, seien es die Garudas aus dem balinesischen Hinduismus, die taoistischen Drachen oder der falkenköpfige Horus aus Ägypten, um nur einige zu nennen.

In allen Systemen der inneren Alchemie ist die Aufmerksamkeit selbst, die mentale Konzentration, das Gefäß. Beim Lesen dieser Worte halten Sie diese in dem Gefäß Ihrer Aufmerksamkeit, und sie erscheinen Ihnen hoffentlich sinnvoll. Doch wenn Ihre Aufmerksamkeit jetzt zu einer Unterhaltung im Nebenraum wandern würde, dann würde sich auch das Gefäß verschieben, und von meinen Worten bliebe nichts hängen. Vielleicht würden Sie sogar weiter lesen, doch die Worte hätten keine Wirkung, weil sie sich *außerhalb* des Gefäßes Ihrer Aufmerksamkeit befänden.

Bei allen Formen der inneren Alchemie gibt es einen durchgängigen Grundsatz: »*Energie folgt der Aufmerksamkeit.*« Auch in dem oben genannten Beispiel folgt die Energie Ihrer Wahrnehmung dahin, wo Ihre Aufmerksamkeit hinwandert. Wenn Sie darauf achten, was Sie lesen, werden die Worte einen Eindruck hinterlassen. Doch wenn Ihre Aufmerksamkeit bei dem Gespräch nebenan ist, werden nicht die Worte in diesem Buch einen Eindruck hinterlassen, sondern die Worte der Unterhaltung.

Das alchemistische Gefäß der inneren Alchemie ist das Bewusstsein selbst.

Die Substanzen, die durch den Prozess der inneren Alchemie transformiert werden, variieren je nach Pfad und Tradition. Manchmal gehören zu diesen Substanzen auch Neurotransmitter, Hormone, Speichel und Sekrete. Doch es gibt auch ganze Gruppen von feinstofflichen Substanzen, zu denen so flüchtige Dinge wie das *Chi* der Taoisten, das *Prana* der Yogis, die *Winde (lhung)* der Tibeter und die *Neter* der Ägypter gehören.

Dieser Gruppe der feinstofflichen Substanzen gilt die hauptsächliche Aufmerksamkeit der inneren Alchemie. Für den gewöhnlichen Menschen sind diese Konzepte ausgesprochen schwer zu verstehen. Ich glaube, dass das an der starken Gewöhnung an die Newton'sche Welt unserer alltäglichen Realität liegt. In der Regel bringt uns niemand bei, auf die subtilen Energien hinter diesem Schattenspiel der physischen Realität zu achten.

Ich will Ihnen ein Beispiel geben. Sie erinnern sich sicher an den Becher Tee, den ich mir heute Morgen machte. Ehrlich gesagt habe ich ihn nicht ausgetrunken, und jetzt steht er kalt auf dem Tisch. Ich wurde abgelenkt und habe ihn vergessen. Als es mir wieder einfiel, spülte ich aus irgendeinem Grund nicht den alten Becher aus, um mir neuen Tee zu machen, sondern nahm einen sauberen Becher aus dem Schrank. Ich stellte ihn neben den von heute Morgen, füllte ihn mit heißem Wasser und hängte wieder einen Teebeutel hinein. Von der neuen Tasse Tee stiegen kleine Dampfwolken auf, von der alten nicht. Das ist doch merkwürdig, dachte ich. Ich nahm beide Becher in die Hand. Der eine war zu heiß und der andere zu kalt. Ich stellte den heißen wieder ab, um ihn sich auf Trinktemperatur abkühlen zu lassen. Ich befand mich sowohl in der Newton'schen Welt als auch in der Quantenrealität. Ich konnte die beiden Becher in die Hand nehmen und den einen als heiß und den anderen als kalt wahrnehmen. Doch der Grund für diesen Unterschied lag in einer Wirklichkeit, die viel subtiler war als die Becher oder der in ihnen enthaltene Tee. Der Unterschied bestand auf der molekularen Ebene des Wassers. Für das menschliche Auge unsichtbar klein, waren die Moleküle in dem heißen Wasser dabei, wie eine aufgeregte Meute durcheinander zu rennen und zusammenzustoßen, was Hitze erzeugte. Als ich das Wasser auf dem Herd zum Kochen gebracht hatte, war der Aufruhr auf seinem Höhepunkt gewesen.

In dem kalten Becher Tee waren die Moleküle dagegen ziemlich lethargisch. Die Energie, die sie heute Morgen aufgeheizt hatte, war dem Becher schon vor langer Zeit in Form von Wärmestrahlung entwichen, und die molekularen Krawallmacher von einst glichen jetzt eher den Insassen eines Altersheims. Der einzige Unterschied zwischen den Radaubrüdern in dem heißen Becher und den Schlafmützen in dem kalten war Energie.

Mit meinen normalen Sinnen kann ich keinen Unterschied zwischen den Molekülen in dem einen Becher und den Molekülen in dem anderen Becher ausmachen, da sie zu klein sind. Alles, was ich wahrnehmen kann, sind die Nachwirkungen ihrer Energie in Form von Hitze oder Kälte. Genau genommen ist alles, was wir in der physischen Welt erfahren, die Nachwirkung von etwas, was in der feinstofflichen oder Quantenwelt vor sich gegangen ist. Die Aufgabe des Alchemisten besteht darin, sich dieser subtilen Vorgänge, die den meisten Menschen entgehen, bewusst zu werden und für sie empfänglich zu sein, denn der feinstoffliche Bereich oder die Quantenwelt enthalten die besten Substanzen für alchemistische Transformationen. In der Regel sind die Substanzen der Newton'schen oder grobstofflichen Welt zu dicht, zu grob eben, um durch die Kraft der alchemistischen Aufmerksamkeit transformiert zu werden. Doch die subtile Quantenwelt ist für diese Art der konzentrierten Zuwendung sehr empfänglich.

In meinem Beispiel mit den zwei Bechern Tee bestand der Unterschied

in dem Vorhandensein oder dem Mangel an Energie, die in diesem Fall aus einer äußeren Quelle stammte. In der inneren Alchemie liegt die Energiequelle jedoch meist im Bewusstsein selbst.
Was meine ich damit? Werden Sie sich für einen Augenblick einer Ihrer Hände bewusst. Verschieben Sie einfach Ihre Aufmerksamkeit in diese Hand. Seien Sie sich ihrer Haltung, ihres Gewichts und der Empfindungen in dieser Hand bewusst. Nach kurzer Zeit richten Sie Ihre Aufmerksamkeit auf Ihre andere Hand. In welcher haben Sie mehr Empfindung? Oder anders gefragt: *Welche Hand enthält mehr Energie?*
Bei den meisten Menschen wird das die Hand sein, auf die sie sich eben konzentriert haben. Das liegt daran, dass die Energie der Aufmerksamkeit folgt. Das alchemistische Gefäß der Aufmerksamkeit war auf eine bestimmte Hand gerichtet, und dies führte zu einem Anstieg der wahrgenommenen Energie in dieser Hand. Neurologisch ist dieser Vorgang recht kompliziert, doch auf der praktischen Ebene ist er ganz einfach. Wir tun es jeden Tag.
Manchmal wird der Atem eingesetzt, um eine alchemistische Reaktion anzufeuern. Manchmal werden auch äußere Energiequellen verwendet, zum Beispiel die Sonne oder ein zeremonielles Feuer. In seltenen Fällen werden auch andere Elemente wie Luft oder Wasser zum alchemistischen Prozess herangezogen.
Um mit äußerlichen Energiequellen einen alchemistischen Prozess anzutreiben, schaut der Alchemist zum Beispiel beständig auf eine Flamme, während er in dem Gefäß seiner Aufmerksamkeit die zu transformierende Substanz hält. Die Energie der Sonne kann auf die gleiche Weise genutzt werden.
Ich will Ihnen ein Beispiel geben. Während ich diesen Teil des Buches schreibe, befinde ich mich auf der Insel Paros in den griechischen Kykladen. Jeden Nachmittag gegen sechs Uhr, wenn die Sonne nicht mehr so brennend heiß ist, setze ich mich etwa eine Stunde lang auf die Terrasse und praktiziere eine alchemistische Übung aus der ägyptischen Tradition.
Um diese Übung zu erklären, muss ich zunächst einen Begriff aus der ägyptischen Alchemie erläutern: das *Ka*. Der Ka-Körper wird auch das ätherische Doppel oder der spirituelle Zwilling genannt. Er hat die gleiche Form und Größe wie der physische Körper, das *Khat*, besteht jedoch aus Energie und kaum aus Masse (oder Dichte). Während ich

diesen feinstofflichen Körper in dem Gefäß meiner Aufmerksamkeit halte, spüre ich die Sonne. Ich ziehe die subtilen Energien, die mir durch das Sonnenlicht zur Verfügung gestellt werden, in mein *Ka*. Manche dieser Sonnenenergien sind wissenschaftlich belegt worden, wie zum Beispiel die ultraviolette Strahlung und die Primärfarben des Spektrallichts. Untersuchungen haben gezeigt, dass Spektrallicht sehr positive Auswirkungen auf die Gesundheit hat. Doch es gibt eine Fülle weiterer subtiler Energien, die noch nicht wissenschaftlich erfasst sind, vermutlich weil unsere Messmethoden zu grob sind.

Die Taoisten würden diese Art von feinstofflicher Energie als *solarisiertes Yang-Chi* bezeichnen. Ein Yogi würde es vielleicht *Surya* (Sonnen)-*Prana* nennen und ein Alchemist der ägyptischen Linie spräche einfach vom *Neter des Ra* (der Kraft des Sonnengottes). Wie auch immer man es nennt, es gibt diese andere Art von feinen Energien im Sonnenlicht. Ich nenne meine Version dieser Übung die Liegestuhl-Methode. Früher führte ich ein umfangreiches System von stehenden Bewegungen durch, um die Energie der Sonne in mein Ka zu ziehen. Manchmal, wenn ich mich besonders agil fühle, tue ich das immer noch. Doch ich habe festgestellt, dass es genauso gut funktioniert, wenn ich einfach sitze.

Ich setze mich also gegen sechs Uhr in den gemütlichen Liegestuhl, den unser freundlicher Vermieter Stephanos uns zur Verfügung gestellt hat. Ich ziehe mein Hemd aus und entspanne mich, während ich meinen Ka-Körper in dem Gefäß meiner Aufmerksamkeit halte. Ich werde mir einfach meines Ka bewusst, man könnte auch sagen, ich stelle es mir vor, als einen Körper aus strahlendem Licht. Dann atme ich entspannt und ziehe mit dem Einatmen die feinstofflichen Energien der Sonne in mein Ka.

Manchmal ziehe ich die Energie durch meinen Nabel ein und lasse sie durch mein Ka kreisen. Oder ich ziehe die Energie der Sonne in meinen Solarplexus, der nach dem Verständnis der ägyptischen Alchemie ein Aspekt von Ra ist. Ich lade diese Miniatursonne in meinem Ka-Körper auf, und die überschüssige Energie fließt automatisch in meinen Körper. Manchmal ziehe ich es auch vor, mir mein Ka als eine Art von Magnet vorzustellen (was es auch ist) und ziehe dann die Energie der Sonne auf einmal direkt in das gesamte Ka.

Manch einer mag diese Methode seltsam oder vielleicht etwas zu lässig finden, doch sie enthält alle drei Elemente: Substanz, Gefäß und

Energie. Es handelt sich also um Alchemie. In meiner Konzentration auf mein Ka halte ich es in dem alchemistischen Gefäß meiner Aufmerksamkeit; die zu transformierende Substanz ist mein Ka. Es handelt sich hier um eine Energie aufbauende Übung. Wozu das dient, wird in dem nächsten Abschnitt über ägyptische Alchemie deutlich. Wir haben also zwei der wesentlichen Elemente: die zu transformierende Substanz (mein Ka) und ein Gefäß für die alchemistische Reaktion (meine Aufmerksamkeit). Das dritte Element, die Energie, steuert natürlich die Sonne selbst bei (Ra). Wenn ich es richtig mache, das heißt alle drei Elemente beieinander halte, führt diese Übung zu einer enormen Steigerung der Energie und der Schwingung in meinem Ka-Körper. Manchmal wandert mein Verstand jedoch, Gedanken und Phantasien tauchen auf. Dann lässt der Aufbau der Energie nach. Wenn ich meine Aufmerksamkeit dann nicht auf mein Ka zurückbringe, wird der Energieanstieg ganz zum Erliegen kommen, einfach weil ich dann das Gefäß für die alchemistische Reaktion verloren habe. In unserem Beispiel mit dem Teekochen wäre das so, als hätte ich den Kessel vom Herd genommen.

Die hohe Kunst der inneren Alchemie liegt darin, alle drei Elemente, also die Substanz, das Gefäß und die Energie so lange beisammen zu halten, bis eine alchemistische Reaktion abläuft. Das kann dem Alchemisten eine gehörige Portion Disziplin abverlangen.

Alle Alchemisten, welcher Traditionslinie auch immer sie sich zuordnen, verwenden diese drei Elemente: Gefäß, Substanz und Energie. Jede Linie hat ihre eigenen Methoden, dem Alchemisten zu helfen, das Gefäß seiner Aufmerksamkeit zu stärken und dadurch immer stärkere und intensivere alchemistische Reaktionen durchführen zu können.

Der praktizierende Alchemist muss für die Feinheiten der Substanzen außerordentlich empfindsam werden. Je mehr sich seine Wahrnehmung verfeinert, desto mehr kann er die subtilen Eigenschaften der energetischen Substanzen unterscheiden. Damit geht auch ein Gefühl dafür einher, wie und in welchem Umfang diese Substanzen am besten alchemistisch eingesetzt werden können. Es kann sich bei diesen Substanzen um alles Mögliche handeln, von physischen Stoffen wie Speichel und Sekreten bis hin zu Dingen, die völlig im Quantenbereich liegen. Wie gesagt eignen sich diese Quantensubstanzen am besten für den Prozess der inneren Alchemie.

Und zuletzt braucht der Alchemist auch Energie, um die alchemistische Reaktion zu betreiben. Die Möglichkeiten, Energiequellen für derartige innere Arbeit zu erschließen, sind wahrhaft unbegrenzt. Jede alchemistische Tradition macht eigene Vorschläge dazu, wie die benötigte Energie zu sammeln wäre. Weltweit kommt dabei aus den verschiedenen Linien eine große Bandbreite an klugen, raffiniert entwickelten und teilweise beeindruckenden Methoden zur Erzeugung von Energie zusammen.

In dem *Manuskript* behauptet Magdalena, dass es ihre Aufgabe als Eingeweihte war, Jeshua bei der Entwicklung seines feinstofflichen Körpers (Ka) durch spezifische Praktiken des Energieaufbaues zu unterstützen. Sie sagt, dass dies durch den meisterhaften Einsatz von sexueller Energie geschah. Als einer Eingeweihten der Isis standen ihr die Methoden einer der ältesten alchemistischen Linien auf diesem Planeten zur Verfügung, und genau diesen wollen wir uns jetzt zuwenden.

Ägyptische Alchemie

Die Alchemisten des alten Ägypten waren davon überzeugt, dass wir über zwei Körper verfügen. Der erste wird Khat genannt und entspricht unserem physischen Körper aus Fleisch und Blut. Dies ist der Körper, mit dem wir normalerweise identifiziert sind, mit dem wir essen und trinken. Dies ist der Körper, der lebt und stirbt.
Der zweite Körper wird Ka, ätherisches Doppel oder spiritueller Zwilling genannt. Er ist eine Kopie des physischen Körpers (Khat), aber er besteht aus reiner Energie, nicht aus Fleisch und Blut. Dieser Ka-Körper durchdringt den Khat-Körper und es gibt keinen Teil des physischen Körpers, der nicht vom Ka umgeben ist.
Die Verwandlung des Ka-Körpers ist das vorrangige Ziel der ägyptischen Alchemie. Doch bevor wir dazu kommen, möchte ich diese beiden Körper etwas aus der wissenschaftlichen Perspektive betrachten. Ich glaube, dass ein moderner physikalischer Kontext hilfreich dabei ist, die merkwürdige Welt des Ka-Körpers und seine ungewöhnlichen Fähigkeiten besser zu verstehen.

Quantenphysik

Der Khat, also der feste, physische Körper, lässt sich ganz gut mit den Begriffen der Newton'schen Physik erfassen. Er gehorcht zum Beispiel den Gesetzen der Schwerkraft, und man kann mit ziemlicher Sicherheit voraussagen, wo er sich befinden wird, wenn man seine Richtung und Geschwindigkeit kennt.
Anders beim Ka-Körper. Dieser existiert außerhalb der Newton'schen Physik und lässt sich besser mit den Gesetzen der Quantenphysik beschreiben. Wodurch unterscheidet sich denn etwas, was an die Newton'schen Gesetze gebunden ist von etwas, was den Gesetzen der Quantenphysik gehorcht? Durch seine Größe. Alles, was größer als 0,025 Millimeter ist, gehorcht den Gesetzen der Newton'schen Mechanik, einfach weil es über genug Masse, Dichte oder Gewicht verfügt, um ein Schwerkraftfeld zu erzeugen.
Alles, was kleiner als 0,025 Millimeter ist, folgt jedoch anderen Regeln, einfach weil nicht genug Masse oder Dichte vorhanden ist, um ein wirksames Schwerkraftfeld zu erzeugen. Der Ka-Körper existiert in diesem Bereich, weil das Ka hauptsächlich aus Licht beziehungsweise Energie besteht und nur sehr wenig Masse hat.
Die Quantenwelt des Ka ist in der Tat seltsam, genauso wie die Tatsache, dass wir gleichzeitig in der Newton'schen und in der Quantenwelt leben. Unsere Körper sind eindeutig Teil der Newton'schen Welt: Wenn wir von einer Klippe springen, sind wir Opfer der Schwerkraft und fallen, bis wir unten aufkommen.
Doch wenn wir uns in die atomaren und subatomaren Bereiche unseres Körpers begeben, gelten die Gesetze Newtons nicht mehr. Diese winzigsten Teile, aus denen wir bestehen, gehorchen den Gesetzen der Quantenwelt. Diese Welt ist in unseren Augen sehr merkwürdig. Ich will sie an einigen Lichtexperimenten ein wenig erörtern. Licht kann bekanntermaßen zwei verschiedene Formen annehmen, Welle oder Teilchen (Photon), die äußerst unterschiedliche Eigenschaften aufweisen. Es klingt absurd, doch der Forscher, der nach Licht in Form von Wellen sucht, wird diese auch in seinem Experiment wahrnehmen, doch wenn er von Teilchen ausgeht, so werden diese sich auch präsentieren. Diese Beobachtung aus den frühen Tagen der Quantenphysik wurde als »Bells Lehrsatz« bekannt. Dieser besagt, dass es keinen objek-

tiven Beobachter gibt, da die Absicht des Beobachters den Ausgang des Experiments beeinflusst.

Auf irgendeine geheimnisvolle Art hat die Absicht des Forschers also Auswirkungen auf das Verhalten subatomarer Teilchen. Die Wissenschaften sind noch nicht in der Lage, das zu erklären, doch Bells Lehrsatz ist allgemein anerkannt. Die Physiker zögern, ihn auf irgendwelche Phänomene außerhalb der subatomaren Welt anzuwenden, weil solche Dinge wie Billardkugeln und Raketen einfach zu groß erscheinen, um von Absichten beeinflusst zu werden. Man weiß, dass die Absicht auf der subatomaren Ebene wirkungsvoll ist, in der Newton'schen Welt eher nicht.

Doch es gibt einen seltsamen Ort, an dem sich die beiden Welten begegnen, und der liegt in unserem Kopf.

In unserem Gehirn gibt es winzige Abstände zwischen den Nervenzellen, die Synapsen genannt werden. Die durchschnittliche Größe so einer Synapse ist, Sie ahnen es bereits, 0,025 Millimeter, also genau die Größe, an der die Quantenwelt beginnt.

Ein Nervenimpuls läuft ein Neuron entlang und springt dann über den kleinen Abstand zum nächsten Neuron. Das ist ein wenig wie ein Hindernisrennen, und der Impuls nimmt die Hürde in Form eines Moleküls, das Neurotransmitter genannt wird.

In jedem Augenblick hüpfen Tausende von Neurotransmitter-Molekülen über ihre Hürden, und jedes Mal ist das ein Quanten-Ereignis, weil diese Moleküle kleiner als 0,025 Millimeter sind. Das ist einer der Gründe, weshalb unsere Gedanken so sprunghaft und unberechenbar sind. Manche der Neurotransmitter schaffen den Sprung, andere nicht. Diejenigen, die es schaffen, erzeugen in der nächsten Nervenzelle einen Impuls und – falls all dies in dem denkenden Teil unseres Gehirns stattfindet – führen zu einem Gedanken.

Das Konzept der Absicht spielt in der inneren Alchemie genauso eine bedeutende Rolle wie in der Quantenphysik. Wir werden noch feststellen, dass die Alchemistin oder der Alchemist genau genommen durch eine Kombination von geistiger Aufmerksamkeit und persönlichem Willen (Absicht) spezifische Quanteneffekte in ihrem oder seinem Körper und Verstand auslösen kann.

An dieser Stelle will ich jedoch nur darauf hinweisen, dass die innere Alchemie vor allem eine Methode ist, um bestimmte Aspekte des Quanten-Universums zu verändern. Der Ka-Körper existiert in der

Quantenwelt und kann daher leicht durch die Absicht des Alchemisten oder der Alchimistin beeinflusst werden.
Es gibt noch mehr Merkwürdigkeiten in der Quantenwelt. Man kann zum Beispiel nichts voraussagen. In der Newton'schen Welt kann man etwas werfen und berechnen, wo es landen wird. Doch in der Quantenwelt gibt es nur Wahrscheinlichkeiten, Möglichkeiten. In der Quantenwelt kann etwas Herumfliegendes im Prinzip überall landen, oder gar nicht, es kann Kreise drehen oder sich in Licht auflösen. Es gibt endlose Möglichkeiten.
Ein weiteres seltsames Phänomen entsteht dort, wo sich zwei Quantenteilchen begegnen. Nach ihrem zufälligen Aufeinandertreffen kann es sein, dass einfach jedes weiter seiner Wege fliegt. Wenn jedoch eines davon seine Richtung ändert, tut es das andere ebenfalls. Im Augenblick können wir dieses Verhalten noch nicht plausibel erklären. Auch wenn wir uns in der Newton'schen Welt nicht mit solchen Tricks befassen müssen – sie sind ein Teil der Quantenwelt.
Ich habe bereits erwähnt, dass unsere Gedanken im Zwielicht der Quantenrealität existieren. Damit meine ich, dass die neurologischen Ereignisse, die für die Existenz eines Gedankens verantwortlich sind, zum Beispiel die Aktivität der Neurotransmitter an den Synapsen, eindeutig zur Quantenwelt gehören. Dieses bemerkenswerte Detail unserer Neurologie versetzt uns in die Lage, auf die Quanten-Ereignisse in unserem Geist und Körper Einfluss nehmen zu können.
Bedeutet das, dass wir einfach durch unsere mentale Aufmerksamkeit unsere eigene Physiologie verändern können? Ja, genau deswegen ist die innere Alchemie so wirksam.
Unsere Körper und unser Verstand sind unmittelbar miteinander verbunden. Sie sind wahrhaftig zwei Seiten derselben Münze und Wissenschaftsmagazine in aller Welt berichten über Bestätigungen dieser Tatsache.
In der Medizin gibt es ein neues Gebiet, das Psychoneuroimmunologie genannt wird und sich damit befasst, wie unsere Gedanken und Gefühle unseren Körper und besonders unser Immunsystem beeinflussen.
Ich könnte jetzt aus diversen Forschungsberichten zitieren, doch ich glaube, dass eine Geschichte hier besser passt. Auch wenn es hierbei um Schmerztherapie ging und nicht um innere Alchemie, die Prinzipien sind sehr ähnlich.
Vor einigen Jahren kam eine Klientin zu mir, um sich wegen unerträg-

licher körperlicher Schmerzen behandeln zu lassen. Sie hatte Krebs im fortgeschrittenen Stadium und Metastasen in der Wirbelsäule. Ihren eigenen Worten nach litt sie ständig unter großen Schmerzen.
Nachdem Joan, wie ich sie hier nennen will, mir ihre Situation beschrieben hatte, bat ich sie, mir auf einer Skala von eins bis zehn ihren gegenwärtigen Schmerzzustand zu beschreiben, wobei zehn das Schlimmste darstelle, was sie je erfahren habe und eins das Geringste. Sie setzte ihren Zustand ungefähr bei acht an.
Danach fragte ich sie nach der entspannendsten und erfrischendsten Situation, die sie je erlebt habe. Sie erzählte mir ausführlich von einer Fahrt nach Sedona in Arizona und wie sehr sie die roten Felsenformationen und die Canyons dort liebe.
Ich stellte eine Musik an, die eigens dafür entwickelt wurde, die Gehirnaktivität auf entspanntere Alpha-Zustände hin zu senken. Dann bat ich sie, sich vorzustellen, sie sei wieder in Sedona. Ich forderte sie auf, die Wahrnehmung so real wie möglich zu machen, es zu sehen, zu hören, zu fühlen, vielleicht sogar zu riechen.
Ihre bis dahin ziemlich angespannten Gesichtsmuskeln entspannten sich ein wenig, während sie sich erinnerte. Ich schlug ihr vor, sich innerlich an einen Ort zu begeben, den sie dort als besonders schön und wohltuend empfunden hatte. Sie entschied sich für einen großen Felsen, von dem aus sie über einen Canyon schaute. Ich schlug weiter vor, dass dieser Felsen starke heilende Kräfte habe, die sie mit jedem Atemzug mühelos in ihren Körper aufnehmen könne.
Nach ein paar Minuten öffnete Joan abrupt die Augen und holte sich ein Taschentuch aus ihrer Handtasche und wischte sich die Augen.
»Was ist passiert?«, fragte ich sie.
»Sie sind weg«, antwortete sie.
»Was ist weg?«
»Die Schmerzen«, sagte sie. »Die Schmerzen sind weg!«
Die Befreiung von Schmerzen kann ein sehr emotionaler Prozess sein. Nachdem ich ihr etwas Zeit gegeben hatte, um sich wieder zu fassen, bat ich sie, ihren Schmerzzustand wieder auf unserer Skala einzuordnen. »Null«, war ihre Antwort.
Im Verlauf mehrerer Sitzungen zeigte ich Joan, wie sie durch Aufmerksamkeit und Absicht ihre Schmerzen in den Griff bekommen könnte. Sie war dadurch in der Lage, ihre Schmerzen ohne Medikamente zu lindern, obwohl der Krebs sich weiter ausbreitete.

Die neurologischen Hintergründe für Joans Erfahrung sind ziemlich komplex und stammen aus der Quantenwelt. Auf der Newton'schen Ebene wäre für jemanden, der in meine Praxis geschaut hätte, nur eine Frau zu sehen gewesen, die in einem Stuhl sitzt und Musik hört.
Die Quantenwelt ist unsichtbar, und doch fand die Veränderung von Joans Zustand auf dieser Ebene statt. Hier kämpften die Neurotransmitter an den Synapsen darum, wer die Oberhand gewinnt. Manche von ihnen trugen die Botschaft des Schmerzes weiter. Die sterbenden Zellen in ihrer Wirbelsäule schrieen in ihrem Todeskampf zum Gehirn. Doch gleichzeitig übertrugen andere Botschafter Empfindungen der Ruhe, der Entspannung und des Wohlbefindens. Für eine gewisse Zeit gewannen die Botschafter des Wohlbefindens gegenüber denen des Schmerzes und des Todes die Oberhand. Und all dies geschah, poetisch ausgedrückt, in den Schaumkronen auf den Wellen des Quantenmeeres.
Dieses Meer, das unseren Augen verborgen bleibt, ist der Ursprungsort für alles, was sowohl innerhalb als auch außerhalb unseres Verstandes existiert. Es ist die Mutter, die Quelle der Schöpfung und der eigentliche Mittelpunkt aller Richtungen der inneren Alchemie, egal welcher Methoden sie sich bedienen.
Die Alchemistin wendet zur Beeinflussung von Quanten-Ereignissen in ihrem Körper und Geist ähnliche Mittel an, wie sie bei Joan zum Einsatz kamen. Der wesentliche Unterschied besteht darin, dass die Alchemistin danach strebt, nicht ihr Schmerzempfinden zu verändern, sondern das Bewusstsein selbst.
Diese Wandlung erfolgt durch nichts anderes als durch die Verbindung von Gedanken und Gewahrsein. Gedanken und Gewahrsein sind flüchtige Dinge, wie jeder weiß, der versucht hat, sie über längere Zeit stabil zu halten. In Gedanken können wir Dinge erfahren, die uns im realen Leben nie möglich wären. Mit dem realen Leben meine ich hier die Newton'sche Realität des täglichen Lebens. Wir haben uns zum Beispiel sehr an die Schwerkraft gewöhnt. Wir erwarten, dass etwas fällt, wenn es uns aus den Händen gleitet. Wir rechnen nicht damit, dass es in der Luft schweben bleibt. So etwas geschieht höchstens im Traum, aber doch nicht in »Wirklichkeit«.
Meiner Ansicht nach leben wir in zwei Realitäten gleichzeitig. Mit der einen sind wir sehr vertraut, es ist unsere Alltagsrealität, in der die Dinge herunterfallen, wenn man sie fallen lässt. Es gibt aber noch eine

andere Realität, die genauso real ist. Es ist die Quantenwelt. Auch wenn wir nicht merken, dass Milliarden von Neurotransmitter-Molekülen durch unsere Synapsen hüpfen, um den gegenwärtigen Gedanken zu erzeugen, es ist trotzdem der Fall. Und die Erscheinungen in dieser Quantenwelt sind nicht vorhersagbar und sie sind widersprüchlich.

Im Traum kommen die meisten von uns dieser Quantenrealität am nächsten. Dort folgen die Dinge ihrer eigenen Logik. In der Newton'schen Welt wird der Wecker die ganze Nacht neben dem Bett stehen bleiben, es sei denn, jemand stößt ihn um. Er ist gefangen in der Schwerkraft und der Entropie. Doch im Traum kann er durch die Luft schweben, die Zeiger können sich rückwärts drehen und den Träumer in die Vergangenheit führen oder vorwärts in eine ferne Zukunft. Unsere quantenähnlichen Träume sind nicht an die Gesetze der Newton'schen Welt gebunden. Diese Phantome aus unserem Unterbewusstsein verhalten sich gegenüber der Logik und der Vorhersehbarkeit wie Anarchisten.

In der allgemeinen Auffassung der westlichen Welt werden Träume als Phantasiegebilde abgetan. Ich glaube, dass das nicht für alle Träume gilt, dass sie jedenfalls nicht mehr Phantasiegebilde sind als unsere allgemeine Sichtweise unserer selbst.

Ich möchte vorschlagen, sich manche dieser merkwürdigen Traumereignisse als anders wahrgenommene Wirklichkeiten vorzustellen, die nicht mehr und nicht weniger real sind als unsere Newton'sche Realität, nur anders. Schließlich haben wissenschaftliche Untersuchungen zweifelsfrei festgestellt, dass wir Realität (was auch immer das ist) nicht direkt erfahren. Unsere Wahrnehmung der Realität wird durch die Begrenzungen unserer physischen Sinne genauso gefiltert wie durch unsere Überzeugungen und Erwartungen.

So drehen Sie zum Beispiel in Ihrem Gehirn diese Buchseite um. Die Netzhaut Ihrer Augen empfängt das Bild dieser Seite auf dem Kopf stehend, doch Ihr findiges Gehirn dreht sie richtig herum! Unser Gehirn hat auch die Tendenz, das wahrzunehmen, was seiner Meinung nach da sein sollte, selbst wenn dem nicht so ist! Jeder, der schon einmal versucht hat, einen Text Korrektur zu lesen, kennt dieses Phänomen. Ein falsch platziertes Komma entgeht so leicht der Aufmerksamkeit, weil das Gehirn einfach nicht mit ihm rechnet.

Ich will damit nur sagen, dass wir unsere Realität nicht direkt erfahren, sondern dass unsere Wahrnehmung davon eine gemeinsame Schöpfung unseres Körpers und unseres Geistes ist. In diesem Zusammenhang sind Träume einfach eine andere Form der erschaffenen Realität. Das soll nicht heißen, dass alle Träume bedeutungsvolle alternative Realitäten sind. Die meisten Träume entstehen einfach dadurch, dass das Gehirn seine Spannung abbaut, und manche sind auch schlicht die Folge eines schwer verdaulichen Abendessens. Doch es gibt Träume, die von einem psychologischen Standpunkt aus betrachtet, außerordentlich wichtig sind und sogar Omen sein können. Ich nehme an, dass diese Art der Träume zu einer anderen Gruppe gehört als die anderen. Jeder, der schon mal einen derartigen Traum gehabt hat, weiß, wovon ich spreche.

Es ist tatsächlich so, dass sich der Alchemist bei der eigentlichen Praxis der inneren Alchemie in einen traumartigen Zustand begibt. Ich glaube, dass dies mit spezifischen Veränderungen im Gehirn zusammenhängt, die durch alchemistische Meditationen hervorgerufen werden. Viele Praktiken der inneren Alchemie verstärken die Alpha- und Thetawellen-Aktivität im Neocortex. Die tieferen Theta-Zustände werden wie Träume erfahren. In diesen Wachträumen kann sich der Übende in Erfahrungswelten begeben, die im normalen Wachzustand nicht zugänglich sind.

Wie gesagt können die Methoden der inneren Alchemie als Mittel der direkten Einflussnahme auf bestimmte Aspekte des Quanten-Universums betrachtet werden. Wir werden auch feststellen, dass die Manipulationen der Quantenrealität am wirksamsten in traumartigen Geisteszuständen ausgeführt werden können. Jede alchemistische Tradition hat daher ihre eigenen Wege entwickelt, diese traumartigen Geisteszustände zu erzeugen.

Die operationale Wirklichkeit

Es kommt einfach darauf an, mit welcher Welt man sich identifiziert und welches Verhalten in dieser Welt am besten wirkt.

Wir alle haben gelernt, wie wir in der alltäglichen Welt der Newton'schen Realität wirken können. Wir wissen, dass etwas dem Boden zustrebt, wenn wir es fallen lassen. Wir wissen, wie wir ein Buch in die Hand nehmen und aufschlagen können. Wir wissen auch, wie wir das Buch

wieder weglegen können, wenn wir damit fertig sind. Das ist erlerntes neuromuskuläres Verhalten. Im Alter von sechs Monaten konnten wir es noch nicht, und heute können wir es. Wir haben es erlernt, indem wir täglich mit Dingen umgegangen sind, die den Newton'schen Gesetzen unterliegen.
Mein Vorschlag ist, sich die innere Alchemie einfach als ein Mittel vorzustellen, mit dem wir in einer anderen Realität wirken können, nämlich in der Quantenwelt. Das ist genauso erlernbar, wie wir gelernt haben, ein Buch in die Hand zu nehmen. Alles, was man braucht, ist eine zuverlässige »Lernmethode«. Und genau das sind die Systeme der inneren Alchemie: Lehr- und Lernmethoden.

Die Meisterschaft der Alchemie bringt eine Fülle von außergewöhnlichen Fähigkeiten oder Kräften des Bewusstseins mit sich, die im Yoga als »Siddhis« bezeichnet werden. Dem westlich geprägten Verstand mögen diese Fähigkeiten genauso seltsam erscheinen wie die Quantenwelt aus der sie stammen, und doch sind sie einfach der natürliche Ausdruck eines sich entwickelnden Bewusstseins.

Siddhis

Die Siddhis oder Bewusstseinskräfte entstehen natürlicherweise im Laufe der spirituellen Entwicklung. Bei zahlreichen buddhistischen, christlichen, moslemischen, jüdischen und taoistischen Mystikern und Heiligen sind sie beobachtet und dokumentiert worden. Wir wissen auch, dass die Schamanen der Eingeborenen häufig über derartige Fähigkeiten verfügen.

Im Lauf der letzten paar Jahrzehnte habe ich mich selbst mit den Siddhis befasst. Vor einigen Jahren begegnete ich einem Mystiker, der über Siddhis verfügte, und zwar ausgerechnet in Alaska.
Ich hatte in Anchorage ein Seminar gegeben und anschließend einen Workshop auf der Insel Kodiak abgehalten. Ich hatte danach ein paar Tage frei und entschied mich für den Vorschlag, mit dem Boot zu einer kleinen Insel zu fahren, auf der ein orthodoxer Heiliger gelebt hatte und die immer noch von russisch-orthodoxen Mönchen bewohnt war.
Mir wurde gesagt, dass die meisten Besucher auf Grund der rauen See unverrichteter Dinge umkehren müssen. Man erzählte mir sogar, dass

die Kirchenoberen jenes Klosters es noch nie zu Gesicht bekommen hätten, weil die See bei jedem ihrer Besuche zu stürmisch war. Die Einheimischen konnten sich darüber endlos amüsieren.

Wir flogen mit einer kleinen Maschine zu einer nahe gelegenen Insel und landeten direkt neben der eisigen Brandung auf einem Fleckchen Felsen. Die Frau unseres Bootsmannes holte uns ab, und es begann leise zu schneien, obwohl es Sommer war. Ich fror auf dem Weg zu ihrem Haus und fragte mich, wie um alles in der Welt die Menschen hier den Winter aushalten. Das kleine Haus stand am Meer, umsäumt von Zedern, und wir wurden zum Tee gebeten. Jeder, der schon einmal in Alaska war, weiß, dass Zeit dort eine merkwürdige Angelegenheit ist. Wir schienen endlos lang an diesem Holztisch zu sitzen, vielleicht um auf den richtigen Zeitpunkt zu warten. Schließlich meinte unsere Gastgeberin, dass wir jetzt gehen sollten, und wir fuhren zum Anleger, wo ihr Mann mit einem Schleppnetz-Fischerboot wartete.

Wir fuhren über eine spiegelglatte See. Unsere Gastgeberin saß strickend neben dem Mast und erzählte, wie ungewöhnlich so eine ruhige Überfahrt sei. Ich war ganz versunken in die unglaubliche Schönheit der Szenerie mit den umliegenden Inseln, die sich aus dem Meer erhoben, während unser Boot, von Seehunden umspielt, gute Fahrt machte.

Hinter einer Felsengruppe kamen wir in einen kleinen natürlichen Hafen. Unser Boot konnte nirgendwo anlegen, also stiegen wir in ein kleines Ruderboot und gingen an Land. Wir schienen direkt im Mittelalter angekommen zu sein. Am Strand verbrannten ein paar Mönche Gebüsch, und der dicke, weiße Rauch wirbelte in Fetzen in den stahlblauen Himmel hinauf. Die Männer trugen lange Bärte, wie bei orthodoxen russischen oder griechischen Geistlichen üblich, und graue Kutten, die von einer Schnur um den Bauch zusammengehalten wurden. Jeder hatte ein Kruzifix um den Hals.

Wir wurden von einem Mönch begrüßt, der Anfang dreißig zu sein schien und eine gewisse Autorität ausstrahlte. Unser Gastgeber erklärte ihm, dass ich aus dem Staate Washington gekommen sei, um das Kloster zu besuchen. Der Abt lächelte zustimmend und führte uns durch die kleine Anlage, in der etwa zwölf Männer lebten. Sein Kloster habe nur selten die Gelegenheit, Pilger zu empfangen, erzählte er, während wir im Schatten der Zedern umher gingen.

Er führte uns unter anderem zu der Hütte, in der der Heilige gelebt hatte, und ich erinnere mich, dass trotz der etwas muffigen Atmosphäre, die von den alten Manuskripten und Ikonen herrührte, die der Heilige einst besaß, eine heitere Gelassenheit über allem zu liegen schien. Der Abt zeigte uns eine heilige Quelle, deren Wasser Heilkräfte besäße, und zuletzt eine kleine Kapelle, in welcher der Heilige einst begraben war. Sein Körper war inzwischen umgebettet worden, doch der Ort galt immer noch als heilig.

Der Abt erwischte mich dabei, wie ich in eine Ecke der Kapelle starrte und fragte mich, was ich dort sähe. Ich sagte ihm, dass ich dort eine weiße Lichtsäule wahrnehmen würde, die aus dem Boden und durch das Dach aufsteige. Er schien ein wenig zu lächeln und erzählte mir, dass genau in dieser Ecke der Heilige begraben gewesen sei. Er sprach dann in einem träumerischen Ton weiter, als wäre er nicht ganz in dieser Welt, und ich erinnere mich an seine Worte, weil sie mir so merkwürdig erschienen: »Wären wir nur alle so empfindsam.«

Er schien aus seiner tiefen Versunkenheit wieder zurückzukommen und sagte, dass er uns noch etwas zeigen wolle.

Er führte uns wieder den Hügel hinab zu einer sehr kleinen Kapelle, die offensichtlich erst kürzlich errichtet worden war. Sie sah merkwürdig aus, denn bei einer Grundfläche von vielleicht drei mal drei Metern war sie ungefähr sechs Meter hoch. Ihr Inneres glühte vom Goldschein der neuen Ikonen, auf welchen das Leben verschiedener Heiliger und anderer wichtiger Figuren der russisch-orthodoxen Kirche abgebildet war. Es gab auch einen kleinen Altar mit einer russischen Bibel.

Nachdem er uns die Bedeutung der verschiedenen Ikonen erläutert hatte, erklärte der Abt den Rundgang für beendet. Er bat uns, die Kapelle nun zu verlassen und schloss die Tür hinter uns. Kaum stand ich vor der Tür, als mir plötzlich eine Frage über Mystizismus einfiel, die der Abt mir vielleicht erklären konnte. Ich drehte mich um und klopfte an die Tür, doch niemand antwortete. Ich klopfte wieder und öffnete sie schließlich vorsichtig – doch die Kapelle war leer! Einen Augenblick lang war ich völlig konsterniert, doch dann erwachte mein skeptischer Verstand, und ich suchte alles nach verborgenen Türen ab. Ich hob sogar den Teppich hoch, aber ohne Erfolg.

Schließlich ging ich schwer beeindruckt nach draußen und in Richtung Strand, wo die anderen auf mich warteten. Und dort sah ich den Abt stehen! Er unterhielt sich mit meinem Begleiter und nickte mir zwinkernd zu, als ich näher trat. Wir gingen wieder an Bord und machten uns auf den Rückweg. Während die Sonne sich dem Horizont näherte, stand ich versonnen am Heck, voller Staunen und Verwunderung. Sicher, ich hatte von den Siddhis gehört, ich hatte darüber gelesen und es mir zum Hobby gemacht, Berichte und Dokumentationen darüber zu sammeln. Doch auf dieser kleinen Insel im Nordmeer hatte mir ein bescheidener Mönch das Geheimnis der yogischen Kräfte direkt vorgeführt.

Auf halbem Wege etwa schaute die Frau des Fischers von ihrem Strickzeug auf und sagte: »Die tun dauernd so was.«

»Die tun dauernd was?«, fragte ich zurück.

»Na, Sie wissen schon. Teleportation, Bi-Lokation und solche Sachen.«

»Wirklich?«

»Ja, sicher«, antwortete sie, wieder ganz in ihre Strickarbeit vertieft. »Diese Insel ist ziemlich abgelegen. Da fährt kein Postboot hin. Manchmal sehen wir sie jedoch in der Stadt, wie sie ihre Post abholen und Einkäufe machen.« Ihre Stimme senkte sich zu einem fast verschwörerischen Ton. »Aber sie verfügen über keine Möglichkeit dorthin zu gelangen!«

Es gibt bei diesen Bewusstseinskräften eine Bandbreite von den gewöhnlichen Siddhis zu den erhabenen Siddhis. Zu den gewöhnlichen Siddhis gehören solche Kräfte wie Hellsichtigkeit, Hellhörigkeit, Hellfühligkeit sowie das Innere Wissen, mit dem man etwas weiß, ohne zu wissen, woher man es weiß. Die drei erstgenannten Kräfte entstehen aus einer Verfeinerung der physischen Sinne. Wenn die außergewöhnlichen Fähigkeiten anfangen, sich zu entwickeln, treten sie zuerst meist als eine dieser drei Kräfte oder als eine Kombination davon auf. Der oder die Betreffende nimmt dann vielleicht Bilder wahr, ohne sie physisch vor Augen zu haben – mentale, visuelle Eindrücke.

Die Wissenschaft hat sich in der letzten Zeit viel mit dem so genannten »Remote Viewing« (Sehen aus der Distanz) befasst, wobei es genau um diese Fähigkeit (Siddhi) geht. Es hat sich gezeigt, dass manche Menschen unter den richtigen Bedingungen (zum Beispiel geistiger Entspannung) exakte Beschreibungen von Dingen oder Orten abgeben können, die Hunderte von Kilometern entfernt und ihnen völlig unbekannt sind. Sie müssen diese Dinge offensichtlich mit einem anderen als ihrem physischen Gesichtssinn wahrnehmen.

Viele Yogis, Yoginis, Heilige und Mystiker haben berichtet, dass sie ihre SchülerInnen über weite Entfernungen hinweg sehen konnten, wenn es notwendig war. Von Neem Karoli Baba wird erzählt, dass er eines Tages darum bat, ihm große Mengen an Essen zu bringen. Die Anwesenden bezeugten, dass er eine ungeheure Menge an Nahrung zu sich nahm, bevor er in Samadhi (eine Form tiefer Trance der Yogis) ging. Als er wieder zu sich kam, fragten ihn seine Anhänger, was geschehen sei. Er berichtete, dass er plötzlich einen seiner Anhänger gesehen habe, der in der Wüste im Sterben lag. Der letzte Wunsch dieses Mannes war etwas zu Essen. Baba sagte, dass der Chela (Schüler) eine Bewusstseinsebene erreicht hatte, auf der keine weitere Reinkarnation notwendig war. Doch wenn er mit dem Wunsch nach Nahrung im Geist gestorben wäre, hätte er nur um dieser einen unerfüllten Begierde willen wiederkommen müssen! Baba hatte es auf sich genommen, den letzten Wunsch dieses Mannes zu erfüllen und er hatte mit Hilfe seiner yogischen Kräfte dessen Begierde verwandelt.

Wenn eine Person mediale Informationen hört, nennen wir sie Hellhörig. Dabei kann es sich um Stimmen oder Klänge handeln. Die inneren Bereiche des Bewusstseins sind von Klängen und Melodien erfüllt, die unvergleichlich schön sein können. Manche meinen, dass viele der großen Komponisten diese Sphärenklänge wahrnahmen und in ihre Kompositionen einfließen ließen.

Es gibt auch Menschen, die ein extrem feines Gespür haben. Wir nennen sie hellfühlig. Zwischen Hellfühligkeit und Empathie ist nur ein schmaler Grat. Empathen haben eine hohe Empfindsamkeit, besonders für die Gefühle anderer Menschen in ihrer unmittelbaren Umgebung. Hellfühlige können auch empathisch sein, doch darüber hinaus empfangen sie mediale Mitteilungen in Form von subtilen körperlichen Empfindungen.

Das Innere Wissen gehört zu den besonders faszinierenden Siddhis. Die betreffenden Menschen haben so eine Ahnung, ohne zu wissen woher. (Wenn sich die Ahnungen bestätigen, nennen wir das Inneres Wissen, wenn nicht, nennen wir es Wahnvorstellungen.) Manche sind der Ansicht, dass diese Art des Inneren Wissens eine Qualität des reinen Bewusstseins ist, das naturgemäß allwissend und allgegenwärtig ist. Während wir die Leiter der Bewusstseinsebenen erklimmen, übernimmt das persönliche Bewusstsein einige dieser Qualitäten des reinen Bewusstseins, und wir erleben zunehmend Momente dieses Inneren Wissens.

Zu den gewöhnlichen Siddhis gehören auch heilende Fähigkeiten und begrenzte prophetische Gaben sowie die Möglichkeit, sein Bewusstsein stark zu vergrößern oder zu verkleinern, also die Begrenzungen des physischen Körpers zu überwinden.

Unter den erhabenen Siddhis verstehen wir solche Dinge wie Levitation, das heißt, dass der Körper in der Luft schwebt. Auch diese Gabe ist nicht auf indische Yogis und Yoginis beschränkt, wie manche glauben. Es gibt zuverlässige Berichte darüber, dass der heilige Franz von Assisi schwebend gesehen wurde. Im Übrigen zeigte er auch andere übernatürliche Fähigkeiten, und seine sterblichen Überreste strahlen bis zum heutigen Tag spirituelle Kraft aus. Als ich in Assisi seine Grabstätte besuchte, wurde ich, nur durch die Schwingung in der Krypta, in spirituelle Welten versetzt! Wann immer ich in der Nähe seines Körpers stand, hörte ich das Geräusch von im Winde rauschenden Blättern. Bei meiner Rückkehr in unser Hotel war meine Haut so gerötet, als hätte ich einen leichten Sonnenbrand.

Übrigens, falls Sie jemals nach Assisi kommen: Wenden Sie sich beim Eintritt in die Basilika, in welcher der heilige Franz beigesetzt wurde, nach links. Dort führen Treppen nach unten in die Krypta, die sehr sehenswert ist. Meistens sind dort jedoch Unmengen von Touristen, und es ist schwer, einen stillen Platz zu finden. Wenn Sie aber an der Treppe vorbei geradeaus gehen, laufen Sie auf einen großen Altar zu. Es ist der einzige in diesem Bereich der Kirche. Auf dem Boden vor dem Altar ist eine geometrische Figur zu sehen. Sie bezeichnet den Ort direkt über der Grabstätte des heiligen Franziskus, und die Ausstrahlung ist hier sehr stark. Niemand scheint diesem Platz besondere Aufmerksamkeit zu schenken, daher kann man hier einigermaßen in Ruhe stehen und die Schwingungen empfangen.

Zu den erhabenen Siddhis gehören auch so bemerkenswerte Fähigkeiten wie Teleportation (was mir der Abt vorgeführt hatte) und Bi-Lokation (an zwei Orten gleichzeitig sein zu können).

Es gibt noch andere, aber ich will das Thema hier nicht vertiefen. Es geht mir hier vor allem darum, zu zeigen, dass sich die Siddhis als natürliche Konsequenz der spirituellen Entwicklung einstellen. Ihr Glanz des Außergewöhnlichen stellt jedoch für viele Menschen eine Verführung dar. Deswegen raten zahlreiche LehrerInnen, nicht nach diesen Fähigkeiten zu streben und sie nicht zu beachten, wenn sie sich von selbst einstellen.

Eine kleine Geschichte soll das Problem verdeutlichen. Sie betrifft einen recht bekannten Yogi, weshalb ich seinen Namen unerwähnt lassen will. Er lehrt zwar Kundalini-Yoga, doch die Parallelen zur ägyptischen Alchemie sind unverkennbar. Er ist ein eindrucksvoller Mensch. Das einwöchige Retreat, das ich vor vielen Jahren unter seiner Anleitung machte, war eine wunderbare Erfahrung für mich. Ein ihm nahe stehender Schüler erzählte mir davon, dass sich dieser Yogi in seinen Zwanzigern in Indien in ein spirituelles Retreat begeben hatte, nachdem einige Siddhis in ihm erwacht waren. Eines Tages saß er dort an einen Baum gelehnt und lauschte dem Spiel eines hervorragenden Musikers, der leidenschaftlich in Bhakti (göttliche Liebe) aufging. Die tiefe Hingabe, die in der Musik zum Ausdruck kam, versetzte den Yogi bald in einen tiefen Zustand von Samadhi und er erfuhr Ekstase und Glückseligkeit.

Das Konzert endete jedoch abrupt, weil es zu regnen anfing, und der Musiker ins Haus lief. Mit Hilfe seiner Siddhis brachte der Yogi den Regen dazu, aufzuhören, und der Musiker kehrte zu seinen heiligen Gesängen zurück. Rasch versank der Yogi wieder in Samadhi, doch er wurde recht unsanft aus seiner Glückseligkeit herausgerissen, weil ihn ein alter Mann in die Seite trat. Der Alte war auch ein Yogi, und er trat den jüngeren Yogi immer wieder und beschimpfte ihn unflätig. »Was bildest du dir eigentlich ein?«, schrie er ihn an. »Dir ist wohl völlig entgangen, dass wir in dieser Gegend unter einer Dürre leiden? Und du lässt den Regen nur um deines selbstsüchtigen Genusses willen aufhören!« Der Alte hob seinen Stock und zeigte damit auf seinen jungen Kollegen. »Merke dir gut, was ich sage: Wenn du so weitermachst, wirst du dir schwere karmische Schuld aufladen. Du wirst tausend Leben als Meeresgetier verbringen!« Er trat noch einmal Staub und Dreck in Richtung auf den jungen Yogi und verschwand, bevor dieser irgendetwas erwidern konnte.

Unser Yogi begab sich sofort in Meditation und nutzte seine Siddhis, um den Regen zurückkehren zu lassen. Dann betete er inbrünstig zu Gott, dass dieser ihn von seinen Siddhis befreien möge, und wundersamerweise verließen sie ihn. Im Laufe der Jahre kehrten sie langsam zurück, zu einem weiseren und gereifterten Mann.

Ich bin davon überzeugt, dass die Siddhis ein natürlicher Ausdruck der Evolution sind. Vielleicht sind sie einer der Meilensteine für unsere nächste Entwicklungsstufe. Jeder, der lange genug innere Alchemie betreibt, wird sich irgendwann mit ihnen auseinandersetzen müssen.

Sie sind für uns das, was die Äpfel für den Apfelbaum sind: Ein natürlicher Bestandteil des Seins. Doch der Baum trägt erst ab einem gewissen Alter Früchte, bis dahin sind sie lediglich ein Potential. Die Siddhis treten spontan auf, wenn ein menschliches Bewusstsein eine bestimmte Entwicklungsstufe erreicht hat.
Jede alchemistische Lehrtradition befasst sich mit den übernatürlichen Kräften, die durch die spirituelle Praxis entstehen, und jede hat ihre eigenen Methoden, um sie zu entwickeln und mit ihnen umzugehen. In der ägyptischen Linie entstehen diese Kräfte als ein Nebenprodukt der Stärkung des ätherischen Doppels, des Ka.

Die Stärkung des Ka

Wir wollen uns weiter mit dem Ka befassen, weil es in der ägyptischen Alchemie eine so bedeutende Stellung einnimmt. Anders als der Khat (der physische Körper) kann das Ka scheinbar durch die Wand gehen, in der Luft schweben und in einem Augenblick große Entfernungen überwinden. In der yogischen Literatur gibt es zahlreiche zuverlässige Berichte über Heilige und Mystiker, die an zwei Orten gleichzeitig auftauchten. Eine Möglichkeit, diese Phänomene zu erklären, ist mit Hilfe des Ka-Körpers. Wenn das Ka kräftig aufgeladen ist, kann es eine gewisse Dichte erreichen, die für andere sichtbar ist. Und weil das Ka das ätherische Doppel der Person ist, sieht es genauso aus.
In dem *Manuskript* spricht Maria Magdalena darüber, dass Jeshua ihr nach der Kreuzigung erschien, bevor er dann in den Himmel (Geist) aufstieg. Aus ägyptisch-alchemistischer Sicht war das eine Erscheinung seines Ka, das durch die von beiden durchgeführten alchemistischen Prozesse äußerst stark aufgeladen war.
Laut *Manuskript* half Magdalena Jeshua bei einer der primären Aufgaben der ägyptischen Alchemie: Der energetischen Aufladung des Ka-Körpers. Jeder, der die Früchte der ägyptischen Alchemie erfahren möchte, muss sich mit Übungen befassen, die die Energie des Ka aufbauen. Es gibt viele Möglichkeiten dazu. Sie zu beschreiben würde jedoch den Rahmen dieses Kapitels sprengen. Magdalena beschreibt im *Manuskript* selbst zwei Methoden, und die Übung mit der Sonnenenergie, die ich im ersten Kapitel dieses Teils beschrieben habe, ist ebenfalls eine einfache Übung dafür.
Welche Methoden auch immer angewandt werden: Mit zunehmender

Energie wird die magnetische Kraft des Ka stärker. Eine der großen Entdeckungen der ägyptischen Alchemie war die Verwendung dieser Magnetfelder für die Anhebung des Bewusstseins.

Die Stärkung des Ka ist zwar ein zentraler Kernpunkt dieses alchemistischen Systems, doch dies ist erst der erste Schritt. Der zweite Schritt besteht darin, erfolgreich die Identifikation vom Khat auf das Ka zu schieben, oder anders ausgedrückt: Mit der Identifikation von der Newton'schen Welt in die Quantenwelt überzuwechseln. Die Identifikation mit dem Ka bedeutet dabei keine Geringschätzung des Khat, es bedeutet einfach, dass in den alchemistischen Meditationen die Identifikation vom physischen Körper auf den leuchtenden Körper übergeht. Diese Verschiebung der Aufmerksamkeit und die zunehmende Wahrnehmung des Ka als eigenständigem Körper geschieht in der Regel in einem spirituellen Kontext. Das ist notwendig, weil es unwahrscheinlich ist, dass jemand ohne ein mentales Verständnis des Ka in der Lage wäre, dessen herausragende Fähigkeiten zu nutzen.

Das Verschieben der Identifikation

In meinen Seminaren verwende ich viele verschiedene Techniken, um das Verschieben der Identifikation zu vermitteln. Manche davon arbeiten mit Bewegung, manche mit innerer Aufmerksamkeit. Als ich vor ein paar Jahren ein Seminar über ägyptische Alchemie abhielt, hatte ein Teilnehmer nach einer besonders langen Übung eine erstaunliche Erfahrung. Er hatte gerade die letzte innere Übung beendet und seine Augen geöffnet, als er das Gefühl hatte, dass jemand neben ihm sei, obwohl zu Beginn der Übung niemand da gewesen war. Er drehte sich nach rechts, um zu schauen, wer es sei, und schaute in sein eigenes lächelndes Gesicht. Er fiel buchstäblich vor Schreck vom Stuhl. Durch die Übungen hatte er sein Ka derart energetisiert, dass er mit offenen Augen seinen eigenen feinstofflichen Körper sehen konnte! Manche Menschen haben auch einen starken Ka-Körper, ohne je alchemistische Übungen gemacht zu haben.

Eine Erfahrung mit dem Ka in unserer Zeit

Vor einigen Jahren machte ich mit dem Ka eines Klienten eine ungewöhnliche Erfahrung. Ich praktizierte zu jener Zeit als Psychotherapeut.

Mein Klient war ein Mann Ende Zwanzig, der wegen Depressionen zu mir kam. Im Verlauf der Therapie wurde klar, dass er als Kind schwer körperlich und sexuell missbraucht worden war. Wann immer ich ihm begegnete, hinterließ er einen merkwürdigen Eindruck bei mir. Obwohl er schwer depressiv war, strahlte er eine unglaubliche Intensität aus, als ob irgendwo hinter seinen tiefblauen Augen ein Inferno von unglaublicher Kraft tobte.

Ich mache mit potentiell selbstmordgefährdeten Klienten immer einen Vertrag. Sie müssen sich bereit erklären, mich aufzusuchen oder zumindest anzurufen, wenn sie vorhaben, sich das Leben nehmen. Meinerseits verspreche ich, es ihnen nicht auszureden, sondern nur mit ihnen gemeinsam zu klären, ob sie das wirklich wollen. In der Regel kommen sie in der Zeit, bis sie mich erreicht haben und wir miteinander sprechen, wieder zur Vernunft, und die Krise kann abgewendet werden.

Nachdem ich ungefähr sechs Wochen mit diesem Mann gearbeitet hatte, musste ich wegen eines Seminars für ein paar Tage die Stadt verlassen. Ich gab ihm die Telefonnummer, unter der ich zu erreichen war. Merkwürdigerweise ging es gerade um Tod und Sterben, als ein Helfer der Rednerin einen Zettel reichte. Sie fragte, ob Tom Kenyon anwesend sei. Ich meldete mich, und man gab mir den Zettel, auf dem der Name und die Telefonnummer der Schwester meines Klienten stand. Ich ging zum nächsten Telefon und rief sie an. Es stellte sich heraus, dass ihr Bruder, mein Klient, gerade Selbstmord verübt hatte. Ich war zutiefst traurig und wütend. Er hatte gegen unsere Abmachung verstoßen, die doch als Sicherheitsnetz dienen sollte. Wenn er mich nur angerufen hätte, dann hätte ich ihm klarmachen können, dass er sich gar nicht wirklich das Leben nehmen wollte. Doch er hatte sich wie ein Feigling verhalten und sich umgebracht, während ich weg war. Ich wütete noch tagelang vor mich hin, bis ich eines Nachts einen merkwürdigen Traum hatte, in dem er zu mir kam und mich um Verzeihung bat. Im Traum verzieh ich ihm und er ging seines Weges. Das wirklich Seltsame an der Geschichte war das Folgende: Meine Praxis lag direkt neben meinem Wohnhaus, und ich empfing meine Klienten nachmittags und abends, aber nie am Morgen. An dem Tag nach diesem merkwürdigen Traum sprach mich in der Stadt ein Bekannter an und meinte, er würde vielleicht auch gerne mal zu mir kommen. Ich fragte ihn warum, denn er schien nicht der Typ zu sein, der sich für persönliches Wachstum interessiert. Er erzählte, dass er an jenem Morgen gegen fünf Uhr an meiner Praxis vorbeigefahren sei und gesehen hätte, wie ein sehr traurig aussehender Mann hinein ging. Um fünf Uhr morgens war ich noch nicht einmal wach gewesen, geschweige denn, dass ich Klienten empfangen hätte. Er meinte jedoch, dass er etwa eine halbe Stunde später wieder vorbeigekommen wäre, und den gleichen Menschen hinausgehen sah, nur dass er diesmal lächelte und vergnügten Schritts die Straße hinunter ging. Ich bat ihn, diese mysteriöse Person zu beschreiben, und was er sagte, traf genau auf meinen Klienten zu. Ich war perplex. Zu jener Zeit war mir die ägyptische Alchemie mit ihren Vorstellungen über den Ka-Körper noch nicht über den Weg gelaufen, und ich konnte mir das Geschehen jahrelang nicht erklären.

Was die Stärkung des Ka bewirkt

Je kräftiger der Ka-Körper wird, desto mehr werden auch die Geistes- und Willenskräfte gestärkt. Dadurch können Übende die Objekte ihrer Begierde viel schneller zu sich ziehen. Die Fähigkeit entsteht aus der Verbindung von der Stärke des Ka und dem persönlichen spirituellen Verständnis seiner Möglichkeiten. Das Ka kann nicht in vollem Umfang genutzt werden, wenn es zwar stark ist, aber seine spirituelle Bedeutung nicht begriffen wird, und genauso wenig, wenn jemand zwar ein tiefes Verständnis dieser Prozesse besitzt, aber nie etwas getan hat, um sein Ka zu stärken.
Ein Nebeneffekt eines starken Ka ist ein zunehmendes Potential für spirituelle Erleuchtung, und zwar im wörtlichen Sinne. Der Ka-Körper beginnt dann tatsächlich mehr Licht auszustrahlen. Dieses innere Licht ist für das normale Auge nur äußerst selten sichtbar, doch medial begabte Menschen können es deutlich wahrnehmen.
Eine weitere angenehme Wirkung eines gestärkten Ka ist, dass ein autonomes Ka alle möglichen Dinge tun kann, wie zum Beispiel in andere Bewusstseinsdimensionen reisen, um dort Erkenntnisse und Wissen zu erlangen. Das kann für Alchemisten sehr hilfreich sein. Ich selbst erinnere mich gut an meine ersten Begegnungen mit einem alchemistischen Meister in den anderen Welten. Er ist mir bis zum heutigen Tag eine wunderbare Quelle der Erkenntnis und Ermutigung.

Der Djed

Wenn das Ka eine bestimmte Kraft erlangt hat, kann der Alchemist eine besondere Aufgabe angehen. Dazu muss sein Ka jedoch mit genügend Energie aufgeladen sein, da diese Handlung enorm viel Energie und klare Absicht voraussetzt. Die Aufgabe, die ich meine, betrifft den Djed.
Der Djed ist der zentrale Pfad durch die Chakren entlang der Wirbelsäule. Während die Energie aufwärts bewegt wird, erweitert sich das Bewusstsein. Diese energetische Aufwärtsbewegung entlang des Djed wird manchmal auch als »Aufrichten des Djed« bezeichnet. Die Kraft, die die Energie den Djed entlang nach oben treibt, ist nichts Geringeres als Sekhem oder Lebenskraft. »Sekhem« bedeutet wörtlich: das Aufrichtende.
Um die tief greifenden Wirkungen des Aufrichtens des Djed besser zu verstehen, hilft vielleicht ein Blick darauf, wie die Chakren unsere Wahrnehmung filtern, denn diese Übung hat immense Auswirkungen auf sie.

Die Chakren

Die Chakren sind für die spirituelle Evolution und die Relativität der Wahrnehmung von großer Bedeutung. Stellen wir uns einfach mal vor, sieben Leute hätten sich zu einem Picknick zusammengefunden. Es ist ein herrlicher Tag, und im Park ist ordentlich was los. Jeder dieser sieben Menschen wird je nach Aktivität seiner Chakren eine andere Welt um sich herum erfahren. Dies ist natürlich eine hypothetische Geschichte, denn es kommt kaum vor, dass die Chakren so einzeln aktiviert sind, wie wir uns das hier vorstellen wollen. Doch zur Verdeutlichung nehmen wir einmal an, dass jede dieser Personen ihre Wahrnehmung durch eines der Chakren erfährt.
Die erste Person lebt also hauptsächlich durch ihr Wurzel-Chakra, das am unteren Ende der Wirbelsäule angesiedelt ist. Dieser Mensch wird sich vor allem um seine Sicherheit und sein Überleben sorgen. Da kann die Welt so schön sein wie sie will, er ist ängstlich, fühlt sich durch die Menschen um sich herum leicht bedroht und verhält sich Fremden gegenüber defensiv.

Die zweite Person, die wir uns vorstellen, lebt vorwiegend durch ihr zweites Chakra, das ungefähr vier Zentimeter über dem ersten sitzt. Dieser Mensch ist ständig auf der Suche nach sexuellen Erfahrungen. Wenn er nicht damit beschäftigt ist, potentielle Partner aufzuspüren, dann gibt er sich sexuellen Phantasien hin. Diese Person mag es sogar schwierig finden, mit jemandem aus der Gruppe ein richtiges Gespräch zu führen, weil sie ständig damit beschäftigt ist, Ausschau zu halten.
Die dritte Person unserer Gruppe schaut durch ihren Solarplexus auf die Welt. Ihr geht es vor allem um Macht und Status. Wenn sie sich mit jemandem einlässt, dann nur, weil sie sich etwas davon verspricht.
Die vierte Person ist ganz auf das Herzchakra konzentriert, das in der Mitte der Brust hinter dem Brustbein sitzt. Diesem Menschen wird die Welt voller Liebe erscheinen. Es geht hierbei nicht um eine romantische Form der Liebe, sondern mehr um das, was die alten Griechen *Agape* nannten, göttliche Liebe. Für diesen Menschen ist die Welt Liebe. Das kann von einem sanften Gefühl der Verbundenheit bis zu einer tief greifenden Erfahrung universeller Liebe reichen. Manche dieser Menschen fallen spontan in Samadhi, weil ihr Bhakti (die Erfahrung göttlicher Liebe) so intensiv ist. Menschen mit einem offenen Herzen meinen oft, dass alle anderen die Welt genauso erleben wie sie. Die Erkenntnis, dass dem nicht so ist, kann für sie zu einer erschütternden Erfahrung werden.
Unsere fünfte Person ist ganz auf ihr Kehlchakra konzentriert, das im Bereich der Stimmbänder angesiedelt ist. Dies ist ein außerordentlich kreativer Mensch, und je nachdem wie stark seine Willenskraft ist, werden seine Schöpfungen sich mehr oder weniger schnell realisieren. In vielen alchemistischen Traditionen wird davon berichtet, dass sich die Worte einer Person in fortgeschrittenem Entwicklungszustand unmittelbar manifestieren.
Der Sechste in unserer Gruppe ist medial begabt, weil sein Drittes Auge geöffnet ist. Der Energiepunkt für dieses Chakra sitzt hinter der Stirn mitten über den Augen. Manche yogischen Systeme siedeln ihn jedoch zwischen den Augen etwa zwei Zentimeter hinter der Nasenwurzel an. Interessanterweise ist dies der Bereich der Hypophyse (das oberste Steuerungsorgan des endokrinen Systems) und des Hypothalamus (die Kommunikationszentrale zwischen Gehirn und Körper). Es ist doch hochinteressant, dass dieses Energiezentrum gerade an einem solch bedeutenden Nervenknotenpunkt liegt.

Ein Mensch mit offenem Dritten Auge sieht die Welt durch den Filter der inneren Sicht. Es fällt ihm leicht, die Aura oder das Energiefeld eines anderen wahrzunehmen, vielleicht sogar dessen Gedanken und Gefühle. Es kann sogar sein, dass diese Person prophetische Visionen hat, in denen sie mögliche Zukunftsszenarien von jemandem sieht. Ich sage mit Bedacht »mögliche«, denn ich glaube nicht, dass die Zukunft vorherbestimmt ist. Es gibt Möglichkeiten und Entscheidungspunkte, und ein medial begabter Mensch kann diese manchmal wahrnehmen. Aber niemand kann die Zukunft eines anderen mit Bestimmtheit voraussagen, weil wir alle über die Kraft der Entscheidung verfügen. Und unsere Entscheidungen beeinflussen unser Schicksal.

Die siebte Person in unserer Gruppe ist ganz auf das Kronen-Chakra bezogen, das an der obersten Stelle des Kopfes sitzt. Dieser Mensch sieht die Welt als ein Spiel der Maya, der Illusion. Er ist in der Welt, aber losgelöst von ihr. Es ist nicht leicht, sich vorzustellen, wie so ein Mensch die Welt wahrnimmt, denn hier ist das Bewusstsein seiner selbst gewahr. Der Spiegel der Aufmerksamkeit wurde nach innen gewendet und der Yogi oder die Yogini hat das Selbst gesehen, das große, Eine, lebendige Sein, das sich in unzähligen Formen ausdrückt. So ein Mensch mag für das Leiden anderer Mitgefühl empfinden, doch er lässt sich davon nicht einwickeln. Er sieht die Welt als ein Schattenspiel. Unberührt von den Dramen des Lebens hat er den Puppenspieler erkannt und das Licht, das die Schatten hervorruft. Was vorher als Wirklichkeit galt, wird nicht mehr so wahrgenommen. Dieser Mensch hat Erleuchtung erlangt.

In Wirklichkeit ist es natürlich viel komplexer, weil die Chakren nicht so der Reihe nach aktiviert werden. Eine Person kann eines oder mehrere Chakren weit offen haben, während die psychologische Motivation ihres Handelns aus einem der geschlosseneren Chakren stammen kann.

Viele vertrauensselige Anhänger (chelas) von spirituellen Meistern sind durch dieses Phänomen enttäuscht worden. Sie haben sich vielleicht von den offensichtlichen spirituellen Kräften oder sogar übernatürlichen Fähigkeiten eines Lehrers angezogen gefühlt, nur um dann festzustellen, dass diese Person machthungrig und manipulativ ist. Vielleicht wird die persönliche Intimsphäre verletzt. Eine unerwünschte sexuelle Annäherung durch einen spirituellen Lehrer oder eine

Lehrerin kann für einen Schüler oder eine Schülerin zu einem großen psychologischen Problem werden.

Das Problem liegt darin, dass spirituelle Kräfte nicht unbedingt mit persönlicher Reife einhergehen. Ein Yogi oder eine Yogini, die Samadhi erlangt haben, müssen sich nicht mit ihren psychologischen Problemen auseinandergesetzt haben. Wenn sie in ihren unteren Chakren noch Unerledigtes mit sich herumtragen, dann kann es zu einem Missbrauch ihrer spirituellen Kräfte kommen.
Zum Beispiel kann ein Mensch ein großartiger Lehrer sein, doch wenn er in seiner Psyche Menschenverachtendes mit sich trägt, dann gnade Gott seinen Schülern. Eine andere Person mag über herausragende mediale Fähigkeiten verfügen, ohne jedoch ihr Bedürfnis nach Manipulation aufgelöst zu haben. Sie mag alle Merkmale der Spiritualität aufweisen, doch sie wird ihre Fähigkeiten dazu einsetzen, ihre Anhänger mehr oder weniger subtil zu beeinflussen.
Häufig sind sich diese Menschen ihrer psychologischen Motivationen nicht bewusst. Doch auch Unbewusstes kann Schaden anrichten. Tatsächlich entsteht aus unseren unbewussten Motivationen oft größerer Schaden als aus unseren bewussten. Dies ist einer der Gründe, weshalb meiner Meinung nach jeder, der den Weg der Alchemie gehen will, sich seinen psychologischen Hintergrund und seine Motivationen bewusst machen sollte.

Sekhem

Wie bereits erwähnt, bedarf es zur Aufrichtung des Djed und zur Aktivierung der Chakren immenser Energie. Es ist die eigene Lebenskraft, Sekhem (das Aufrichtende) genannt, die sich dabei die Wirbelsäule hinauf bewegt.
Die Obelisken Ägyptens, frei stehende, oben spitz zulaufende Säulen, repräsentieren dieses Sekhem. Meist wurden sie zu Ehren einer wichtigen Person errichtet, doch letztlich ehren sie die vitale Kraft des Sekhem. Eine der wesentlichen Aufgaben der Alchemisten des ägyptischen Systems ist es, ihre überschüssige Lebenskraft den Djed aufsteigen zu lassen. Dadurch werden die Siegel (Chakren) aktiviert und gestärkt. Mit der Anregung der Chakren werden latente Bereiche des Bewusstseins geöffnet.

Unser Sekhem steht in unmittelbarer Beziehung sowohl zu unserer Lebenskraft als auch zu unserer Sexualität. Diese Kraft kann im Geschlechtsakt zur Erschaffung eines neuen Lebewesens verwendet werden oder eben zum Aufrichten des Djed und damit zur Erschaffung höherer Bewusstseinszustände. Die dahinter stehende Kraft ist in beiden Fällen die gleiche. Wozu die Energie eingesetzt wird, das bestimmt das Ergebnis. Oder anders gesagt: Umgewandelte Sexualität ist in der ägyptischen Alchemie eine bedeutende Quelle spiritueller Erleuchtung.

Der Uräus

Wenn die Sekhem-Energie, die umgewandelte Lebenskraft, durch das Aufrichten des Djed in den Kopf rauscht, werden die höheren Hirnzentren dadurch enorm stimuliert. Die Aktivierung dieser Zentren bewirkt auf die Dauer das, was »Uräus« genannt wird.
In der sakralen ägyptischen Kunst sieht man oft, dass bedeutende Persönlichkeiten mit einer Schlange auf der Stirn dargestellt werden. Dies symbolisiert, dass diese Person den Uräus erlangt hat, oder dass ihr vom Uräus Autorität verliehen wurde. Man sieht ihn sowohl auf dem Kopfschmuck von Göttern und Göttinnen als auch von Angehörigen des Königsgeschlechts. Ich vermute, dass die künstlerische Verwendung des Uräus im Laufe der Zeit zu einer stilistischen Aussage degenerierte und die ursprüngliche spirituelle Bedeutung in Vergessenheit geriet. Wie auch immer: Er symbolisiert, dass jemand eine Aktivierung oder »Salbung« seiner höheren Hirnzentren erfahren hat. Das bedeutet, dass dieser Mensch die Dualität dieser Welt durchschaut, die ihrerseits durch eine weitere Schlange symbolisiert wird, die Apophis. So wie der Uräus sich auf die Erleuchtung bezieht, so steht Apophis für die Sinuskurve aller Formen, das dualistische Spiel gegensätzlicher Kräfte in der Schöpfung. Die Gabe des Uräus ist eine Art Hellsichtigkeit, die es ermöglicht, den Schleier der Illusion (des Spiels der gegensätzlichen Kräfte) zu durchdringen.
Die Aktivierung des Uräus geht mit einer ganzen Reihe ungewöhnlicher Fähigkeiten und Erkenntnisse einher. Meinen persönlichen Forschungen nach wird unter anderem die Kreativität und die Intelligenz gesteigert. Bei manchen mag es die zuvor erwähnten Siddhis stärken.

Auch hier können die durch Alchemie hervorgerufenen Veränderungen auf Prozesse im Gehirn zurückgeführt werden. Es gibt bislang noch keine Studien über die spezifischen Prozesse, die durch das Uräus-Phänomen hervorgerufen werden, aber auf Grund persönlicher Erfahrungen vermute ich, dass es sich dabei um Veränderungen der Neurotransmitter und eine Anhebung des Endorphinspiegels handelt. Da der Uräus in traumähnlichen Zuständen wahrgenommen wird, vermute ich auch eine Zunahme der Alpha- und Thetawellen-Aktivität. Zu guter Letzt glaube ich, dass diese Erfahrung mit einer starken Anregung der nichtdominanten Gehirn-Hemisphäre einhergeht. Meine Annahmen beruhen auf meinen eigenen Erfahrungen mit Vorläufern des Uräus, während derer sich mein Raumgefühl stark veränderte und der innere Dialog aufhörte, was auf eine sinkende Aktivität der dominanten (redenden) Hemisphäre schließen lässt.

Ich will in dieser Einleitung nicht weiter auf die zahlreichen interessanten Verbindungen zwischen der Alchemie und der Gehirnphysiologie eingehen. Ich will nur deutlich machen, dass das Praktizieren innerer Alchemie, wie zum Beispiel der ägyptischen, zu eindeutigen Veränderungen der Gehirnfunktionen führt, die wiederum einen direkten Einfluss auf die Wahrnehmung haben. Durch ihre meditativen Übungen sind die Alchemisten in der Lage, diese Zustände so zu kontrollieren, dass ihnen außergewöhnliche Wahrnehmungsbereiche zugänglich werden. In diesen ungewöhnlichen Zuständen innerer Aufmerksamkeit kann der oder die Übende auf die Quantenwelt (zum Beispiel das Ka und den Uräus) einwirken.

Das Aufrichten des Djed und der Horus-Mythos

Indem die Alchemistin mit Hilfe ihrer Willenskraft (Absicht) das Sekhem die Wirbelsäule hinauf und in die Hirnzentren bewegt, erzeugt sie im Laufe der Zeit den Uräus. Die Aufwärtsbewegung der elektromagnetischen Kraft des Sekhem stimuliert die Chakren (Siegel). Die Aktivierung der sieben Hauptsiegel (Chakren) verändert das Bewusstsein der Alchemistin radikal.

Diese Bewegung des Bewusstseins spiegelt sich symbolisch in der Geschichte von Horus. Es gibt dabei zwei Sichtweisen. Die erste meint, dass Horus als ein richtiges physisches Lebewesen in der grauen Vorzeit der ägyptischen Geschichte gelebt hätte. Die zweite Sichtweise ersetzt die erste nicht, sondern besagt, dass wir nicht sicher wissen, ob Horus körperlich existiert hat oder nicht, und konzentriert sich mehr auf die symbolische Aussage. Viele Geschichten und Legenden ranken sich um die Herkunft seiner Eltern Isis und Osiris. Manche meinen, sie seien Außerirdische, Sternensaat sozusagen. Demzufolge waren Isis und Osiris Gen-Techniker und wir sind das Ergebnis ihrer Kunst. Manche der Sternensaat-Theoretiker stellen auch einen Zusammenhang her zwischen den beiden und den frühen Sumerern. Die verbreitetste Ansicht, die auch von den meisten Ägyptologen anerkannt wird, sieht Isis und Osiris als Gottheiten, die in dem lebendigen Mythos ihrer Zeit existierten. Jungianisch gesprochen, waren sie in dem kollektiven Unbewussten der alten Ägypter von archetypischer Wirklichkeit.

Vom rein praktischen Standpunkt aus, spielt es im Hinblick auf die alchemistische Praxis keine Rolle, ob Horus physisch existiert hat oder nicht. In seiner Geschichte liegen jedoch alchemistische Schlüssel, die, wenn sie richtig verstanden werden, zu einer Fülle von Erkenntnissen führen können.

Horus wird als falkenköpfiger Mann dargestellt. In vielen alten Kulturen wurde das weibliche Prinzip (die Mutter) mit der Materie (von lat. mater = Mutter) gleichgesetzt. Entsprechend wurde das väterliche Prinzip mit dem Geist in Verbindung gebracht. Als Sohn von Isis und Osiris symbolisiert Horus daher die Vereinigung von Geist und Materie. Die Entwicklung, die Horus zum hohen Gott Horus führte, entspricht unserer eigenen Reise den Djed hinauf. In einer Version der Geschichte musste Horus das Böse überwinden, indem er seinen Onkel Seth tötete, der seinen Vater ermordet hatte. Der Mythos ist sehr komplex, und es gibt ihn in vielen Versionen. An dieser Stelle wollen wir uns nur auf den Augenblick konzentrieren, in dem Horus zu dem Gott Min wird.

Der Gott Min

Um Seth zu überwinden, muss Horus ungeheure Mengen an Energie sammeln. Der alchemistischen Symbolebene entsprechend, muss sich der Übende über die drei unteren Chakren erheben und das erfordert Energie, große Mengen an Energie. Jeder, der versucht hat, sich über seine eigenen Konditionierungen zu erheben, weiß um die Macht der Entropie. Entropie lähmt jede Bewegung. Auf der psychischen Ebene zeigt sie sich als Lethargie, als die Trägheit, die uns daran hindert, die

für eine Veränderung notwendigen Anstrengungen zu unternehmen. Dabei spielt es keine Rolle, ob man eine schlechte Gewohnheit ablegen oder höhere Bewusstseinszentren öffnen möchte. So oder so können Entropie und Lethargie uns scheitern lassen. Um diesen Aspekt unserer Psyche zu überwinden, bedarf es einer Kraft, die stärker ist als die Entropie. Dies ist die Sekhem-Energie, das »Aufrichtende«.
Man kann auch sagen: Horus bezähmt seine Fortpflanzungskraft. Symbolisch wird das durch den Gott Min ausgedrückt, der eine große Erektion zur Schau stellt und in einer Hand eine Peitsche hält. Diese Peitsche besteht oft aus einem Stück Holz mit Lederschnüren am einen Ende und wird benützt, um ein Pferd zu lenken, besonders wenn es vor den Wagen gespannt ist. Die Peitsche des Min wird nie benutzt, sie ist ein Symbol der Absicht, des Vorsatzes. Heutzutage weckt dieses Symbol vielleicht negative Assoziationen, man denkt an Selbstverstümmelung und Verletzung. Doch das widerspricht völlig der beabsichtigten Aussage dieses Symbols.
Ein Wagenlenker, der mit einem temperamentvollen Pferd umgeht, muss dessen Aufmerksamkeit in die gewünschte Richtung lenken können. Wenn er das Ross nicht lenkt, geht es, wohin es will. Das kann unnütz und sogar gefährlich sein. Die Peitsche dient dem Wagenlenker dazu, die Aufmerksamkeit des Pferdes zu erregen. Dazu ist es nicht notwendig, das Pferd damit zu schlagen. Jeder empfindsame Reiter oder Fahrer weiß, dass, vorausgesetzt Pferd und Mensch haben eine Verbindung miteinander hergestellt, nur ein leichtes Anticken mit der Peitsche notwendig ist. In diesem Sinne dient auch das Symbol der Peitsche dafür, uns daran zu erinnern, die schöpferischen Energien der Sexualität zu bezähmen.
Anstatt seinen Samen im sexuellen Akt hinaus in die Welt zu schicken, bezähmt Horus (als Gott Min) diese Energie und schickt sie den Djed hinauf. Wenn diese Energie in die höheren Hirnzentren gelangt, wird Horus durch die Kraft des Uräus in den großen Gott Horus verwandelt. Er ist nicht mehr länger ein potentieller Gott, sondern selbst Schöpfergott geworden. Nur so ist er in der Lage, Seth zu überwinden. Damit wird in keiner Weise zum Zölibat aufgerufen. Das Zurückhalten von Mins göttlichem Samen ist die symbolische Entsprechung des Zurückhaltens und Transformierens der feinstofflichen Energien in den sexuellen Sekreten. Diese subtilen Kräfte werden kultiviert und den Djed hinauf geschickt, von Männern und Frauen gleichermaßen.

Bei der Ausübung dieser Form der Alchemie besteht keine Notwendigkeit zu sexueller Enthaltsamkeit. Vielmehr beschreibt auch Magdalena in ihrem *Manuskript*, dass der sexuelle Akt das Aufsteigen des Sekhem enorm verstärken kann. Aus einer Vielzahl von historischen Gründen, deren Erörterung hier zu weit führen würden, trennte die Kirche Sexualität und Geist, im Verständnis der alten Ägypter waren sie jedoch eng verbunden.

Missverständnisse über den Gott Min

Übereifrige Mönche verwendeten die Peitsche im Mittelalter als Geißel, um sich von ihren Sünden zu befreien. Die ursprüngliche Lehre, die hinter der Peitsche und dem Gott Min stand, war in Vergessenheit geraten. Aus dem Symbol zur Entwicklung göttlicher Kräfte wurde ein sadomasochistisches Ritual. Vielleicht erlebten die Bettelmönche, die sich in ihren Zellen für ihre angenommene Sündhaftigkeit geißelten, durch Erschöpfung und Blutverlust veränderte Bewusstseinszustände, doch diese makabren Rituale hatten nichts mit Alchemie oder den Geheimnissen des erhabenen Gottes Min zu tun.
Der Gott Min wurde jedoch nicht nur im Mittelalter verkannt. Um die vorige Jahrhundertwende herum kam in der viktorianischen Gesellschaft ein großes Interesse an den Geheimnissen Ägyptens auf. Die Ägyptologie steckte in den Kinderschuhen, und die Suche nach den Geheimnissen des goldenen Zeitalters zog viele Abenteurer in die Wüste. Voller Entsetzen entdeckten diese steifen, verklemmten Zwangsneurotiker dort überall riesige Min-Statuen, jede mit einem riesigen – na, Sie wissen schon. In ihrer Empörung schlugen sie vielen der Statuen das Anstoß erregende Organ einfach ab. Auch die an Museen gelieferten Reliefs wurden verstümmelt oder zumindest so mit Abdeckplatten versehen, dass die zivilisierte Bevölkerung dem Anblick dieses anstößigen Gottes nicht ausgesetzt war.
Die Menschen des viktorianischen Jahrhunderts verstanden genauso wenig wie ihre mittelalterlichen Vorläufer, dass es sich hierbei nicht um eine Glorifizierung der Sexualität handelte, sondern um die Ehrung einer heiligen Handlung, die zu jener Zeit nicht in die Schlafzimmer und Bordelle verbannt wurde, sondern auch in Tempeln im Mittelpunkt der Suche nach dem Göttlichen stand.

Unsterblichkeit

Das letztendliche Ziel der ägyptischen Alchemie ist die Unsterblichkeit oder zumindest die Ausdehnung des Selbst über den Tod hinaus. Dazu stehen dem Alchemisten zwei Mittel zur Verfügung, das eine vorübergehend, das andere dauerhaft.

Bei der ersten Methode werden so lange energieaufbauende Übungen ausgeführt, bis das Ka vor Energie und Licht regelrecht sprüht. Beim Tod des physischen Körpers wendet der Alchemist dann seine Aufmerksamkeit dem Ka zu. Diese Verschiebung der Identifikation wurde vorher so oft geübt, dass sie kaum Anstrengung kostet. Wenn das Selbst völlig mit dem Ka identifiziert ist, ist der Alchemist ein Energiewesen, dem der Tod des physischen Körpers nichts mehr ausmacht. Für ihn ist es so, als würde er seine alte Kleidung ablegen.

Wie lange dieses Energiewesen existieren kann, hängt davon ab, wie viel Energie vorher im Leben gesammelt wurde. Wenn der Alchemist gelernt hat, auch als Energiewesen Energie zu sammeln und zu konservieren, kann er so eine lange Zeit überdauern. Was auch immer man davon halten will: Mir sind Energiewesen begegnet, die behaupteten, mehrere tausend Jahre alt zu sein.

Bei der zweiten Methode wird die Energie genau wie bei der ersten durch Übungen aufgebaut, da das Aufladen des Ka in beiden Fällen wichtig und notwendig ist. Bei diesem zweiten Weg zur Unsterblichkeit bringt der Übende sich jedoch in Übereinstimmung mit seinem Ba (der Himmlischen Seele), einem transzendenten Aspekt des Selbst, der außerhalb von Zeit und Raum existiert. Manche mögen es Seele oder Höheres Selbst nennen. Wie auch immer: Durch den Djed, den heiligen Weg durch die Chakren, werden Ka und Ba in Übereinstimmung gebracht. Wenn der Djed auf das Ba ausgerichtet ist, fließt eine große Menge spiritueller Energie in den Ka-Körper. Wenn diese Energie einen bestimmten Schwellenwert erreicht, entzündet sich das Ka sozusagen mit einem ätherischen Feuer. Dieser unsterbliche Körper wird manchmal als das »Goldene Gewand« bezeichnet, doch die alten Ägypter nannten ihn »Sahu«. Wie genau eine Ausrichtung auf das Ba, das heißt die Himmlische Seele, eine derartige Metamorphose des Ka bewirkt, ist ein wohlgehütetes Geheimnis. Es beinhaltet die höchsten Aspekte der Alchemie und wird dem Eingeweihten mitgeteilt,

wenn er dafür bereit ist. Diese Offenbarung kann durch einen verkörperten Lehrer erfolgen, doch meist wird sie von einem »Akul« überbracht, einem Geistwesen, das den Lichtkörper verwirklicht hat und im Bereich des Geistes lebt. Manche Übende empfangen die Informationen auch direkt von ihrem Ba.
Was das Leben nach dem Tod betrifft, möchte ich darauf hinweisen, dass viele spirituelle Traditionen davon ausgehen, dass in jedem Fall ein Bewusstseinsfunke den Tod überdauert, unabhängig davon, welchen Bewusstseinszustand der Mensch erreicht hat. Dieser Funke enthält jedoch kein Gefühl persönlicher Identität, wie es das Ka oder das Sahu tun. Wenn nicht einer dieser feinstofflichen Körper stabilisiert wurde, löst sich das Gefühl eines individuellen Selbst im Augenblick des Todes genauso auf wie die Erinnerung an die persönliche Geschichte.

Das Ammit

Neben den energieaufbauenden Übungen zur Erlangung der Unsterblichkeit muss auch eine moralische oder ethische Einstellung vorhanden sein. Man muss den richtigen Gebrauch der Energie (Rechtschaffenheit, Aufrichtigkeit) erlernen und wie man sich im Umgang mit anderen verhält. Die Kräfte, die durch die Praxis der ägyptischen Alchemie hervorgerufen werden, sind durchaus gefährlich. Je stärker das Bewusstsein wird, desto leichter manifestieren sich die Absichten. Wenn ein Alchemist einem anderen Menschen vorsätzlich durch sein Handeln schadet, läuft er Gefahr, verschlungen zu werden. Die heiligen Texte warnen den Übenden vor dieser Gefahr durch ein merkwürdiges Wesen, Ammit genannt, das eine Mischung aus Krokodil, Löwe und Nilpferd ist. Meist wird es in Zusammenhang mit dem Djed und den sieben Chakren oder Siegeln gezeigt, wobei seine Reptilienschnauze bedeutungsvoll zwischen dem dritten und dem vierten Chakra ruht, zwischen Solarplexus und Herz, zwischen Macht und Liebe.
Das Ammit wird manchmal auch das »Alles-Verschlingende« genannt, da jeder, der in den unteren Chakren stecken bleibt, von seinen Erfahrungen verschlungen wird. Wer im ersten Chakra steckt, dem wird beispielsweise Sicherheit über alles gehen. Wer ganz im zweiten Chakra zentriert ist, wird sexbesessen sein, und im dritten Chakra geht

es dem Menschen nur um Macht. Wer sich nur von diesen Energien leiten lässt, ohne den Djed hinauf zu wandern, den werden sie letztlich verzehren.

Wer sich auf die alchemistischen Übungen einlässt, kann seinen eigenen fehlgeleiteten Gelüsten nach Sicherheit, Sex und Macht zum Opfer fallen. Dass bei den Übungen das Ka magnetisiert wird und sich Wünsche damit schneller erfüllen, kann äußerst verführerisch sein. Dabei handelt es sich nicht um Magnetismus im physikalischen Sinne, obwohl es eine leichte Ähnlichkeit gibt, sondern um psychodynamische Kräfte, die eine magnetähnliche Wirkung haben. Menschen mit einem starken psychomagnetischen Feld neigen dazu, die Objekte ihrer Begierde leichter an sich heranzuziehen als Menschen mit einem schwachen Feld. Da die Übungen, mit denen das Ka gestärkt wird, auch die psychomagnetische Kraft des Alchemisten stärken, muss er vorsichtig sein.

Das Ammit steht als Erinnerung an den Weg durch die unteren Siegel zum Herzen. Wer darauf besteht, das Leben durch die unteren Chakren zu erfahren, ohne sich in die Liebe zu begeben, wird irgendwann von seinen entsprechenden Begierden verzehrt werden.

Beim Durchgang durch das Initiationstor des vierten Siegels entsteht spontan »Agape«, bedingungslose, göttliche Liebe. Aus diesem Bewusstsein heraus ist es unmöglich, anderen wissentlich zu schaden. Agape ist allumfassend. Es liegt in ihrer Natur, Gefühle der Verbundenheit zu erzeugen. Die Erweiterung der Ich-Bezogenheit des Selbst auf andere macht es undenkbar, jemandem Leid zuzufügen.

Diese »Harmlosigkeit« ist jedoch nur auf der Ebene des Herzens möglich. Menschen, die von den unteren drei Chakren ausgehen, können in ihrer Selbstsucht andere leicht manipulieren und verletzen.

Falls die Bedrohlichkeit des Ammit nicht ausreicht, um die Alchemisten dazu zu bewegen, ihre Begierden zu zügeln, gibt es noch eine Gestalt. Sie steht auf der anderen Seite des Todes.

Maat

Maat wird manchmal als die Weisheit des rechten Zeitpunkts bezeichnet. Sie ist jedoch auch in Bezug auf den Tod eine wichtige Gottheit. Auf ihrer Waage wägt sie das Herz desjenigen, der Eintritt in die himmlischen Reiche sucht, gegen eine Feder. Wenn das Herz des Toten so leicht ist wie eine Feder, darf er in das spirituelle Paradies eingehen. Wessen Herz jedoch durch Bedauern, Schuld und Scham beschwert ist, der erhält keinen Einlass und muss durch die Unterwelt wandern. Ich halte Maat symbolisch für einen Aufruf in der Gegenwart zu leben. Wie ein Freund von mir sagt, sie ist eine Erinnerung daran, dass, was auch immer wir in diesem Leben tun, auch nach unserem Tod Folgen haben wird.

Abschließende Gedanken

Die Mentalität der alten Ägypter ist der unseren so fern, dass wir uns kaum vorstellen können, was sie gefühlt und gedacht haben. Uns liegen fragmentarische Schriften vor, heilige Texte und die Mythen ihrer Göttinnen und Götter. Glücklicherweise sind auch einige ihrer alchemistischen Geheimnisse auf uns überkommen, doch ein Großteil dieser glorreichen Zivilisation geriet in Vergessenheit. Der zeitliche Abstand ist einfach zu groß.
Als Magdalena in den Tempeln der Isis ausgebildet wurde, war das goldene Zeitalter Ägyptens bereits lange vorüber. Doch von den alten alchemistischen Weisheiten und dem Wissen um ihre Anwendung hatte genug überlebt. Im ersten Jahrhundert v. Chr. waren der Isis-kult und das Geheimnis der sexuellen Alchemie in weiten Bereichen der damaligen Welt verbreitet. Dabei hat ihm zweifellos jede Kultur ihr eigenes Verständnis und ihre eigenen Interpretationen hinzugefügt. Im Laufe der Zeit wurden über den Ruinen der Tempel dann Kirchen errichtet und die spirituellen Praktiken der alten Zeit gerieten in Vergessenheit oder wandelten sich. Doch wer ernsthaft unter die Oberfläche der alchemistischen Traditionen aller Welt blickt, findet darunter häufig die Spuren der Isis und der Alchemie des alten Ägypten. Heute sind wir von all dem noch zweitausend Jahre weiter entfernt als Magdalena damals. Für diejenigen unter uns, die mit diesem alchemistischen System arbeiten, liegt die Aufgabe auf der Hand. Wir können die Vergangenheit nicht wiederbeleben. Wir können sie auch nicht wirklich kennen lernen. Wir können nur aus dem lernen, was uns hinterlassen wurde. Wir müssen die alten Praktiken nach bestem Verständnis üben und schauen, wo uns das hinführt. Und daraus müssen wir dann einen neuen alchemistischen Weg für unsere Zeit bauen.

Mögen die Akul, die Ältesten, die Sahu erlangt haben, uns auf unserem Weg helfen.
Möge uns das Licht der Erleuchtung durch unsere eigene Dunkelheit leiten.

Alchemistische Systeme – ein vergleichender Überblick

Eine der vorrangigen Aufgaben der ägyptischen Alchemie ist die Stärkung des Ka-Körpers. Erreicht wird dies durch Zustände hoher Ekstase, da Ekstase und Glücksempfinden das Ka stärken. Es gibt grundsätzlich zwei Wege, die hierbei eingeschlagen werden können. Diejenigen, die in einer heiligen Beziehung die sexuelle Magie der Isis erkunden, erfahren die Ekstase auf natürliche Weise während des Liebesaktes. Doch diejenigen, die ihren Weg alleine gehen und die Alchemie des Horus erforschen, müssen die Ekstase selbst erzeugen.

Für beide Wege ist es interessant, das Manuskript im Kontext mit anderen alchemistischen Systemen zu sehen. Auch die Praktizierenden anderer Systeme der inneren Alchemie können so leichter einen Bezug zwischen ihren eigenen Übungen und dem Manuskript erkennen.

(Persönliche Anmerkung von Tom)

In diesem Kapitel wollen wir drei der vier wichtigsten alchemistischen Systeme vergleichend darstellen: Tantra Yoga, Taoismus und tibetisch-buddhistisches Tantra. Die ägyptische Alchemie wurde im vorhergehenden Kapitel erläutert, und die gemeinsamen Elemente sind leicht zu erkennen. Denjenigen, die mit diesen alchemistischen Systemen bereits vertraut sind, ist sicher die ungewöhnliche Sichtweise des sexuellen Akts in dem *Manuskript* aufgefallen. Das war jedenfalls das Erste, was mir vor dem Hintergrund meiner Kenntnisse der alchemistischen und mystischen Traditionen an den Informationen von Magdalena auffiel.

Zusammengefasst lässt sich sagen, dass der Unterschied darin liegt, dass das von Magdalena vorgestellte System weiblich orientiert ist. Laut den Aussagen Magdalenas enthält die Natur der Frau die Geheimnisse der Schöpfung.

Im *Manuskript* schildert sie ihre Ausbildung in den alchemistischen Praktiken des Horus, und wie man durch meditative Kraft die Schlangen aufsteigen lassen kann. Doch in Jeshuas Gegenwart und besonders während des Liebesaktes mit ihm wurde der alchemistische Prozess selbsttätig in Gang gesetzt. Anders gesagt: Er wurde aktiv, ohne dass sie etwas dazu tat.

Sie spricht ausführlich darüber, dass die Frau sich in der Beziehung zu ihrem Geliebten sicher und gewürdigt fühlen muss, damit das, was sie die sexuelle Magie der Isis nennt, stattfinden kann. Wenn diese Elemente, nämlich Sicherheit und Würdigung, in einer Beziehung stimmen, kann die Frau loslassen und die weiblichen Mysterien durch sich hindurch wirken lassen. Während des Liebesaktes geht dies für die Frau häufig mit einem Schaudern einher. Wenn sie diese Bewegungen zulassen kann, werden sie sie tiefer in die Mysterien tragen.

Wenn der Mann darin geübt ist, sich in die von seiner Partnerin freigesetzten Schwingungsenergien einzunisten, können beide Partner ihre Ka-Körper stärken, was ja eines der wesentlichen Ziele dieses Systems ist.

Indem es das Weibliche derart in den Mittelpunkt stellt, unterscheidet sich dieses alchemistische System von den meisten anderen. Die alchemistischen Systeme dieser Welt sind in vieler Hinsicht von männlichen Vorurteilen geprägt. In der taoistischen Literatur gibt es zum Beispiel weniger schriftliche Instruktionen für Frauen als für Männer. Auch wenn viele davon ausgehen, dass der Taoismus ursprünglich matrilinear war, so wurde doch tatsächlich, zumindest in den letzten Jahrhunderten, das Hauptgewicht auf die männlichen Praktizierenden gelegt. Zweifellos gab es in China hoch entwickelte weibliche Heilige, doch der Taoismus maß ihnen insgesamt nicht viel Bedeutung bei. Es sieht eher so aus, dass viele Praktizierende der *zweifachen Kultivierung* (der sexuellen Praktiken des Taoismus) die Frauen lediglich als Behälter für Chi betrachteten. Diese skrupellosen Gelehrten führten den sexuellen Akt nur aus, um den Frauen ihr überschüssiges Chi zu entziehen, ohne Rücksicht auf deren Wohlbefinden oder Sicherheit.

Im tibetischen Buddhismus wird das weibliche Prinzip zwar hoch verehrt, doch in der Praxis werden den Frauen meist Positionen von geringerer Macht und Bedeutung zugewiesen. Eine der größten Bodhisattvas des tibetischen Buddhismus ist Tara, eine Frau, die vor langer Zeit irgendwo in Tibet gelebt hat. Als sie Erleuchtung fand, erzählt die Legende, bemerkte eine Gruppe von Lamas, dass ein neues erleuchtetes Wesen aufgetaucht war und machte sich auf den Weg, dieses neue Licht zu finden. Als sie in ihrem Dorf ankamen, waren sie tief enttäuscht, dass es sich um eine Frau handelte. Angeblich sagten sie zu ihr: »Da du jetzt Erleuchtung gefunden hast, kannst du als Mann wiedergeboren werden.« Sie antwortete jedoch: »Ich werde auf ewig in der weiblichen Form bleiben.« Bis zum heutigen Tag ist sie als weibliche Präsenz Teil des

Samboghaya, des tibetischen Reiches des reinen Lichtes und des reinen Klanges. Man kennt sie als ein mächtiges, wohlwollendes Wesen und als geschickte Beschützerin. Doch die grundsätzliche männliche Überheblichkeit zeigt sich nicht nur im tibetischen Buddhismus immer wieder, sondern auch im Buddhismus allgemein.

Ein flüchtiger Blick auf die Geschichte des Christentums enthüllt gleichfalls zahlreiche patriarchale Versuche, die Frauen in der Kirche und in den historischen Dokumenten herabzusetzen. In den dunklen Zeiten berief die Kirche das Konzil von Nicäa ein, auf dem die zahllosen Evangelien und heiligen Schriften der frühen Christenheit sortiert und überarbeitet werden sollten. Der römische Kaiser Konstantin beauftragte das Konzil, zu entscheiden, welche Schriften in Zukunft das Neue Testament bilden sollten. Es wurden viele heilige Texte jener Zeit aussortiert und nur die behalten, die zu den eigenen Interessen passten. So wurden die frühen mystischen Visionen der Christen den territorialen und politischen Bedürfnissen von Staat und Kirche angepasst. Im selben Zug erklärte man viele der Schriften, die das Weibliche ehrten, als Häresie. Damit begann die Heilige Römische Kirche ihren langen Feldzug zur Erniedrigung der Frau. Im Mittelalter und besonders während der Heiligen Inquisition wurden Frauen, die oftmals lediglich Kräuterkundige und Heilerinnen waren, systematisch der Hexerei bezichtigt und verbrannt. Jede Frau, die sich gegen die patriarchalische Macht der Kirche auflehnte, riskierte einen furchtbaren Tod. Bis zum heutigen Tag pflegt die Kirche eine gewisse Geringschätzung der Frauen, wenn auch nicht mehr so offensichtlich wie im Mittelalter.

Ich bin davon überzeugt, dass Religion und Kultur untrennbar miteinander verwoben sind. Die Fäden des religiösen Glaubens ziehen sich durch die Kultur, und die Anschauungen einer Kultur fließen in ihre Religion ein. So sind auch die mystischen Traditionen und alchemistischen Praktiken, auch wenn sie aus höheren Einsichten hervorgegangen sein mögen, unweigerlich von kulturellen Anschauungen geprägt worden. Daraus erklärt sich die weltweite männliche Dominanz in den verschiedensten alchemistischen und mystischen Systemen.

Das Einzigartige an dem *Manuskript* ist, dass es ein alchemistisches System vermittelt, dessen Methoden tief in den weiblichen Mysterien verankert sind. Das mag daran liegen, dass es in seinen Wurzeln mit dem altägyptischen Isis-Kult verbunden ist.

Einige der alchemistischen Voraussetzungen des *Manuskripts* stimmen mit denen der alchemistischen Haupttraditionen oder Linien überein. Manche seiner Standpunkte weichen jedoch weit von allen anderen Systemen ab, zum Beispiel, dass es der Beziehung zwischen den Sexualpartnern so große Bedeutung beimisst. Der Geschlechtsakt selbst dient der Aktivierung bestimmter alchemistischer Prozesse in den Eingeweihten, doch die emotionale Beziehung zwischen den Partnern wird als die heilige Grundlage dieser Alchemie betrachtet.

Ein weiterer Unterschied liegt im Verständnis der Natur des Weiblichen. Das *Manuskript* geht davon aus, dass die Frau in ihrem Wesen gewisse alchemistische Schlüssel zur Transformation in sich birgt. Diese Schlüssel können nicht erzwungen werden, sondern sind nur in einer Beziehung voller Liebe und Sicherheit zugänglich. Durch diese Sichtweise nimmt das *Manuskript* eine einzigartige Stellung unter den alchemistischen Systemen ein.

Ich glaube an die Kraft der Synergie und empfehle daher allen, die sich mit dem *Manuskript* von Magdalena befassen, sich auch mit den wichtigsten der anderen, zur Zeit zugänglichen alchemistischen Schulen bekannt zu machen, es also in einen Kontext zu stellen.

Deswegen biete ich hier einen kurzen Überblick über die drei wesentlichen alchemistischen Lehren an, die sich mit sexuellen Praktiken befassen. Ich hoffe dabei, dass durch diesen Kontext die Bedeutung des *Manuskriptes* noch klarer hervortritt.

Tantra Yoga

Tantra Yoga ist ein uraltes System zur persönlichen Transformation, bei dem sexuelle Energien zur Entwicklung spiritueller Erleuchtung eingesetzt werden. Seine Wurzeln reichen über Jahrtausende hinweg tief in die indische Geschichte, und sein Ziel ist nichts Geringeres als die Göttlichkeit. Im Bann des Tantra verwandelt sich der Mann in einen Gott und seine Gefährtin in eine Göttin. Durch die vorübergehende Verkörperung in den Tantrikern (d.h. den Tantra Praktizierenden) wird das Göttliche in diese Welt gebracht. Diese machtvolle Verbindung zwischen der menschlichen und der göttlichen Welt macht diese Art des Yoga so kraftvoll.

Es ist ein Weg, der Ausdauer erfordert und voller Gefahren ist, denn wer die Energien der Sexualität nicht angemessen meistern kann, den wird die Hitze der eigenen Leidenschaften verwirren, und er wird die versprochene Befreiung des Bewusstseins niemals erreichen. Dieses Yoga ist in der Tat nicht für jeden geeignet und sollte nur mit Vorsicht angegangen werden. Wer sich den Feuern der sexuellen Leidenschaften mit Mäßigung und innerer Unabhängigkeit nähern kann, der sollte es versuchen. Tantra in diesem Sinne hat übrigens herzlich wenig mit dem zu tun, was hierzulande gerne in tantrischen Wochenendseminaren angeboten wird.

Der Begriff Tantra bedeutet »energetische Übungen« und kann somit sowohl auf sexuelle Praktiken als auch auf energetische Bewusstseinsübungen wie zum Beispiel Meditation angewandt werden, wie wir in dem Abschnitt über buddhistische Alchemie noch sehen werden.

Samadhi

In den meisten alchemistischen Yogasystemen geht es darum, Samadhi zu erlangen. Unter alchemistischen Yogasystemen verstehe ich diejenigen Yogasysteme, die die Transformation von Bewusstsein mit alchemistischen Mitteln anstreben. Das tun nicht alle Yogasysteme. Tantra Yoga ist zum Beispiel ein alchemistisches System, in dem die subtilen Energien der Sexualität durch alchemistische Meditation verwandelt werden. Raja Yoga dagegen verfolgt eher einen philosophischen Weg, der auch zu einer Art Erleuchtung führen kann, doch ohne die Verwendung von alchemistischen Methoden.

Im Samadhi oder der *Inneren Aufmerksamkeit* ist der Yogi oder die Yogini in der Lage, seine oder ihre inneren Welten zu erkunden. Durch erfolgreiche meditative Übung wendet sich der Geist von den körperlichen Sinneseindrücken ab und konzentriert sich statt dessen auf das Bewusstsein (*chitta*) selbst.

Es gibt zahllose Wege zur Erlangung von Samadhi, die beispielsweise mit Konzentration, Mantren (Worten der Kraft), Yantren (visuellen Geometrien) und Pranayama (Kontrolle des Atems) arbeiten, um nur ein paar der Methoden zu nennen.

Es gibt auch unterschiedliche Grade von Samadhi, je nach der Tiefe und der Phänomene, die im Geist auftauchen. Manche Samadhi-Zustände sind einfach von großer Ruhe und innerem Frieden erfüllt. Der Yogi oder die Yogini kann auch inneres Licht wahrnehmen oder

andere Sinneswahrnehmungen, die ohne äußeren Einfluss zustande zu kommen scheinen, das heißt, spontan aus dem Geist auftauchen.
In tieferen Samadhi-Zuständen kann die Wahrnehmung eines individuellen, getrennten Selbst völlig verschwinden und durch ein Bewusstsein reinen, gedankenfreien Seins (*sat*) ersetzt werden. In diesen tieferen Zuständen können auch Zustände der Glückseligkeit (*ananda*) und der Ekstase auftreten, da dies der natürliche Zustand des Bewusstseins ist.

Kumbhaka und das Aussetzen des Atems

In diesen tieferen Samadhi-Zuständen gibt es auch den spontanen Stillstand des Atems, der Kumbhaka genannt wird. In diesem faszinierenden Spiel zwischen Körper und Verstand setzt der Atem aus. Solange der Yogi in diesem Zustand bleibt, verspürt er kein Bedürfnis zu atmen. Sobald sich das Bewusstsein jedoch aus diesem Zustand entfernt und wieder zu einer Wahrnehmung des Körpers zurückkehrt, atmet der Körper spontan ein. Es gibt gut belegte Fälle, in denen diese Art von Samadhi stunden- und tagelang angehalten hat, ohne dass die Person atmete.
Dieses Phänomen ist den taoistischen Übungen der Stille sehr ähnlich. Dabei versetzt sich der Praktizierende in einen zeitlosen Geisteszustand, der Atem wird sehr flach oder setzt eben auch gänzlich aus. Ich werde in dem Abschnitt über Taoismus von meinen eigenen Erfahrungen damit berichten. An dieser Stelle will ich nur darauf hinweisen, dass jede der alchemistischen Linien ihre eigenen Methoden hat, um den Geist zur Ruhe zu bringen. Das kommt daher, dass die meisten inneren alchemistischen Reaktionen nur stattfinden können, wenn der Verstand still ist.
Die Praxis der Meditation und der Eintritt in den Samadhi-Zustand führen zu vielen Entwicklungen in der Psyche. Eine davon ist eine größere Empfindsamkeit und Aufmerksamkeit für die feinstofflichen Energien. Diese Entwicklung ist für den Alchemisten unbedingt notwendig, denn unser Gefäß der Wahrnehmung kann nichts enthalten, dessen wir uns nicht gewahr sind.

Veränderungen in Zeit und Raum

Als nächstes kommen wir zu einem Element, das von allen Alchemisten aller Traditionen erfahren wird: der Veränderung von Zeit und Raum. Im Samadhi erfahren die Yogis und Yoginis tief greifende Veränderungen ihrer Wahrnehmung von Zeit und Raum. Ich glaube, dass diesem Phänomen radikale Veränderungen in den Hirnfunktionen zugrunde liegen, denn meditative Zustände verstärken die Alpha- und Thetawellen-Aktivität. In diesen entspannten Bewusstseinszuständen erscheint die Zeit flüssiger und der Raum kann seltsame Eigenschaften annehmen. Was in der linearen Realität eine Stunde dauert, mag als ein Äon oder ein Augenblick erfahren werden. Es wird auch berichtet, dass die Yogis und Yoginis sich als galaktisch groß oder als atomar klein erleben. Sie können auch das Gefühl haben, zu schweben oder sich zu drehen.

Die drei Gunas

Ein weiterer Grund, warum Meditation und Samadhi im alchemistischen Yoga (inklusive Tantra) von entscheidender Bedeutung sind, hat mit den von mir als die drei »Handlanger« bezeichneten Kräften zu tun. Die heiligen Schriften Indiens sprechen von den drei Gunas. Es handelt sich hierbei um drei subatomare Kräfte, die nach yogischer Überzeugung für alles verantwortlich sind, was in der Schöpfung existiert, und die von der hinduistischen Trinität Brahma, Vishnu und Shiva symbolisiert werden. Die erste dieser Kräfte wird *Raja* (König) genannt und setzt eine Handlung in Bewegung. Sie steht mit dem Gott Brahma in Verbindung, der das Universum erschuf, indem er den Klang des Om ertönen ließ. Seine Gefährtin ist die Göttin Saraswati, die Hüterin der Künste und der Wissenschaften. Die zweite Kraft wird *Sattva* genannt. Sie erhält die Handlung aufrecht, so wie der mit ihr verbundene Gott Vishnu die Schöpfung aufrecht erhält. Seine Gefährtin Lakshmi verleiht Wohlstand und Schönheit. Die dritte Kraft ist *Tamas*. Sie ist dafür verantwortlich, dass eine Handlung endet, was sie nicht besonders populär macht. Sie wird von dem Gott Shiva repräsentiert, dem Herrn des Todes und dem Beschützer der Yogis und Yoginis. Seine Gefährtin Parvati ist sowohl die Kosmische

Mutter als auch die Mutter von Ganesha, dem Beseitiger aller Hindernisse.

In Seminaren spreche ich oft davon, dass die Menschen sich vor Shiva fürchten, weil sie Schwierigkeiten damit haben, dass etwas zu Ende geht. Doch ohne Zerstörung kann es keine Schöpfung geben. Ich weise dann darauf hin, dass die drei Gunas auf allen Ebenen der Schöpfung wirksam werden, auch in unserem Atem. Der Impuls zum Einatmen ist *Raja*, das heißt, er kommt von Brahma. Das Einatmen selbst ist *Sattva* oder Vishnu und das Ausatmen ist *Tamas* oder Shiva. Ich fordere die Teilnehmer dann auf, zu Brahma zu werden, wenn sie anfangen einzuatmen, zu Vishnu zu werden, während sie einatmen, aber Shiva zu vermeiden, um ja den Atem nicht zu zerstören. Die Leute lachen dann über meinen unsinnigen Vorschlag, denn unser Körper versteht die Notwendigkeit des Endens sehr wohl, auch wenn unser Verstand sich dem widersetzt.

In einem der frühesten heiligen Texte Indiens, der *Bhagavad-Gita*, werden die drei Gunas für *Maya*, die Illusion verantwortlich gemacht. Die yogische Philosophie geht davon aus, dass wir alle einer Täuschung verfallen sind. Wir halten uns für vereinzelte, getrennte Wesen, doch in Wahrheit gibt es nur *Ein*, allem zugrunde liegendes Bewusstsein, das sich in einer unendlichen Vielzahl von Formen ausdrückt. Jeder von uns ist einfach eine dieser Formen. Wir nehmen uns selbst so wichtig und regen uns furchtbar auf, wenn jemand oder etwas die Insel unseres kleinen Selbst ankratzt. Doch es gibt genauso wenig ein Ich wie ein Du. Es gibt nur das Spiel (*Leela*) der kosmischen Kräfte.

Von den Yogis, die diesen entrückten Seinszustand erlangt haben, wird gesagt, dass sie Gott erkannt haben oder das Einheitsbewusstsein erlangten. Es geht dabei nicht nur um eine mentale Leistung, sondern auch um das Erreichen einer bestimmten Wahrnehmung, denn in diesem Bewusstseinszustand ist die Täuschung der *Maya* nicht mehr wirksam, und es ist möglich, hinter all dem Rauch und all den Spiegeln das Selbst zu erkennen. Wie das möglich ist? Indem wir die drei Handlanger zum Einschlafen bringen. Oder, in den Worten des Yoga ausgedrückt: Indem wir die drei Gunas in einen Zustand der Ruhe versetzen.

Wenn wir uns tief genug in Samadhi versenken, beruhigt sich die Aktivität der Gunas in unserem Verstand. Unser ständiges Selbstgespräch erlahmt und verstummt dann ganz. Aus den tieferen Schichten unseres Geistes steigen keine Phantasien mehr auf, und wir versinken in tiefer Stille. Die drei Handlanger schlummern, und wir können eine Ahnung von dem Selbst, unserem tiefsten Bewusstsein, erhaschen.

Indem wir uns immer wieder in Meditation begeben, erfahren wir im Laufe der Zeit verschiedene Zustände von Samadhi. Wenn wir lange genug in den tiefsten Zuständen verharren, kann unser Verstand lernen, durch den Rauchschleier der Schöpfung (Maya) hindurch zu schauen. Doch bis dahin erfahren wir uns als getrennt von einander und fallen dem Spiel der *Maya* zum Opfer.

Das Ziel der Yoga-Meditation ist, und damit schließt sich der Kreis, immer tiefere Samadhi-Zustände zu erreichen. Wenn wir die drei Gunas in unserem Verstand zur Ruhe gebracht haben, können wir das Selbst, das *Eine* Bewusstsein hinter den Dingen, erahnen. Das wiederholte Erfahren dieses befreienden Geisteszustands ermöglicht es uns, uns aus der Umschlingung durch unsere Begierden zu lösen und uns aus der Macht der *Maya* zu befreien.

Es bedarf einer gewissen spirituellen Entwicklung, um überhaupt das Bedürfnis nach derart radikalem Tun zu verspüren. Die meisten Menschen sind es ganz zufrieden, ihren Begierden nachzugehen und interessieren sich nicht dafür, hinter die Illusion zu schauen.

Die entscheidende Erkenntnis ist, dass alle Wahrnehmung relativ ist – relativ in Bezug auf den Wahrnehmenden. Der Geisteszustand eines Yogis, der ein Bewusstsein des Selbst erlangt hat, ist von dem eines Menschen, der ganz von den alltäglichen Dramen seines Lebens eingenommen ist, sehr verschieden. *Maya* ist wie eine Seifenoper im Fernsehen. In unserer Täuschung schauen wir immer weiter zu und halten das, was wir sehen, für unser Leben. Ein Yogi ist erfolgreich, wenn er, wissend, dass es nur ein Film ist, hingeht und den Fernseher ausschaltet.

Im Tantra Yoga verwendet der Yogi oder die Yogini die Kraft der Sexualität, um die Illusion der *Maya* zu durchbrechen, oder sozusagen den Fernseher des begrenzten Geistes auszuschalten.

Ohne das losgelöste Bewusstsein des Samadhi kann ein Tantriker jedoch leicht von den Leidenschaften, die sich aus dem sexuellen Kontakt ergeben, überwältigt werden. Das Ziel des Tantra ist eine Art von Meditation und kein Hedonismus. Der Tantriker verwendet die Empfindungen, die während des ritualisierten Geschlechtsaktes auftauchen, als Meditationsobjekte. Ohne die Fähigkeit, ihre Leidenschaften zu kontrollieren, können die Tantriker das alchemistische Gefäß ihrer Wahrnehmung nicht aufrechterhalten.

Ein weiterer Grund dafür, Samadhi zu üben, liegt darin, dass die Tantriker ihren Geist während des sexuellen Aktes so still halten müssen, dass sie ihre Sinnesfreuden als das Spiel der Gunas wahrnehmen können. Dazu ist ein, gelinde gesagt, außerordentlich hoch entwickeltes Empfinden notwendig, das nur durch die Erfahrung verschiedener meditativer Samadhi-Zustände erlangt werden kann.

Sexuelle Seligkeit

Ich will das noch einmal klarstellen: Lustvolle Empfindungen sind ein natürlicher Bestandteil der sexuellen Erfahrung. Den meisten von uns genügt das, doch die Tantriker verlangen nach mehr. Für sie ist die sexuelle Erfahrung nicht nur eine Quelle der Lust, sondern auch ein Mittel, um größere spirituelle Einsichten und ein erweitertes Bewusstsein zu erreichen. Dabei ist der Lustgewinn, der weit über das hinausgeht, was in normalem Sex erfahren wird, nur ein Nebeneffekt.

Die Tantriker erleben die Empfindungen des Vorspiels auf vielen Ebenen. Die physische Wahrnehmung und die Freisetzung von Endorphinen erfolgt zunächst genauso wie bei uns allen. Doch auf Grund ihrer mentalen Ausbildung können sie die Lustgefühle vor einem völlig ruhigen Hintergrund erfahren. Der Gedankenfluss ist zum Stillstand gekommen, aus dem Verstand tauchen keine Phantasien mehr auf und feinere Aspekte der Lust können wahrgenommen werden. Auf der subtilsten Ebene erfährt der Praktizierende seine Beglückung als ein Wirken der drei Gunas. In diesem Zustand kann die zarteste Berührung unglaubliche Wonnen hervorrufen.

Durch die, von ihren Praktiken hervorgerufene Ausschüttung von Endorphinen und anderen Glückshormonen im Gehirn, geraten die Tantriker in einen stark veränderten Geisteszustand. Doch die Seligkeit, von der sie berauscht sind, stammt nicht nur aus dem Geschlechtsakt. Sie entsteht aus dem Kontakt mit dem *Selbst*, dem *Einen* hinter der oder dem Einen, der oder die diesen Augenblick erfährt. Diese Verbindung aus der Lust der sexuellen Berührung und Vereinigung einerseits und der Seligkeit des Selbstes, das in sich selbst selig ist, ohne dazu eines anderen zu bedürfen andererseits, macht das Tantra zu solch einem kraftvollen Weg.

Die Methoden der tantrischen Vereinigung sind vielfältig, doch bei den meisten von ihnen ist es notwendig, dass der Yogi so lange wie möglich seinen Samen zurückhält. Das hängt damit zusammen, dass Zyklen aus sexueller Erregung und Entspannung ohne Ejakulation das Paar in stark veränderte Bewusstseinszustände versetzen können. Es ist nichts Ungewöhnliches, dass ein Yogi seiner Yogini über mehrere Stunden hinweg beiwohnt. Das Ziel des Tantra ist es nicht, einen Orgasmus zu haben, sondern die unendliche Vielschichtigkeit des Bewusstseins zu erfahren.

Ojas

Ein weiterer Aspekt des Tantra, den ich vielleicht erklären sollte, ist die Transformation der sexuellen Essenzen in Erleuchtung. Das Bestreben, sexuelle Energie in Erleuchtung zu verwandeln, taucht auch in der alten ägyptischen und in der taoistischen Alchemie auf. Bevor ich das erläutern kann, muss ich jedoch ein wenig Anatomie aus der Sicht des Yoga vermitteln.
Im Tantra wird gelehrt, dass es hinten oben auf dem Kopf einen Energiepunkt gibt. In der Regel liegt er an der Stelle, wo das Haar einen Wirbel bildet. In manchen hinduistischen Traditionen rasieren sich die Männer den ganzen Schädel außer einem kleinen Kreis an dieser Stelle. Sie wird *Bindu* genannt und sammelt sozusagen die höheren Frequenzen ein, die somit dem jeweiligen Empfänger zur Verfügung stehen. Ein Yogi würde sagen, dass an dieser Stelle der Geist beginnt, in die Materie hinabzusteigen.
Diese Energie fließt dann zum *Muladhara*, dem ersten Chakra, und verlangsamt dabei ihre Schwingung. Hier erreicht sie ihren dichtesten Zustand und wird zu den sexuellen Sekreten. So gesehen enthalten die Spermien eines Mannes und die Eizellen einer Frau nicht nur deren genetische Information, sondern auch die Essenz ihrer Spiritualität. Wenn der Yogi alchemistisches Yoga, insbesondere Tantra praktiziert, steigt die energetische Essenz seines Samens (nicht der Samen selbst) zu den höheren Hirnzentren auf. Dieser spirituelle Prozess ist in mancher Hinsicht das Gegenteil des Bindu- Phänomens. Bei diesem verdichtet sich die spirituelle Energie des Yogi in seinen sexuellen Flüssigkeiten. Hier geht es jetzt darum, dass die energetische Essenz des männlichen Spermas in höhere Schwingungsenergien versetzt

wird, die *Ojas* genannt werden. In der Yogini findet ein vergleichbarer Prozess statt.
Die Ojas haben eine starke Wirkung auf das Bewusstsein. Die Yogis und Yoginis, die diese alchemistische Destillation erfolgreich bewältigt haben, berichten von radikalen Veränderungen ihrer Wahrnehmung. Ihr Gefühl eines inneren Lichtes ist außerordentlich verstärkt und ihre spirituellen Erkenntnisse nehmen zu. Diese Veränderungen sind zweifellos auf die komplexen chemischen Prozesse im Gehirn zurückzuführen.

Der Eintritt in das Reich des Mythischen: Gottwerdung

Die tantrischen Yogis und Yoginis bereiten sich ausführlich auf die tantrische Vereinigung vor. Sie nehmen rituelle Bäder, meditieren, fasten, schmücken den Raum mit schönen Dingen, Blumen und Früchten und stellen Nahrungsmittel und Getränke bereit, denen aphrodisische Wirkungen zugeschrieben werden.
Ein wesentlicher Teil der fortgeschrittenen tantrischen Vereinigung ist die Verwandlung der Yogini in die Verkörperung einer Göttin und des Yogi in die Verkörperung eines Gottes. Um welche Götter es sich dabei handelt, ist je nach Tradition unterschiedlich. Die Praktiken der Verwandlung werden geheim gehalten. Oft werden bestimmte Mantras (Worte der Kraft) oder Yantras (geometrische Muster) verwendet, die die Schwingung der Gottheit enthalten. Das Ganze wird von komplexen Visualisierungen begleitet und manchmal auch von der Einnahme psychoaktiver Pflanzen. Manche tantrischen Lehren verbieten jedoch die Verwendung solcher Drogen, weil ihr Genuss während des tantrischen Rituals gefährlich sein könnte.
Bevor sie sich vereinigen, sehen sich die beiden Tantriker dann als die göttlichen Wesen. Es geht um nichts Geringeres als die vollständige Verkörperung der gewählten Gottheit. Ein erfolgreiches tantrisches Ritual erfordert an einer gewissen Stelle die Transformation des Yogi und der Yogini. Hierbei handelt es sich nicht um eine vorgestellte Veränderung, sondern um eine Wirklichkeit, so real es der Übende, der sich in diesen Bereich begibt, vermag. Wenn sich die zwei Tantriker derart in die inneren Mysterien des Tantra begeben, dann vereinigen sie sich nach bestem Wissen und Gewissen nicht mit einem Sterblichen, sondern mit einem göttlichen Wesen.

Die Konsequenzen dieses mythischen Aspekts sind von außerordentlich transformierender Kraft. Wer ohne diesen zentralen Aspekt Tantra praktiziert, hat das Wesen des Mysteriums nicht erfasst.

Taoismus

Im alten China gab es zwei grundsätzliche philosophische Geistesströmungen – den Konfuzianismus und den Taoismus. Der Konfuzianismus war pragmatisch und bezog sich hauptsächlich auf die gesellschaftliche Position in Bezug auf Familie und Staat. Der Taoismus andererseits war im Wesentlichen mystisch und befasste sich vor allem mit solchen Dingen, wie der Beziehungen des Einzelnen zum Kosmos und mit Methoden der Lebensverlängerung um der spirituellen Erleuchtung willen. Der Taoismus beruht auf dem abstrakten Konzept vom Tao. Diesem unfassbaren Intelligenzfeld wird die Verantwortung für die Erschaffung des gesamten Universums zugeschrieben, doch während es ständig Energie verströmt, bleibt es selbst von seiner Schöpfung unberührt. Der Segen für die Menschheit liegt nach taoistischem Verständnis darin, dass sie in ihrem eigentlichen Wesen direkt mit der *Quelle aller Dinge* Kontakt aufnehmen kann. Die taoistische Alchemie ist ein Weg, um mit dem eigenen tieferen Sein Kontakt aufzunehmen und damit Zugang zum Tao selbst zu gewinnen. Diese Art des inneren Kontaktes ist von außerordentlich transformativer Wirkung. Jene Weisen, denen er gelang, wurden auf Grund der Bewusstseinskräfte (Siddhis), die sie demonstrierten, zu beinahe mythischen Gestalten.
Die feinstoffliche Kraft des Chi spielt in der taoistischen Alchemie eine wesentliche Rolle. Aus dem unendlichen Geheimnis des Tao, das alle Welten erschafft und doch von ihnen unberührt bleibt, ergießt sich der ewige Fluss dieser, Chi genannten, Lebenskraft, von der es viele Arten gibt. Die vitale Kraft, die von Quasaren und Sternen ausgeht, ist sehr verschieden von dem Chi, das von einem Fluss verströmt wird. Die meisten Menschen denken bei dem Begriff Chi nur an die Lebenskraft in der Luft. Diese Art von Chi ist vor allem in ländlichen Gebieten stark ausgeprägt, in bewaldeten Gebieten und im Bereich von Seen, Flüssen und Meeren. Es ist darüber spekuliert worden, dass diese Art des Chi mit negativen Ionen zusammenhängt, und es scheint einige Beweise dafür zu geben. Doch wir kennen auch

andere Arten von Chi, die subtiler, feiner sind, und mit denen befasst sich die höhere taoistische Alchemie.

In der alten Zeit verbrachten die weisen Taoisten traditionell einen großen Teil ihres Lebens als Einsiedler irgendwo in der Natur. Später bildeten die Männer und Frauen Gemeinschaften, um ihren alchemistischen Forschungen gemeinsam nachzugehen. Doch auch diese Gemeinschaften lagen in der Regel weit weg von den Städten, in Gegenden, in denen das Chi besonders stark war und die als Drachenpunkte bekannt waren. Drachenpunkte sind Orte, an denen zwei Formen von Chi aufeinander treffen. Am deutlichsten tritt das bei Bergzügen hervor. Das Aufeinandertreffen von zwei Bergzügen ist oft durch eine Schlucht oder einen Graben entlang der Bergflanken gekennzeichnet. Das vom Himmel herabströmende Chi begegnet dem terrestrischen Chi an dem Punkt zwischen den beiden Bergzügen, dem Drachenpunkt. Auch das Zusammentreffen von zwei Flüssen erzeugt eine deutliche Steigerung des Chi und wird als Drachenpunkt bezeichnet. Die taoistischen Weisen suchten nach diesen Orten und errichteten ihre Wohnsitze dort, da die Fülle des Chi ihre alchemistische Arbeit erleichtert.

Gedanken, Zeit und Atem

Genau wie im Tantra Yoga muss der taoistische Alchemist seinen Verstand schulen, über längere Zeiträume hinweg still zu sein. Da das Tao nur in mentaler Stille wahrgenommen werden kann, ist die Beruhigung des Verstands von wesentlicher Bedeutung, und die Transformationen der taoistischen Alchemie erfordern ebenfalls einen stillen Geist.

Es gibt viele Arten, die Stille zu üben. Manche arbeiten mit Bewegungen wie dem »T'ai Chi« und andere mit Sitzmeditationen, wie dem »Himmelstor«, das ich gleich etwas erörtern werde. All diese Übungen führen den Verstand letztlich in einen Zustand tiefer Ruhe. Dabei mag es am Anfang vorkommen, dass die Gedanken besonders aktiv scheinen und manchmal wie ein reißender Wildbach durch den Kopf schießen. Doch mit der Zeit bemerkt die/der Übende, dass die Geschwindigkeit des Denkens nachzulassen scheint, dass sich größere Abstände zwischen den Gedanken ergeben und sie schließlich, wenn auch nur für kurze Zeit, ganz aufhören.

Die/der Übende bemerkt auch, dass sich dabei der Atem verändert, denn mit der Verlangsamung des Denkens geht in der Regel auch ein langsameres Atmen einher. Das geht soweit, dass beim Nichtdenken oft auch das Atmen aufhört oder zumindest sehr flach wird.
Das ist aus verschiedenen Gründen bedeutsam. Aus neurologischer Sicht könnte man dieses Phänomen darauf zurückführen, dass sich die Gehirnwellen auf einem niedrigen Alpha- oder Theta-Niveau befinden, bei dem der Atem natürlicherweise flacher wird. Entsprechende wissenschaftliche Untersuchungen haben gezeigt, dass in diesen meditativen Zuständen auch die Muskelspannung, der Pulsschlag und der Blutdruck nachlassen, also eine stressmindernde Reaktion erfolgt. Es wurde nachgewiesen, dass Menschen, die entsprechende Meditationsformen praktizieren, insgesamt weniger gestresst sind als ihre nicht meditierenden Mitmenschen.
Vor einigen Jahren saß ich in der Dämmerung in einem Park und beschloss, die Stille-Übung »Himmelstor« zu machen. Während das letzte Licht des Tages verschwand, saß ich in der Übung und bemerkte, dass mein Atem aufgehört hatte. Auch meine Gedanken schienen still zu stehen. Mein Geist war so klar und still wie ein Bergsee. Am eindrucksvollsten war jedoch für mich, dass auch die Zeit still zu stehen schien, und ich in einer zeitlosen geistigen Dimension schwebte.
Als es dunkel war, beschloss ich, den etwa zwanzigminütigen Rückweg zu meinem Auto anzutreten. Ich bemerkte, dass der Impuls, zum Auto zurückzugehen, tief aus meinem Körper zu stammen schien und nicht als Gedanke auftauchte. Ich dachte nicht: »Jetzt muss ich aber langsam nach Hause« oder so etwas Ähnliches, sondern fand diesen sprachlosen Zustand meines Gehirns merkwürdig amüsant. Ich schlenderte vor mich hin und bemerkte, dass mein Atem sehr flach blieb, obwohl das Gelände ziemlich hügelig war. Ich fühlte mich immer noch zeitlos, und der Weg bereitete mir keine Mühe.
Als ich jedoch mein Auto erblickte, fiel mir plötzlich ein, dass ich an diesem Abend noch eine Verabredung hatte, und im gleichen Augenblick atmete ich spontan tief durch. Mein Atem normalisierte sich, und ich fühlte mich wieder fest in der Zeit verwurzelt.
Es gibt eine faszinierende Beziehung zwischen dem Gefühl der Zeitlosigkeit und der Unterbrechung des Atems. Auch in der ägyptischen Alchemie findet sich diese Idee wieder, nämlich im Konzept des Ankh, das manchmal auch das ägyptische Kreuz genannt wird. Es

besteht aus drei Teilen: dem Kreuz selbst, das für die Materie steht; der Shen-Schlaufe, die das Geistige repräsentiert und dem Shen-Knoten als Symbol für den Atem. Solange wir atmen ist unsere Seele an die Materie unserer Körper gebunden, doch wenn sich der Shen-Knoten löst, der Atem also flach wird oder gänzlich aussetzt, dann können wir die Zeitlosigkeit erfahren. Auch hier sehen wir, wie in verschiedenen alchemistischen Systemen die gleichen Konzepte auftauchen. Ich finde es zum Beispiel faszinierend, dass der Begriff für »Geist« in der taoistischen und in der ägyptischen Alchemie der gleiche ist: Shen. Vielleicht ist das nur zufällig die gleiche Transkription in unsere Schreibweise, vielleicht war es aber auch wirklich das gleiche Wort. Da ich als Psychotherapeut unter anderem im Bereich der Psychoneuroimmunologie arbeite, interessiert mich das Phänomen der paradoxen Zeitempfindung auch vom gesundheitlichen Standpunkt aus. Eine Untersuchung an Herzinfarkt-Patienten hat auf faszinierende Weise gezeigt, wie Körper und Verstand aufeinander wirken. Eine Umfrage unter den Patienten ergab, dass sich aus der persönlichen Wahrnehmung von Zeit Voraussagen über die vollständige Genesung oder einen Rückfall machen ließen. Diejenigen, die den Dingen ihre Zeit lassen wollten und das Gefühl hatten, dass sie über alle Zeit der Welt verfügten, um das zu tun, was sie noch zu tun hätten, erholten sich in der Regel vollständig. Dagegen erlagen die Patienten, die sich unter großem Zeitdruck fühlten, das Unerledigte schaffen zu müssen, mit großer Wahrscheinlichkeit einem zweiten Infarkt.
Einen Taoisten würde das nicht erstaunen, denn aus seiner Perspektive stellt unsere moderne hektische Welt ein Hindernis für Gesundheit und spirituelle Entwicklung dar. Wenn wir unseren zeitgebundenen Verstand nicht regelmäßig zur Ruhe bringen, bleiben die schädigenden Wirkungen unseres Zeitalters nicht aus.
Es gibt eine einfache taoistische Stille-Übung, die ich inzwischen Hunderten, wenn nicht Tausenden von Menschen beigebracht habe, weil sie so schnell und leicht zu erlernen ist. Sie begeistert besonders die Menschen, die ihr ständiger innerer Dialog bisher am Meditieren gehindert hat, denn das Denken stellt in dieser Übung kein Problem dar. Ich halte diese Übung für so hilfreich, dass ich hier eine kurze Anleitung einfügen möchte. Wen das nicht interessiert, der kann einfach zum nächsten Abschnitt übergehen.

Himmelstor-Meditation

Diese Meditation bezieht sich auf die Drachenpunkte. Das sind, wie gesagt, Treffpunkte, an denen eine Chi-Form einer anderen begegnet. Im menschlichen Körper gibt es mehrere dieser Drachenpunkte, und das Himmelstor ist einer davon. Hier fließt das himmlische Chi in den Körper und begegnet so dem terrestrischen Chi. Dadurch wird dieser Bereich energetisch aufgeladen, und die Taoisten machen sich das seit langem zunutze.

Setze dich bequem hin und schließe die Augen. Du kannst dich auch hinlegen, doch viele Menschen schlafen dabei ein. Achte einfach auf deinen Atem, ohne ihn zu verändern. Bemerke seinen Rhythmus und seine Tiefe. Nach einer kleinen Weile bringe deine Aufmerksamkeit zu der Stelle, die etwa zwei bis drei Zentimeter hinter deiner Nasenwurzel sitzt. Stell dir vor, dort wäre eine quadratische Öffnung von etwa zweieinhalb Quadratzentimetern. Das ist das Himmelstor.
Konzentriere dich nicht darauf, sondern sei dir einfach dessen bewusst. Wenn Gedanken oder Phantasien auftauchen, ist das kein Problem. Lass sie einfach fröhlich ihre Bahnen ziehen, während ein Teil deiner Aufmerksamkeit bei dieser Öffnung ist. Du kannst dabei denken, was du willst, die Übung wirkt, solange ein Teil deiner Aufmerksamkeit bei dem Himmelstor ist.
Du wirst bemerken, dass die Gedanken nach einer Weile langsamer zu werden scheinen und größere Abstände zwischen ihnen auftauchen. Schließlich werden sie gänzlich aufhören, zumindest für kurze Augenblicke. In diesen Augenblicken wirst du bemerken, dass auch dein Atem sehr flach wird oder ganz aussetzt. Das ist ein natürliches Zeichen dafür, dass du in einen Zustand tiefer Ruhe eingetreten bist. In diesen Zuständen der Stille, des Nichtatmens und des Nichtdenkens ist ein Kontakt mit dem Tao möglich.
Nach etwa fünf Minuten wirst du ein klares Gefühl davon haben, wie diese Übung das Bewusstsein verändert. Längere Übungszeiten vertiefen die Erfahrung. Lass dich dabei nicht von der Schlichtheit dieser Meditation täuschen. Es ist eine starke Übung der Stille, die dich direkt zum Tao führen kann. Gehe bei der Verlängerung der Übungszeiten geruhsam vor, so dass du dich an diese tiefe Ruhe gewöh-

nen kannst. Vielleicht begegnen dir bei der Erforschung deiner inneren Welten himmlische Wesen, die dich leiten und beraten.
Im Taoismus ist es das Tao selbst, das uns die tiefsten Geheimnisse enthüllt. Sie stehen in keinem Buch, und es ist verboten, sie aufzuschreiben. Deswegen gelten Meditationen wie die hier vorgestellte als kosmische Schlüssel. Genau wie ein Schlüssel müssen sie jedoch gedreht, also angewendet werden, damit das Schloss sich öffnet. Wer die Geheimnisse des Tao erfahren möchte, statt nur darüber zu lesen, muss den Schlüssel benützen.

Die Kultivierung des Chi

Genauso wie ein Yogi, der den Samadhi-Zustand erreicht hat, erfährt auch der geübte Taoist immer subtilere Ebenen der Wahrnehmung. Das erlaubt es ihm, den Fluss des Chi direkt zu spüren und in den Körper zu ziehen (das so genannte »Sammeln«), um es für die alchemistische Transformation, genannt »Kultivierung« zur Verfügung zu haben.
Ein sensitiver taoistischer Alchemist wird zunächst im Verlauf seines Tages Chi sammeln, also diese vitale Kraft in seinen Körper ziehen, um die Organe und Körpersysteme zu stärken. Dies kann in vielfacher Form geschehen. Chi Gong ist eine Form der Chi Sammlung und Kultivierung, doch es gibt auch andere.
Je nach Schule und Methode wenden die meisten Taoisten früher oder später ihre Wahrnehmung dem Chi-Körper zu. Das ist das Gleiche wie der ätherische Leib der Yogis oder der Ka-Körper der Ägypter, und genau wie jene hat auch der Chi-Körper die gleiche Form wie der physische Leib. Er durchdringt ihn, und es gibt keinen Bereich des physischen Leibes, der sich nicht im Chi-Körper befände.
In einigen Linien der taoistischen Alchemie spielt die Potenzierung des Chi-Körpers eine zentrale Rolle. Teilweise liegt das daran, dass er die Grundlage für fortgeschrittenere Praktiken bildet. Wenn der physische Leib oder der Chi-Körper geschwächt sind, können bestimmte alchemistische Reaktionen nicht ablaufen. Die Stärkung des Chi-Körpers ist außerdem unerlässlich, um Unsterblichkeit zu erlangen.
Ein interessanter Weg, um das Chi zu kultivieren und damit den Chi-Körper zu stärken, bezieht sich auf die so genannten Elixierfelder. Diese energetischen Chi-Speicher befinden sich in drei verschiedenen Bereichen des Chi-Körpers. Vollständig aufgeladen strahlen sie eine

Energie ab, die aufgrund ihres Stärkungseffektes »Elixier« genannt wird.

Das erste Elixierfeld liegt im Bereich unterhalb des Zwerchfells bis zum Beckenboden und stärkt die unteren Eingeweide. Das zweite Elixierfeld liegt im Brustraum und stärkt die Lungen, das Herz und die Thymusdrüse, die das Immunsystem stark beeinflusst. Das dritte Elixierfeld sitzt im Kopf und stärkt die neurologischen Funktionen des Gehirns.

Bei bestimmten Formen der taoistischen Alchemie sammelt man das Chi in diesen Bereichen und lässt es dann durch die entsprechenden Organe und zum Kopf hin kreisen, kultiviert es also. Je mehr das Chi verfeinert und in das nächste Elixierfeld gezogen wird, desto mehr werden die Organe des jeweiligen Feldes gestärkt.

Die alten Taoisten erforschten auch die Energiebahnen im Körper und zeichneten sie mit großer Genauigkeit auf. Sie waren es, die die, in der Akupunktur verwendeten Meridiane entdeckten und beschrieben. Diese Energiebahnen gleichen den Nadis im Yoga, und wissenschaftliche Untersuchungen in Japan haben sie als energetische Phänomene bestätigt.

Außer den Meridianen beschrieben die Taoisten auch einen Weg, der in einigen alchemistischen Systemen von entscheidender Bedeutung ist, den so genannten kleinen Kreislauf. Dabei wird das Chi vom Perineum (dem Damm) die Wirbelsäule hinauf bis in den Kopf geschickt und dann auf der Vorderseite des Körpers hinab wieder zum Perineum. Auf diesem Weg passiert der kleine Kreislauf alle drei Elixierfelder. Durch diese Übung stimuliert die/der Praktizierende die höheren Gehirnzentren und verfeinert die Qualität des kreisenden Chi. Diese Verfeinerung gilt den Taoisten als erstrebenswert, weil sie davon ausgehen, nur durch verfeinertes Chi in das Shen, das heißt, die Welt des Geistigen eintreten zu können. In den esoterischeren Schulen des Taoismus wird gesagt, dass das Üben des kleinen Kreislaufs negatives Karma (die negativen Auswirkungen vergangener Taten) auflösen könne.

Die Verwandlung sexueller Essenz: Jing und Shen

Aus taoistischer Sicht entspricht die Transformation des Bewusstseins der Verwandlung von Wasser in Nebel. Die alchemistischen Prozesse verfeinern die Energie des verkörperten Lebens so weit, dass sie so zart wird wie ein Nebelhauch, mehr Geist als Mann oder Frau. Dieser bemerkenswerte Verwandlungsprozess biologischer Wesen in spirituelle Wesen kann mit Sex beginnen.

Die geistige Transformation sexueller Essenz spielt in vielen Arten des Taoismus eine große Rolle. Die Essenz wird hierbei Jing genannt und die geistige Natur des Menschen Shen. Indem die Essenz die Wirbelsäule hinaufgezogen wird, verfeinert sie sich und wird letztlich zu Shen. Das erinnert stark an das Aufsteigen des Djed in der ägyptischen Alchemie und das Konzept der Sushumna, des zentralen Kanals durch die Chakren in der yogischen Philosophie.
In der Natur gibt es immer mehr als einen Weg, ein Ziel zu erreichen, und die Verwandlung von sexueller Essenz in geistige Erleuchtung bildet da keine Ausnahme. In einigen Formen des Taoismus konzentrieren sich die Übenden auf das Sammeln des Chi im ersten Elixierfeld. Wenn hier ein Überschuss entsteht, also mehr Energie gesammelt wurde als die Eingeweide benötigen, dann aktiviert der Alchemist den *ersten alchemistischen Ofen* und verbrennt darin sämtliche Schlacken oder Unreinheiten des Chi. Die so verfeinerte Energie wird dann sukzessive in das zweite und dritte Elixierfeld weitergeleitet und dabei immer stärker geläutert, so dass sie im Kopf zu Shen werden kann und den Übenden damit Zugang zur geistigen Welt verschafft.
Eine erfolgreiche Transformation der sexuellen Essenz in Shen versetzt die taoistischen Alchemisten in einen sehr erhabenen Seinszustand. Im alten China rankten sich viele Mythen und Legenden um solche taoistischen Weisen und Heiligen. Es wird erzählt, dass sie an hochgelegenen Orten in den Bergen, also an Drachenpunkten, lebten und sich nur von Tau und Kräutern ernährten. Aus alchemistischer Sicht enthält der Morgentau hochkonzentriertes Chi, ein ideales Nahrungsmittel für jemanden, der gelernt hat, seine sexuelle Essenz in Geist zu verwandeln. Das Verdauungssystem eines solchen Menschen wäre so verfeinert, dass es die Energie aus dem Tau gewinnen könnte.
Hier auf den Kykladen-Inseln gibt es eine wunderbare Melonenart, die nicht gewässert werden muss, sondern einfach so auf dem dürren, trockenen Inselboden gedeiht. Die Pflanze zieht ihr Wasser aus der Luft! Und sie schmeckt köstlicher als jede andere Melonenart, die ich je gegessen habe. Das unglaublich konzentrierte Chi ist in ihrem süßen Geschmack deutlich zu spüren.

Es gibt hier auch eine Baumart, die ähnliche Fähigkeiten hat. Diese Bäume ähneln den Zedern meiner Heimat im Nordwesten der USA. Sie brauchen genauso wie die Melonen kaum Wasser aus der Erde. Sie wachsen an der Küste und ziehen die salzig-feuchte Meeresluft in ihre Poren. Daraus gewinnen sie ihr Wasser, und das Salz scheiden sie wieder aus. Mir war nie klar gewesen, dass auch Pflanzen, abgesehen von der Photosynthese, Alchemie betreiben, doch diese beiden Pflanzenarten haben den alchemistischen Prozess offensichtlich gemeistert.

Doch zurück zu den Alchemisten unserer Spezies. Der Taoist oder die Taoistin wird durch die Transformation ihrer sexuellen Natur in Geist zu einem außerordentlichen Wesen, weil er oder sie einen Ausgleich zwischen den beiden gegensätzlichen Kräften des Kosmos herstellt, zwischen Yin und Yang.

Yin und Yang

Die Heiligen des alten China, die über eine ausgeprägte Intuition verfügten, erforschten die Schöpfungsmuster in der Natur und entdeckten dabei zwei sowohl komplementäre als auch gegensätzliche Kräfte, die Yin und Yang genannt wurden. Die Sonne und der Mond werden oft als Symbole für diese beiden Schöpfungselemente verwendet.

Yang (die Sonne) steht für Licht und Hitze. Es ist seiner Natur nach kinetisch, das heißt, seine Energie ist in Bewegung, und zwar ganz entschieden. Blitze sind Yang. Sie erleuchten den Himmel, bündeln außerordentliche Kräfte und schlagen ohne zu zögern zu.

Yin (der Mond) gilt dagegen als feucht, kühl und dunkel. Im Gegensatz zur kinetischen Energie des Yang ist dies mehr ein Energiepotential. Doch wenn die Sonne, Yang, hervorkommt und den feuchten Boden erwärmt, kann die Saat aufgehen. Aus dem Gleichgewicht von Yin und Yang geht Leben hervor. Zu viel Feuchtigkeit (Yin) lässt die Saat verfaulen, zu viel Hitze (Yang) lässt sie vertrocknen.

Yin und Yang sind keine statischen Kräfte, sondern verwandeln sich ständig ineinander. Auch wenn wir sie nie direkt sehen können, nehmen wir ihr Wirken doch ständig wahr. Ich erinnere mich an ein Ereignis in meinem ersten Semester am Belmont Abbey College in Carolina, das ein gutes Beispiel für diese fortwährenden Verwandlungen von Yin und Yang ist.

Es war Oktober. Die Bäume auf dem Campus strahlten im Feuer ihres

Herbstlaubes. Bei jedem Schritt raschelten die Blätter, und ein kalter Wind kündete den nahen Winter an. Ich war auf dem Weg von unserem Wohnheim zu einem nachmittäglichen Fußballspiel. Ich weiß nicht mehr, gegen wen wir spielten, doch da es ein Heimspiel war, füllte sich der ganze Hof mit einer lärmenden Geschäftigkeit, die in dem Benediktinerhaus selten war.

Überall auf den Wegen parkten die Ehemaligen, die aus diesem Anlass zu ihrer Alma Mater zurückgekehrt waren, und die Kofferräume und Ladeflächen der Autos wirkten wie moderne Füllhörner mit all ihren gebratenen Hähnchen, Kartoffelsalat und Eistees. Wir waren hier schließlich im Süden. Der Rauch von schnell aufgestellten Grills zog durch die Luft und verbreitete den Duft von Würstchen und Hamburgern. Die Schüler und Studenten spazierten mit ihren Eltern in einer Art informeller Parade auf und ab. Einige waren offensichtlich stolz darauf, mit ihren Familien gesehen zu werden, andere schlichen ein paar Schritte hinterher, als ob sie nicht dazugehören wollten. Die bunte Menge floss wie ein Strom zum Stadion hinüber, und ich schloss mich ihr an. Ich setzte mich auf die oberste Bankreihe und erinnere mich, dass ich mich merkwürdig losgelöst von allem fühlte und es mehr wie ein Schauspiel betrachtete. Der Himmel strahlte in reinem Blau, und vielleicht bewirkte dieses merkwürdige Gleichgewicht aus Wärme und Kälte meinen entspannten Gemütszustand.

Als das Team aufs Feld lief, wurde es mit einem so ungeheuren Gejohle begrüßt, wie es nur eine Horde gehemmter, unterdrückter Katholiken hervorbringen kann. Wir waren zu Yang geworden, so voller Energie, dass unser Gebrüll sicher noch in der nahen Stadt zu hören war. Dann nahm das Team Aufstellung und wartete auf den Anpfiff. Wir schauten voller Spannung zu, ganz Yin.

Nach einer Weile war unser Team überraschenderweise am Ball. Ich sage überraschenderweise, weil wir in jenem Jahr praktisch jedes Spiel verloren hatten und darüber hinaus in den letzten fünf Jahren niemals gegen diese Mannschaft gewinnen konnten. Dementsprechend groß war die Spannung.

Als unsere Spieler sich also dem Tor näherten, sprangen wir alle auf. Das Gestänge der Tribüne ächzte unter uns, als wir von einem Augenblick zum anderen von Yin zu Yang überwechselten. Wir brüllten und feuerten unsere Spieler begeistert an, bis kurz vor dem Tor so ein blonder Kerl unserem Ruhm ein Ende setzte, indem er sich den

Ball schnappte und das Spiel wieder in die entgegengesetzte Richtung trieb. Die Ehemaligen heulten noch ein paar Mal auf, dann legte sich der Tumult wieder. Yang war wieder zu Yin geworden.
Ich beobachtete dieses ständige Wechselspiel den ganzen Nachmittag lang. Als das Spiel vorüber war, blieb ich noch eine Weile sitzen und sah zu, wie die Sonne hinter den großen Eichen unterging. Die Luft war still, die Ehemaligen waren nach Hause gefahren, und die meisten Studenten saßen in der Kneipe oder in ihren Wohnheimen. Ich spazierte über den merkwürdig ruhigen Hof, während eine schmale Mondsichel im letzten Abendlicht auftauchte. Yang war wieder zu Yin geworden. Ach so, das Spiel? Wir haben verloren.

Kulturelle Einstellungen zur Kultivierung des Chi

Wir leben in einem Meer von Chi, dessen wir uns im Großen und Ganzen nicht gewahr sind, obwohl es in vielfacher Weise auf uns wirkt. Manches ist Yang, voller Kraft und Bestimmtheit, anderes Yin, ruhend und empfänglich.
Ein taoistischer Alchemist ist sich dieses alles durchdringenden Meeres bewusst geworden und hat gelernt, dieses Chi in seinen Körper zu ziehen, um damit sein Bewusstsein zu erweitern und sein Wohlbefinden zu steigern.
Unsere moderne Art zu leben ist besonders in den westlichen Zivilisationen unserem Wohlbefinden eher abträglich geworden. Wir sind zu sehr auf Yang fixiert, streben nach Tätigkeit und Produktivität. Unsere Kultur hat kein Verständnis und keine Wertschätzung mehr für Untätigkeit, sondern betrachtet sie als Schwäche.
Wir putschen uns mit Kaffee und anderen Drogen auf, Geschwindigkeit ist uns alles, wir sind total Yang und stolz darauf. Doch das führt zu Problemen. Zum einen stellt es ein Ungleichgewicht dar, zum anderen ist es letztlich zerstörerisch. Wir verstehen nicht mehr, dass Yang aus Yin entsteht.
Im Staate Washington gibt es einen riesigen Staudamm zur Elektrizitätsgewinnung. Kaum etwas ist mehr Yang als Elektrizität. Doch die Quelle von all diesem Yang liegt im wässrigen Yin, einem riesigen See, der, abgesehen von kleinen Wellen, die der Wind an der Oberfläche erzeugt, völlig ruhig ist. Eine riesige potentielle Kraft. Nur wenn die Schleuse sich öffnet, wird dieses wässrige Yin zu Yang, indem es die

Turbinen antreibt, die dann eine weitere Form des Yang erzeugen, nämlich den Strom, der unsere Häuser beleuchtet, unsere Fernseher betreibt und all die Geräte, die uns Zeit ersparen sollen, für die wir jedoch kaum Zeit haben. Aber das ist ein anderes Thema.
Wir befinden uns in einem kulturellen Wirbel der Yang-Besessenheit. Immer mehr Schnellrestaurants schießen aus dem Boden und sind mit Yang-Farben in Rot und Gelb gestrichen, damit wir noch schneller essen und Platz für mehr Kundschaft machen. Im Hintergrund dudelt dazu geistloser Techno-Pop, dessen rascher Rhythmus dafür sorgen soll, dass wir alles noch ein wenig schneller tun. Es scheint so, als ob wir, und damit meine ich besonders uns Amerikaner, uns davor fürchten, auch nur den kleinsten Augenblick unausgefüllt zu lassen.
Da unser Körper nicht dafür eingerichtet ist, über lange Zeit in Yang-Zuständen zu verweilen, führt das dazu, dass sich stressverursachte Krankheiten immer mehr ausbreiten. Unser Körper braucht Yin, er braucht Zeit, um Nichts zu tun, sich auszuruhen, vielleicht zu träumen. Unsere westliche Kultur betrachtet das als Faulheit, doch manchmal ist es das Weiseste, was wir tun können. Wer Yang sein will, ist gut beraten, einige Zeit in Yin zu verbringen.
Ein Taoist oder eine Taoistin würde alles daran setzen, solch ein Ungleichgewicht zu vermeiden, denn die Balance zwischen diesen beiden Kräften ist eine so wesentliche Grundlage der taoistischen Alchemie, dass sie geradezu als Merkmal des Taoismus gelten kann.

Die zweifache Kultivierung

Die zweifache Kultivierung weist bemerkenswerte Parallelen zu den von Maria Magdalena im *Manuskript* beschriebenen Methoden auf und ist doch auch deutlich davon verschieden.
Nach der taoistischen Theorie verfügt eine gesunde Frau über eine nahezu unbegrenzte Menge an Yin. Das ist einfach Teil ihrer Natur. Ein gesunder Mann dagegen verfügt über eine begrenzte Menge an Yang. Anders als bei der Frau erlaubt ihm seine Natur keinen unbegrenzten Vorrat an Yang-Chi. In den fortgeschrittenen Formen der Chi-Kultivierung muss die Alchemistin Yang-Energie sammeln, um ihr überschüssiges Yin auszugleichen. Der Mann muss Yin-Energie sammeln, um sein überschüssiges Yang auszugleichen. So könnte man es zumindest grob vereinfacht ausdrücken.

Dieser Ausgleich von Yin und Yang ist von höchster Bedeutung und wird in jedem Fall angestrebt, da er für bestimmte alchemistische Praktiken Voraussetzung ist.

Diejenigen Alchemisten, die alleine praktizieren, erreichen diesen Ausgleich durch ausgedehnte alchemistische Meditationen und Energieübungen, doch wer einen gegengeschlechtlichen Partner hat, kann das erwünschte Chi einfach im Liebesakt einsammeln.

Während des sexuellen Kontaktes entsteht eine Fülle von überschüssigem Chi. Das Streicheln des Körpers und der Austausch von Zärtlichkeiten bewirken Ströme von Chi im Körper und um ihn herum. Geübte Alchemisten können dieses überschüssige Chi in ihre Chi-Körper ziehen und ihre alchemistische Arbeit damit sehr unterstützen. Während der zweifachen Kultivierung vermeidet der Mann den Samenerguss, da dies seine Yang-Energie erschöpfen und den Geschlechtsakt beenden würde. In dieser Art von Alchemie streben die Übenden nach einem möglichst langen Geschlechtsverkehr, einfach weil das bedeutet, dass auch mehr Chi gebildet wird. Da das Ziel der zweifachen Kultivierung das Sammeln von Chi ist, gilt natürlich: je mehr, desto besser. So entwickelten die Taoisten das so genannte Orgasmus-Tal, das heißt: Sobald der Mann spürt, dass die Ejakulation kurz bevorsteht, zieht er sich von der genitalen Stimulation zurück und ruht sich so lange aus, bis das Bedürfnis abklingt. Dann kehrt er zum Geschlechtsverkehr zurück. Diese Zyklen der Stimulation und der Ruhe können so lange fortgesetzt werden, wie es die Partner wünschen. Dadurch können beide Partner sich in stark veränderte und höchst sinnliche Seinszustände versetzen, in denen sie auch viel empfindsamer für das Chi werden. Darüber hinaus entsteht durch diesen kontinuierlichen sexuellen Kontakt eine beträchtliche Menge an überschüssigem Yin und Yang.

Das große Ziel: Das Land der Unsterblichen

Das eigentliche Ziel der taoistischen Alchemie ist die Unsterblichkeit. Die Stille-Übungen ermöglichen es den taoistischen Alchemisten, sich der vielen verschiedenen Arten von Chi bewusst zu werden. Das wiederum versetzt sie in die Lage, durch die Energiekanäle des Körpers, ihnen zuträgliches Chi zu sammeln und zu kultivieren. Sie haben gelernt, die Essenz ihres überschüssigen Chi zu destillieren und in

Energie umzusetzen, die ihre Gesundheit verbessert und ihr Bewusstsein erweitert. Da sie das gesammelte Chi in den Organen ihres Körpers kreisen lassen, werden sie im Laufe der Zeit immer gesünder und vitaler, was angenehmerweise eines der Zeichen für Fortschritte auf diesem Weg ist. So sind die Übungen die Mühe wert, selbst wenn das Endziel der Unsterblichkeit nicht erreicht wird.

Durch ständiges Bemühen und Üben lädt sich schließlich auch der Chi-Körper mit Lebenskraft auf und wird für die Taoistin und den Taoisten so real wie ihr oder sein physischer Körper. Mit dem Chi-Körper können sie dann in das Reich der Himmlischen eintreten, in dem die großen alchemistischen Meister und Meisterinnen weilen, und durch die Gnade ihrer Unterweisung kann die Entwicklung der Übenden enorm beschleunigt werden.

Irgendwann nähert sich die große alchemistische Aufgabe der Verwandlung sexueller Essenz in Geist (Shen) schließlich ihrer Erfüllung. Das jahrelange Üben trägt Früchte, und der Alchemist oder die Alchemistin ist in gewisser Hinsicht mehr Geist als Fleisch, auch wenn er oder sie immer noch einen Körper hat. Die Person spürt, dass sich ihr Zeitpunkt nähert. Alle Kräfte sind in Übereinstimmung, Yin und Yang sind in vollkommenem Gleichgewicht. Vielleicht steht der Augenblick ihres Todes bevor, vielleicht ist es auch einfach die Entscheidung, die irdische Ebene willentlich zu verlassen, was Weise oder Heilige veranlasst, sich in tiefe Meditation zu begeben und sich den Fängen von Zeit und Raum zu entwinden. Ihr Atem setzt aus. Die Aufmerksamkeit verlagert sich in den Chi-Körper, wie schon so viele Male zuvor. Der Taoist oder die Taoistin hat den Drachen bestiegen, die persönliche Natur überwunden und verwandelt, und entschwebt in die himmlischen Reiche.

Er oder sie ist jetzt ein Energie-Wesen und kann das über lange, lange Zeit hinweg bleiben. Irgendwann mag jedoch ein Zeitpunkt kommen, an dem alles Verlangen nach selbst der subtilsten Form verschwindet und dieses Wesen auch das himmlische Reich hinter sich lässt und durch eine weitere Verfeinerung seines Chi in den Himmel des Formlosen zurückkehrt, aus dem es einst hervorging. Beim Eingang in diesen Ur-Zustand verschwindet jede Spur eines Selbst. Der Tropfen ist in das strahlende Meer geglitten. Es gibt keine Form mehr, kein Wesen, nur Tao.

Alchemie des tibetischen Buddhismus

Von all den vielfältigen Formen des Buddhismus empfinde ich persönlich den tibetischen Buddhismus am lebendigsten. Das mag unter anderem daran liegen, dass er aus einer Synthese von Buddhismus und Bön-Religion hervorging. Als Siddharta zum Buddha wurde, war das Bön bereits mehrere hundert Jahre alt.

Die Bön waren als Hexenmeister und Zauberer bekannt, und es gibt auch heute noch Menschen, die dieser alten Religion anhängen. Bön beschäftigt sich viel mit den Geistern der Elemente wie Erde, Luft, Himmel, Feuer, Wasser und den Wesen, die sich an Kraftplätzen, wie zum Beispiel Bergspitzen und Höhlen aufhalten.

Als Padmasambhava den Buddhismus nach Tibet brachte, begegnete er vielen solcher Geistwesen. Manche davon waren ziemlich böse, und Peme, wie die Tibeter ihn nennen, verwandelte sie in Hüter des Dharma (des buddhistischen Wegs). Deshalb sehen einige dieser Schutzgottheiten so finster aus. Ich glaube, dass es auch mit dem Bön zu tun hat, dass es im tibetischen Buddhismus so viel mehr Gottheiten (Energiewesen) gibt als in anderen Formen des Buddhismus. Die verschiedenen Formen der tibetisch-buddhistischen Alchemie spiegeln diese Vielfalt wider. Die Vorstellung von körperlosen Energiewesen mag dem westlich geprägten Menschen fremd sein. Sie haben jedoch durchaus eine Art Körper, nur eben keinen physischen. Sie bestehen mehr aus Energie als aus Materie, und wir sind uns ihrer in der Regel nicht bewusst. Man kann jedoch die Wahrnehmung zum Beispiel durch Meditation so weit verfeinern, dass diese Wesen nicht nur spürbar werden, sondern dass auch eine Interaktion mit ihnen möglich ist. Die Eigenschaften dieser Wesen wurden schon vor Jahrhunderten von Lamas in geheimen heiligen Schriften festgehalten, die der Öffentlichkeit im Wesentlichen nach wie vor unbekannt sind. Mit einigen dieser Wesen führten tibetische Einsiedler in ihren abgeschiedenen Bergbehausungen geheime tantrische Rituale durch. Ich werde später noch darauf zurückkommen, nachdem ich die grundlegende Erkenntnis des Buddhismus vorgestellt habe, denn diese bildet die Grundlage der tibetisch-buddhistischen Alchemie. Ohne ein Verständnis der buddhistischen Philosophie könnten die Übungen der tibetischen Alchemie missverstanden und missbraucht werden.

Leerheit

Von den vielen Erkenntnissen, die uns Buddha über das Samsara (die Welt der Illusionen) hinterlassen hat, ist das Konzept der Leerheit wahrscheinlich das Eindrücklichste, besonders für Menschen der westlichen Zivilisation, die so viel daran setzen, jeden freien Augenblick und jeden offenen Platz mit irgendetwas zu füllen.
Ein kurzer Blick in die Quantenphysik bestätigt jedoch die Annahmen Buddhas. Aus der Quantenperspektive ist an der Materie nur wenig Festes. Nehmen wir zum Beispiel unsere Körper. Schätzungen zufolge bestehen wir zu ungefähr 99,9 Prozent aus leerem Raum! Alle wirkliche Materie des Körpers zusammengefasst passt auf eine Stecknadelspitze. Unserem Auge und unserem Tastsinn erscheinen wir fest, doch es ist nur eine, von unseren Sinnen hervorgerufene Täuschung. Tatsache ist, dass wir größtenteils leer sind.
Laut buddhistischer Überzeugung findet man nichts als Leerheit, wenn man tief genug in das Herz der Dinge vordringt. Nichts ist somit wirklich, da es in seinem Kern leer ist und weder Form noch Identität besitzt.
Am Beispiel unseres Körpers lässt sich deutlich erkennen, wie wir durch seine Sinne mit unserer Welt Kontakt aufnehmen. Aus den Wahrnehmungen unserer fünf Sinne erschaffen wir die Erfahrung unserer selbst und unserer Umgebung. Das ist durchaus wörtlich gemeint. Wir *sind* die Schöpfer unserer Erfahrung. Wir tendieren dazu, uns mit dem zu identifizieren, was wir mögen, und uns von dem zu distanzieren, was wir nicht mögen. Vielleicht gefällt Ihnen die Farbe Ihrer Augen, aber nicht die Struktur Ihres Haares. Wenn Sie in den Spiegel schauen und Ihre Augen sehen, halten Sie vielleicht einen Moment inne und freuen sich daran, aber wenn Ihr Blick auf Ihre Haare fällt, fühlen Sie sich unwohl. Wir empfinden diese emotionalen Reaktionen auf uns selbst und unsere Umwelt als sehr real und können uns ihrer Macht kaum entziehen.
Doch all dies beruht auf Nichts, denn wenn man nur tief genug ins Gehirn vordringt, in die Neuronen, die jene Gedanken der Selbstkritik oder der Selbstverherrlichung enthalten, dann findet man am Ende – Nichts. Tief in den Zellen, auf atomarer und subatomarer Ebene, gibt es keine Masse, keine Festigkeit, nur Raum und Leerheit.

Die relative und die absolute Existenz

Ein wesentliches Konzept des tibetischen Buddhismus lautet: *Form ist Leere und Leere ist Form.* Beides ist weder wirklich noch unwirklich. Beide existieren und existieren nicht.
Dem westlichen Verstand mag das als Unsinn erscheinen. Wie kann etwas gleichzeitig existieren und nicht existieren? Es kann, weil sich diese Aussage auf die relative und die absolute Existenz bezieht. Wir existieren auf der relativen Ebene der Schöpfung als Du und Ich. Wir leben in einer gemeinsamen Illusion der Festigkeit, aber auf der tiefsten Ebene unserer Körperlichkeit ist nichts, nur Leerheit. Auf der absoluten Ebene der Schöpfung existieren wir daher nicht als Du und Ich. Wir sind Erscheinungen, wie Wolken, die kommen und gehen. In einem Augenblick mögen wir recht real wirken, und im nächsten sind wir schon verschwunden. Wir sind also nicht nur letztendlich leer, sondern auch unbeständig.

Die Kultivierung der Seligkeit

Dies könnte durchaus Depressionen hervorrufen, doch die Praxis der buddhistischen Alchemie bringt uns mit einem weiteren Aspekt unseres wahren Seins in Kontakt: der *Seligkeit*. Eines der wesentlichen Merkmale des tibetisch-buddhistischen hohen Tantra ist es, dass die Yogini oder der Yogi aus sich selbst heraus Seligkeit erzeugt. In diesem Feld der selbsterzeugten Glückseligkeit ruhend kontemplieren sie die Natur der Leerheit. Anders ausgedrückt, sie versetzen sich durch Seligkeit und Ekstase in einen erhabenen Zustand, in dem sie dann über die eigentliche Leerheit aller Dinge nachdenken, einschließlich der, des eigenen Körpers. Diese Vereinigung von Seligkeit und Leerheit führt zur Erleuchtung.
Das Ziel der buddhistischen Praxis ist die Durchdringung der Tiefen des Bewusstseins (was im Buddhismus »mind«, der Verstand genannt wird), um sich nicht länger von dem Spiel der Sinne oder den Illusionen von Samsara täuschen zu lassen, sondern frei und bewusst zu sein. Buddha antwortete auf die Frage, ob er ein Gott sei: »Nein, ich bin wach.«
Das ist eine weitreichende Metapher, denn aus der Sicht des erleuch-

teten Bewusstseins schlafen wir alle. Wir halten uns für wach, doch eigentlich träumen wir nur. Durch die Kraft des Bodhicitta (des Buddha-Geistes) erwachen wir aus dem Traum und erkennen, dass wir all das erschaffen, was wir wahrnehmen.

Diese Kraft, das Leben als einen Traum zu erkennen und daraus zu erwachen, wohnt dem Bodhicitta natürlicherweise inne. Wir alle haben Bodhicitta oder Buddha-Geist. Wir sind alle latente Buddhas (erwachte Wesen). Einige von uns sind jedoch auf Grund von mentalen und emotionalen Hindernissen weiter von ihrem eigentlich glücklichen und mitfühlenden Wesen entfernt als andere. Und genau deswegen praktizieren wir zum Beispiel buddhistische Meditationen: Um das auszuräumen, was unserer wahren Natur im Wege steht.

Es gibt im Buddhismus vielerlei Schulen und Linien, die alle ihre eigene Art haben, die wesentlichen Erkenntnisse Buddhas und das Dharma, das heißt, den buddhistischen Weg, zu vermitteln. Hier in diesem Zusammenhang geht es uns vor allem um eine tibetische Praxis alchemistischer Art. Sie wird *Höchstes Yoga Tantra* genannt und gilt als schneller Weg zur Erleuchtung, ähnlich wie das Dzogchen, eine andere Art des tibetischen Buddhismus.

Im Höchsten Tantra konzentrieren sich die Übenden auf vier Dinge: 1) geheime Mantren, 2) alchemistische Meditationen, 3) Seligkeit, die aus sexueller Essenz destilliert wird und 4) die Verkörperung als Buddha.

Geheime Mantren

Das Sanskritwort »Mantra« bedeutet, genau genommen, Schutz des Verstandes (*man* = Verstand, *tra* = Schutz). Ein Beispiel dafür ist der Bija (Kernlaut) Om, der, laut oder leise getönt, das Bewusstsein erweitert und den Verstand vor den Täuschungen des Samsara schützt. Die Praktiken des Höchsten Yoga Tantra schützen den Verstand ebenfalls vor der Illusion des Alltäglichen. Das Höchste Tantra lehrt, dass wir in Wahrheit strahlende, glückselige Wesen sind, vollkommen göttlich. Doch eine der Auswirkungen von Samsara, der Welt der Illusionen, ist es, unseren Verstand glauben zu machen, dass wir gewöhnlich seien, sterblich statt göttlich. Die geheimen Mantren dienen dazu, uns daran zu erinnern, dass wir göttliche Buddhas sind, die sich zur Zeit in dem Meer von Samsara aufhalten. Das ist eine ganz andere Strategie, als danach zu streben, zum Buddha zu werden, und sie hat weitreichende Auswirkungen – unter anderem auf die Geschwindigkeit, mit der Erleuchtung stattfinden kann.

Der geheime Kanal

Als nächstes wollen wie uns den alchemistischen Meditationen des Höchsten Tantra zuwenden. Bei diesen es geht um nichts Geringeres als Erleuchtung. Dazu muss sich der Verstand von den sinnlichen Illusionen dieser Welt befreien, denn solange wir uns von den sinnlichen Eindrücken unserer Verkörperung einfangen lassen, können wir nicht mit unserem wahren Buddha-Geist Kontakt aufnehmen. Damit das möglich ist, muss unser Verstand still und ruhig sein.
Im Höchsten Tantra erreichen die Yogini und der Yogi dies, indem sie die Winde ihrer Sinne nach innen treiben, fort von den Objekten der Begierde und hin zu dem inneren Heiligtum ihrer Energiekörper, in den so genannten Geheimen Kanal. Das lässt den Verstand schließlich die Ruhe finden, die notwendig ist, um Bodhicitta direkt zu erfahren. Diese Winde sind subtile Energien, die sich durch die, von den Taoisten Meridiane und von den Yogis Nadis genannten Energiebahnen des Körpers bewegen. Ich selbst habe die Erfahrung gemacht, dass ich, wenn ich nach innen auf den Klang des Energieflusses durch diese Energiebahnen in meinem Körper lausche, ihn ähnlich wie das Rauschen des Windes wahrnehme.
Nach tibetischer Überzeugung sind die Winde (lhung) für unsere fünf Sinne verantwortlich. Jeder Sinn hat seinen eigenen, besonderen Wind, und wenn dieser Wind aufhört, lässt die Sinneserfahrung nach. Aus dieser Perspektive ist der Tod eine Zerstreuung der Winde und daher eine sukzessive Auflösung der Sinneswahrnehmung. Ohne Sinneseindrücke bleibt nur noch Bewusstsein und ohne ein sinnlich wahrgenommenes Objekt bleibt dem Bewusstsein nur, sich auf sich selbst zu konzentrieren. Je nach der Klarheit des Individuums, das diesen Punkt erreicht, entstehen für einen Augenblick spontane Glückseligkeit und klares Licht, das heißt Licht ohne Eigenschaften. Wer im Yoga des Bardo (Seinszustände, insbesondere die in den Bereichen des Todes) ausgebildet ist, kann ohne das Bedürfnis nach Wiederverkörperung in diesem klaren Licht bleiben.
Das Höchste Tantra strebt ähnlich wie andere alchemistische Yoga-

Systeme der Tibeter danach, diese Selbsterkenntnis in diesem Leben zu erreichen, indem die Yogis die Winde nach innen, in den Geheimen Kanal treiben. Dieser Energiekanal verläuft in der Mitte des Körpers vom Perineum zur Mitte des Kopfes. Durch die Kraft der Meditation werden die Winde durch diesen Kanal geschickt, wodurch die Sinne keine Eindrücke mehr wahrnehmen und der Yogi oder die Yogini den reinen Geist erfahren kann, ohne zu sterben. Mit zunehmender Wiederholung dieser radikalen Erfahrung entstehen hohe Grade spiritueller Erleuchtung und die Fähigkeit, während des Todes und den Nachtoderfahrungen des Bardo wach und bewusst zu bleiben.

Sexuelle Essenz: Rote und Weiße Tropfen

Eine weitere Stufe im Höchsten Yoga Tantra befasst sich mit der Destillation sexueller Essenz in Seligkeit. Dies wird unter anderem durch eine spezielle Form des *Tummo*, des psychischen Feuers erreicht. Dabei konzentriert man sich gleichzeitig auf den Klang »Ah« und auf das Nabelchakra. Dies lässt ein psychisches Feuer durch den Geheimen Kanal in den Kopf aufsteigen. Hier verursacht die »Hitze« dieses Feuers, dass Rote und Weiße Tropfen aus dem Kronen-Chakra herabfallen. Die Roten Tropfen stehen in Beziehung zu der sexuellen und spirituellen Essenz der eigenen biologischen Mutter und die Weißen zu der des eigenen biologischen Vaters. Wenn die beiden Tropfen zusammenkommen, entsteht Glückseligkeit, die umso stärker wird, je länger die Praxis andauert. Während dieser Zustand der Glückseligkeit im Verstand auftaucht, kontempliert man die eigentliche Leerheit aller Dinge. Aus dieser Verbindung entsteht eine Form der Erleuchtung.
Diese Praxis ist nicht ungefährlich. Die tibetische Medizin berichtet darüber, dass derartige Übungen des »Nektar-Sammelns«, wie sie genannt werden, durch zu viel Feuer zu einem Ungleichgewicht der feinstofflichen Körper führen können. Deswegen wird traditionellerweise geraten, dass diese Form der Alchemie nur unter Anleitung eines Lehrers oder Gurus erkundet werden sollte. Ich sage dies nicht, um irgendjemanden davon abzuhalten, eigene Forschungen anzustellen, sondern um es verantwortungsvoll mitzuteilen. Wer diese Praxis ausprobieren möchte und keine Kontaktmöglichkeit zu einem qualifizierten Lehrer oder einer Lehrerin hat, der sollte sich zumindest mit den verfügbaren Schriften über tibetisches Tantra befassen.

In ihrem *Manuskript* beschreibt Magdalena eine Meditation, die der eben vorgestellten Form des »Nektar-Sammelns« verblüffend ähnlich ist. Hier wird in dem Zustand der Glückseligkeit jedoch der Ka-Körper gestärkt und nicht die Leerheit kontempliert. Die Ziele sind also etwas verschieden, doch die Methode ist zweifellos nahe verwandt.

Initiationen und Übungen zur sexuellen Essenz

Auch in anderen Bereichen des Höchsten Tantra zeigt sich der Zusammenhang zwischen sexueller Energie und dem Erlangen von Erleuchtung. In einer der ersten Initiationen, der so genannten »*Vase Initiation*«, stellen die Übenden sich die sexuellen Flüssigkeiten einer Gottheit und seiner Gefährtin oder ihres Gefährten vor. Diese werden dann über den Kopf des Übenden ausgegossen, um Glückseligkeit zu erzeugen.

In einer anderen Art von Initiation wird ein Mandala (ein spezielles geometrisches Muster) verwendet: das so genannte *Vagina Mandala*. Die Verbindung zwischen dem Weiblichen und der Erleuchtung taucht in vielen tantrischen Wegen auf. Die Bedeutung ist klar: Ohne die Hilfe des weiblichen Prinzips des Bewusstseins ist keine Befreiung möglich.

Zu den Werkzeugen des tibetisch-buddhistischen Tantra gehören Glocke und *Dorje* (ein stilisierter Blitz oder Diamant, der in der Hand gehalten wird, um Energie zu sammeln). Die Glocke wird mit dem Weiblichen und der Leerheit in Verbindung gebracht und der Dorje mit dem Männlichen und dem Konzept der richtigen Methode. Richtige Methode und Leerheit erzeugen zusammen Erleuchtung.

Zurück zur Seligkeit. Sie gehört zu den grundlegenden Erfahrungen, nach denen die tibetisch-buddhistischen Tantra-Yogis und -Yoginis streben, weil sie ein Teil unserer Bodhicitta, unserer Buddha-Natur ist. Wenn die Glückseligkeit mit dem Gewahrsein der Leerheit verbunden wird, beginnt Erleuchtung. Die Seligkeit wird also nicht um ihrer selbst willen angestrebt, sondern als Teil eines größeren alchemistischen Prozesses.

Es gibt im so genannten Gottheits-Yoga eine exotische Art der Erzeugung von Seligkeit, in welcher die Yogis und Yoginis eine von ihnen gewählte Gottheit innerlich manifestieren und sich dann vorstellen, mit diesem göttlichen Wesen Geschlechtsverkehr zu haben.

Ein Ergebnis dieser Verbindung ist, dass der Übende Eigenschaften dieses Wesens annimmt.

Im hohen, einsamen Bergland von Tibet soll es Einsiedler geben, die durch sexuellen Kontakt mit Energiewesen, die als Dakinis bekannt sind, Seligkeit erzeugen. Die Dakinis sind weibliche Wesen, die in der geistigen Welt existieren, die aber über die Fähigkeit verfügen, sich, besonders in extremen Höhen, quasi-physisch zu manifestieren. Der tibetische Buddhismus erkennt die Dakinis als Realität an, aber manche der Geschichten über sie fordern unser Vorstellungsvermögen doch ziemlich heraus. Der Geschlechtsverkehr mit einer Dakini soll besondere Kräfte verleihen, ist jedoch nicht ungefährlich. Das oben beschriebene Gottheits-Yoga ist da sehr viel sicherer.

In manchen Formen des tibetisch-buddhistischen Tantra übt der Yogi oder die Yogini mit einem körperlichen Partner, den Mönchen und Nonnen war das jedoch verboten.

Diese sexuellen Praktiken mögen manchem recht merkwürdig erscheinen, aber sie müssen in dem größeren Zusammenhang des Dharma, des buddhistischen Weges betrachtet werden. Wenn sie nicht durch die übrigen ernüchternden Aufgaben auf dem Weg zur Erleuchtung gemäßigt werden, können sie zu verführerischen Fallen werden statt zu Toren zur Erleuchtung. Deswegen werden denjenigen, die sich auf diesen Weg machen, zunächst die Sutra-Übungen, das heißt, die Lehren Buddhas, zusammen mit moralischen Verhaltensregeln, beigebracht. Ohne das entsprechende Verständnis und eine persönliche ethische Zurückhaltung können derartige esoterische sexuelle Praktiken ziemlich gefährlich werden.

Zeichen des Fortschritts

Ein letztes Element muss hier noch hinzugefügt werden. Es ist eine spontane Reaktion, die entsteht, wenn Seligkeit und Leerheit im Gefäß der Wahrnehmung zusammenkommen. Obwohl immer noch im Körper, wird man doch zunehmend frei. Man beginnt, das Schattenspiel der Sinne zu durchschauen, ist den Dingen weniger verhaftet, weil alles klarer als Leerheit erkennbar wird. Nichts ist es mehr wert, sich deswegen zu verlieren.

Doch paradoxerweise verlieren wir diese Wachheit immer wieder aus den Augen und fallen zurück in den Schlaf. Aus diesem Ringen mit den eigenen Begrenzungen entsteht Mitgefühl für andere.

Wir sitzen alle im gleichen Boot. Wir schwimmen alle im Meer des Samsara, halten uns für wirklich, kämpfen miteinander um Illusionen, und sind dabei doch wie Wolken, in einem Augenblick so greifbar real und im nächsten sich ins Nichts auflösend.

Für diejenigen, die ganz dem Samsara-Meer der Illusionen verfallen sind, kann diese Auflösung ins Nichts schmerzhaft und furchterregend sein, doch für den Yogi und die Yogini, die aus dem Traum erwacht sind, entsteht daraus unbegrenztes Glück und uneingeschränktes Mitgefühl.

Und – da gibt es noch das Lachen.

Eine Freundin von mir hatte einst die Ehre, Tee für zwei Lamas zuzubereiten, die sich seit langer Zeit nicht gesehen hatten. In ihrer Jugend hatten sie in demselben Kloster gelebt, und obwohl ihre Arbeit sie inzwischen in alle Welt führte, hielten sie ihre Freundschaft aufrecht und freuten sich über das Wiedersehen.

Sie erzählte, dass die beiden über lange Zeit schweigend zusammensaßen und dabei ab und zu ohne offensichtlichen Grund vor sich hin lachten. Schließlich deutete einer von ihnen auf einen blühenden Baum, der in ihrer Nähe stand. »Sie nennen das einen Baum!«, sagte er, und beide brachen in dröhnendes Gelächter aus.

In dem Maße, wie das Bewusstsein seine natürliche Seligkeit und sein Mitgefühl offenbart, wird das Leben immer amüsanter. Die Samsara-Schrecken existieren weiter, doch sie werden durch die unvorstellbare Seligkeit von Bodhicitta (Buddha-Geist) ausgeglichen. Von dieser Warte höchster alchemistischer Vervollkommnung aus, muss das Leben in der Tat komisch aussehen. Können wir uns das Innenleben eines solchen Menschen überhaupt vorstellen? Wie fühlt es sich wohl an, sich selbst als grenzenloses Bewusstsein zu erfahren und gleichzeitig in einem Körper zu leben, der an Raum und Zeit gebunden ist? Ein Blick auf Buddhisten, die die höchsten Tantra-Stufen gemeistert haben, vermittelt uns zumindest eine Ahnung: Sie lächeln meistens.

Die Alchemie der Beziehungen

Viele von uns betreiben ihre Beziehungen wie ein Pokerspiel. Wir tun, was wir können, um das bessere Blatt zu bekommen, und wenn es nicht anders geht, bluffen wir und tun so, als ob wir Karten in der Hand hielten, die wir gar nicht haben. Wir lügen und betrügen. Dies ist das Modell vieler Beziehungen unseres postmodernen Zeitalters, doch es gilt nicht für die heiligen Beziehungen, wie sie im *Manuskript* beschrieben sind.

Ich will hier ganz offen sein: Heilige Beziehungen sind nicht jedermanns Sache. Ich vermute, es gibt viel weniger Menschen, die fähig oder willens sind, sich darauf einzulassen, als Menschen, die emotionale Kartenspiele bevorzugen.

Diese Art von Beziehung verlangt gegenüber sich selbst und gegenüber dem Partner größte Aufrichtigkeit. Alle Karten werden auf den Tisch gelegt anstatt versteckt. All unsere Hoffnungen, all unsere Ängste, all unsere jämmerlichen und neidischen Gedanken, all das, was wir verschweigen – alles wird unter dem klaren Licht des Bewusstseins vor unserem Partner ausgebreitet. Unser Partner muss das Gleiche tun. Es funktioniert nicht, wenn man sich Hintertürchen offen lässt. Es funktioniert für keinen von beiden, wenn sie nicht in absoluter Ehrlichkeit miteinander umgehen.

Ohne diese radikale Aufrichtigkeit kann die Alchemie der Beziehung nicht stattfinden. Den meisten wird der Ausdruck »Alchemie der Beziehungen« neu sein, selbst denjenigen, die sich mit der inneren Alchemie lange befasst haben, da die Dynamik intimer Beziehungen in den vier alchemistischen Hauptströmungen (ägyptisches, taoistisches, yogisches und buddhistisches Tantra) nur selten diskutiert wird.

Ich will also definieren, was ich hier meine und damit eine Art Grundlage bilden. Wie in allen alchemistischen Prozessen geht es auch bei dieser Arbeit darum, eine Form in eine andere zu verwandeln. In diesem Fall ist die Form die Dynamik, die sich zwischen zwei Menschen entwickelt. Die meisten von uns neigen dazu, nach einer Weile in einen Trott zu verfallen. Die Lebendigkeit, die am Anfang der Beziehung da war, verblasst. Beide werden immer unbewusster. Die harte Realität ist, dass es kontinuierlicher Wachsamkeit und Bemühung bedarf, eine Beziehung bewusst und lebendig zu halten.

Viele Beziehungen bleiben auf der Strecke, weil die Partner unwillig oder unfähig sind, die zur Erhaltung der Beziehung notwendigen Mühen auf sich zu nehmen. Anstatt die Frische eines jeden neuen Augenblicks in der Beziehung zu erfahren, schleicht sich im Laufe der Zeit eine gewisse Abstumpfung ein, und was früher aufregend war, ist jetzt langweilig. Noch schlimmer wird es, wenn sich eine Art von psychologischer und emotionaler Lethargie ausbreitet und beide Partner sich in die Dumpfheit des Unbewussten fallen lassen.

Diese Art von Unbewusstheit ist der Todesstoß für psychologische Aufmerksamkeit und Erkenntnis, und es wird selten erwähnt, dass sie auch unser spirituelles Leben negativ beeinflusst.

Die Form, die in einer Beziehung gewandelt werden muss, ist also die Form des gewohnten Umgangs miteinander.

Wie in allen alchemistischen Prozessen, muss es auch hier ein Gefäß geben, damit die Reaktion stattfinden kann. Das Gefäß, den Behälter für Transformation, bilden hier Sicherheit und Würdigung.

Diese Art von Alchemie kann nicht stattfinden, wenn es an Sicherheit oder Würdigung fehlt. Wenn Sie sich dafür entschieden haben, diese Art der Alchemie in Ihrer Beziehung auszuprobieren, dann empfehle ich Ihnen, zunächst eine Analyse durchzuführen, ob Sie sich in Ihrer Beziehung sicher und gewürdigt fühlen. Wenn nicht, wäre diese Art der Alchemie mit Ihrem derzeitigen Partner reine Zeitverschwendung. In diesem Fall würde ich Ihnen vorschlagen, Ihre Bemühungen lieber auf die im *Manuskript* erwähnten Praktiken des alleinigen Weges zu konzentrieren. Wenn Sie es trotzdem ausprobieren möchten, dann sollten Sie mit Ihrem Partner über diese Gefühle der Unsicherheit und mangelnden Anerkennung sprechen. Sie sollten diesen Weg nur erwägen, wenn sich diese Gefühle auflösen lassen.

Jetzt haben wir also zwei der drei Elemente, die wir in der Alchemie brauchen: Etwas, das transformiert wird (der gewohnte Umgang miteinander) und das Gefäß (das »Sicherheitsnetz« der Beziehung). Ein drittes Element ist noch notwendig: Die Energie, die die Reaktion antreibt. In der Regel enthalten Beziehungen eine Menge Energie in Form von neurotischen Mustern, Hoffnungen, Ängsten und Sehnsüchten. Damit werden wir uns gleich noch befassen, doch zunächst möchte ich etwas über Stahl erzählen.

Unser psychologisches Selbst ähnelt einem Schwert aus einer Stahllegierung, das in dem heißen Schmelzofen unserer Kindheit, unter dem formenden Druck unserer frühen Erfahrungen geschmiedet wurde. In dieser frühen Zeit unseres Lebens werden die Elemente unserer Psyche miteinander verbunden. Und genau wie bei der Stahlerzeugung erfolgt dies unter enormer Hitze und großem Druck. Manche von uns wurden von anmaßenden oder gar feindseligen und destruktiven Eltern verletzt, andere wurden sich selbst überlassen, ohne Rat oder Unterstützung zu erhalten. Alle Eltern-Kind-Beziehungen bewegen sich irgendwo zwischen diesen Polaritäten. Der Druck, dem wir in unserer Kindheit ausgesetzt sind, kann eine unendliche Vielzahl an Formen annehmen, und genauso zahlreich sind die daraus resultierenden psychologischen Legierungen.

In Selbsterfahrungsgruppen wird viel über das Innere Kind gesprochen, und so wichtig es auch ist, mit diesem jüngeren Selbst Kontakt aufzunehmen, kann es doch sehr unangenehm sein. In unserer Kultur herrscht der Mythos, dass die Kindheit eine Zeit der Unschuld ist, in der die Welt in Ordnung ist. Das mag für manche Kinder zutreffen, für viele jedoch mit Sicherheit nicht.

Ich erinnere mich daran, wie ich vor Jahren bei einem Therapeuten-Kollegen auf einer Party eingeladen war. Die meisten Erwachsenen waren Therapeuten, Psychologen, Psychiater und Sozialarbeiter. Ich saß auf einem riesigen Sofa, und während ich an meinem Eistee nippte, beobachtete ich etwas Bemerkenswertes. Einer der Therapeuten hatte seinen Sohn und dessen besten Freund mitgebracht. Die beiden waren offensichtlich dick befreundet. Sie spielten irgendein Kartenspiel und gingen sehr respektvoll miteinander um. Keiner von beiden versuchte zu schummeln, und eine Atmosphäre der Kameradschaft umgab sie.

Dann kam der Vater des Jungen vorbei und fragte die beiden, ob sie irgendetwas bräuchten. Sie strahlten ihn mit Engelsgesichtern an und verneinten mit süßester Kinderstimme. Der Vater klopfte seinem Sohn wohlwollend auf den Rücken und tat im Weggehen bei dem Freund das Gleiche. Das Gesicht seines Sohnes spiegelte blankes Entsetzen. Er traute offensichtlich kaum seinen Augen, und sobald der Vater um die Ecke verschwunden war, holte er aus und schlug seinen besten Freund ins Gesicht!

Das war keine kindliche Unschuld, das war kindlicher Zorn. Er war nicht bereit, die Zuneigungsbeweise seines Vaters zu teilen, nicht einmal mit seinem besten Freund. Diese Art der Eifersucht ist typisch bei höheren Säugetieren, und trotz all unserer selbstgerechten, selbstbelobigenden Täuschungen sind wir doch immer noch Säugetiere. Wie hoch wir uns auch immer entwickeln mögen, solange wir leben, teilen wir gewisse Charakterzüge mit unseren tierischen Brüdern und Schwestern.

Das Innenleben eines Kindes ist oft ganz anders, als es sich die Erwachsenen seiner Umgebung vorstellen. Das psychologische Leben eines Kindes wird direkt dadurch bestimmt, wie es mit all den Gefahren und Gelegenheiten, von denen es umgeben ist, umgeht. Ob es sich dabei um Lebensbedrohliches wie ein geistesgestörtes Elternteil oder um Missbrauch handelt, oder um scheinbar harmlose Dinge, wie die Frage, mit wem man zum Abschlussball geht, spielt keine so große Rolle. Wenn ein Kind ums Überleben kämpfen muss, kann das natürlich weit in das Erwachsenenleben der Person hineinwirken. Doch auch die kleinen Alltäglichkeiten, zum Beispiel, mit wem man sich abgibt, haben Einfluss. All diese großen und kleinen Entscheidungen erzeugen innere psychische Hitze und Druck. Die Legierungen der Persönlichkeit werden zusammengeschmolzen oder weggebrannt. Wenn wir das Erwachsenenalter erreicht haben, ist das Schwert geschmiedet, und die Legierung unserer Persönlichkeit steht fest.

Manche von uns tauchen aus dem Schmelzofen der Kindheit mit scharfen Klingen auf, andere Klingen sind stumpf. Manche von uns halten ihre Schärfe aufrecht, und andere scheinen nie etwas halten zu können.

Einmal aus dem Ofen, behält Stahl seine Form. Eine der wenigen Möglichkeiten, diese noch einmal zu verändern, besteht darin, den Stahl wieder so zu erhitzen wie beim ersten Mal.

In der alchemistischen Arbeit der heiligen Beziehungen begeben wir uns freiwillig in den Schmelzofen. Die Hitze, die entsteht, wenn zwei Menschen ihre Neurosen aneinander reiben, kann enorm sein. Wenn beide Partner den Mut finden, in diesen sengenden Momenten radikal ehrlich zu sein, kann sich die psychische Legierung verändern. Dann zieht ein neuer, lebendiger, von psychologischer Wahrheit genährter Geist in die Beziehung ein.

Das Problem ist jedoch, dass die meisten von uns tun, was sie können, um psychologische Hitze zu vermeiden. Wenn es uns zu heiß wird, hauen wir ab. Für manche von uns bedeutet das, dass wir buchstäblich

unsere Sachen packen und gehen. Andere sind physisch weiter präsent, aber nicht mehr emotional. Wir betäuben uns. Wir fangen an, automatisch zu leben. Wir bewegen und unterhalten uns fast wie normal, haben uns jedoch tief in uns selbst zurückgezogen. Manche betäuben sich mit Alkohol oder Drogen, andere mit Fernsehen. Wir Menschen sind trotz allem schlau und kreativ. Wir finden alle möglichen Wege, um uns selbst nicht ins Gesicht sehen zu müssen, und zwar viel mehr, als ich hier aufzählen könnte. Ich glaube, Sie wissen, was ich meine. Die interessante Frage ist: Was tun *Sie*, wenn es Ihnen psychisch zu heiß wird? Was tun Sie, wenn Sie kurz davor stehen, etwas zu fühlen, was Sie eigentlich lieber nicht fühlen wollen?
Diejenigen, die sich auf heilige Beziehungen eingelassen haben, sehen in diesen Empfindungen einen Aufruf, in der Gegenwart zu sein. Es ist eine Zeit, um radikal aufrichtig zu sein, in der beide Partner ihre wahren Gefühle ausdrücken, wie beschämend oder beängstigend das auch sein mag. Indem sie einander die Wahrheit sagen, kommt ein belebendes Element in die Dynamik. Psychologische Aufrichtigkeit führt zu psychologischer Erkenntnis, und mit der Erkenntnis besteht Hoffnung auf Bewusstheit, und mit Bewusstheit ist Veränderung möglich.
Dieses Kapitel kann keine Anleitung für heilige Beziehungen sein. Ich glaube, es ist vor allem eine Warnung. Maria Magdalena hat es in ihrem *Manuskript* erwähnt und »Flughindernisse« genannt. Das klingt interessant und exotisch, doch es ist nicht mehr besonders exotisch, wenn man mitten drin steckt. Es ist kein besonders exotisches Gefühl, wenn der Schmelzofen der Beziehung so heiß wird, dass man das Gefühl hat, sich aufzulösen (psychisch natürlich). In dem Schmelzofen zu bleiben, wenn die Hitze anfängt die Stabilität des Selbstbildes zum Wanken zu bringen, erfordert Mut und Stärke. Die wenigsten von uns sind daran interessiert, idiotisch, verwundet, jämmerlich oder neidisch dazustehen. Oft sind wir zu allem Möglichen bereit, um diese Gefühle vor uns selbst und anderen zu verbergen.
Doch in heiligen Beziehungen kommen diese Dinge unweigerlich an die Oberfläche, so wie der Moder, der vom Grund eines Fasses aufgewühlt wird. Dabei ist wichtig zu erkennen, dass dies nicht bedeutet, dass man in der Beziehung irgendetwas verkehrt macht, sondern wahrscheinlich machen Sie es genau richtig. Wie Magdalena im *Manuskript* sagte: Die Kraft der Alchemie drängt die Schlacken nach außen. Wenn das Ihrem Partner widerfährt, kann dies ein faszinierender Prozess sein,

doch es kann entsetzlich sein, wenn aus Ihnen selbst die Schlacken herausgepresst werden.

Das »Heilige« an den heiligen Beziehungen ist, dass es eine heilige Art des Lebens ist. In dem Wort »heilig« steckt die Wurzel »heil«. Etwas heil zu machen, in diesem Fall die Psyche, ist also ein heiliger Akt.

In dem Schmelztiegel gegenseitiger Sicherheit, Aufrichtigkeit und Würdigung kann ein neues Selbst geschmiedet werden, das psychologisch ehrlicher, bewusster und freier ist als das vorherige. Wie Phönix steigt es aus seiner eigenen Asche empor, und dieses Selbst hat Flügel. Es kann an Orte fliegen, von denen Sie vorher nur träumen konnten. Geheimnisse liegen darin und Schätze erwarten jene, die den Mut haben, sich in ihre eigenen Tiefen und in die ihres Partners zu begeben. Wie gesagt, das ist nichts für jeden. Sie werden wahrscheinlich wissen, ob Sie dazu gehören, denn Sie werden es in Ihrer Seele, in Ihrem Herzen spüren.

Falls Sie sich auf diesen Weg begeben, sollten Sie wissen, dass es hierfür keine Anleitungen gibt und kaum einen Rat. Der spirituelle Weg ist traditionell ein einsamer. Zeiten des Alleinseins können auch für Menschen in heiligen Beziehungen wichtig sein, doch etwas hat sich verändert, denn sie haben sich dafür entschieden, den Weg zur Göttlichkeit gemeinsam zu gehen, Seite an Seite, durch Himmel und Hölle, auf glitzernde Höhen, auf denen alles kristallklar erscheint, und durch die dunklen Täler des psychologischen Todes, in denen man die Hand vor den Augen nicht sieht. Doch durch die Dunkelheit des Unwissens steigt eine tiefe Urkraft auf, die eine ungewöhnliche heilige Dreieinigkeit erfordert – drei Dinge, um ihre heiligste Aufgabe zu erfüllen: *gegenseitige Sicherheit, psychologische Aufrichtigkeit und die Würdigung des oder der Geliebten.*

Ich wünsche Ihnen eine gute Reise!

Ein Hinweis an die Leserin und den Leser:
Es liegt eine gewisse Gefahr darin, über solche Dinge wie heilige Beziehungen zu schreiben, zum Beispiel, dass manche Menschen meinen, der Autor (also ich selbst) sei in diesen Dingen ein Experte. Ich versichere Ihnen, dass dem nicht so ist, und ich möchte das hiermit schriftlich festhalten.

Ich bin mehrmals vor dem heißen Schmelzofen der Beziehung davongelaufen, denn wie zuvor erwähnt, fühlt man sich in einer heiligen Beziehung bei zunehmender emotionaler und psychischer Temperatur leicht so, als löse man sich auf. Was sich auflöst, oder zumindest davon bedroht ist, ist jedoch unsere Neurose, nicht unsere Existenz, auch wenn es sich so anfühlen mag. Unsere neurotischen Gewohnheiten sind zäh und geben nicht leicht auf. Meiner Erfahrung nach kämpfen sie meist hartnäckig, sozusagen bis zum bitteren Ende, statt einfach anmutig im Hintergrund der Vergangenheit zu verschwinden. Aber das ist lediglich meine eigene Erfahrung, Ihre kann ganz anders sein. Ich glaube, dass die Kunst der heiligen Beziehung darin liegt, zu lernen, die »Hitze« der Transformation auszuhalten und nicht automatisch davor zu flüchten. Diese Art, in Beziehung mit einem anderen Menschen zu treten, gehört zum Herausforderndsten und Lohnendsten, auf das ich mich je eingelassen habe. Weil diese Art der Beziehung so dynamisch und so lebensverändernd ist, sollte der Zugang zu diesem Weg mit einem Warnschild versehen werden. Hier ist es also:

ACHTUNG! BETRETEN SIE DIESEN WEG MIT ERNST UND HINGABE. WER DIESEN WEG BETRITT, WIRD NIE WIEDER DER- ODER DIESELBE SEIN – AUCH SIE NICHT!

DREI

Die Geschichte einer Frau

*In dieser Geschichte einer Frau ist die Geschichte
jeder Frau enthalten.
Möget ihr Zugang zu dem Geist finden,
in dem es geschrieben wurde.*

Maria Magdalena

Toms Einführung zur Geschichte einer Frau

Es mag vielleicht erstaunlich erscheinen, dass wir in dem letzten Teil dieses Buches einen derart persönlichen Teil einfügen. Schließlich hat jeder von uns seine Geschichte, und keine davon ist wichtiger als die von jemand anderem. Dies war es, was wir Magdalena immer wieder vorhielten, nachdem sie Judi darum gebeten hatte, »ihre Geschichte« aufzuschreiben. Und selbst nachdem das Buch abgeschlossen war und druckfertig vorlag, fragten wir sie noch ein letztes Mal, für den Fall, dass sie ihre Meinung geändert hätte. Hatte sie aber nicht. Im Gegenteil. Sie betonte noch einmal, dass es in Judis Geschichte Elemente gäbe, die viele Frauen ansprechen würden, und dass viele von Judis Erfahrungen von den Frauen in aller Welt geteilt würden. Schließlich ginge es hier, erinnerte uns Maria Magdalena, um die Rückkehr des Weiblichen in eine Position der Ehre und der Stärke.
Doch zunächst müssen die Muster des Missbrauchs, des Verrats, der Verachtung und der Erniedrigung angenommen und akzeptiert werden. Nachdem ich mich jetzt viele Monate lang mit dem Material beschäftigt habe, glaube ich langsam zu verstehen, was Magdalena meinte. Es hat mit den Prinzipien von Logos und Sophia zu tun. Diejenigen, denen diese Begriffe vertraut sind, mögen mir vergeben, dass ich sie hier etwas erörtern möchte, denn ich habe festgestellt, dass sie doch vielen Menschen fremd sind. Meiner Meinung nach ist diese allgemeine Unkenntnis der Bedeutung von Logos und Sophia ein Resultat der Bemühungen der Kirchenväter, das Weibliche aus der Theologie des Christentums zu entfernen.

Der Begriff des Logos ist wahrscheinlich den meisten vertraut. Er steht im Kern der zweitausend Jahre alten Theologie der christlichen Kirche. Der Logos ist die Intelligenz (die Logik) des Kosmos. Er ist die grundlegende schöpferische Kraft (oder Gott), die traditionell von Theologen und Philosophen als ein männliches Prinzip betrachtet wird. Die Wurzeln dieses Konzepts reichen weit vor Christus tief in die heidnische Welt. Auf der mythologischen Ebene wurden die Götter als solar betrachtet, während die Göttinnen mehr mondbezogen, also lunar gesehen wurden. In diesem Zusammenhang wurde der Geist Gottes den solaren Bereichen des Bewusstseins zugeordnet, also dem Männlichen, und die Erde und damit die Materie den lunaren Bereichen des Bewusstseins, also dem Weiblichen. So wurde der Himmel mit dem Männlichen assoziiert und die Erde mit dem Weiblichen.

Das heidnische Bewusstsein begriff, dass die gesamte Schöpfung das Ergebnis des Zusammenwirkens der kosmischen Kräfte des Weiblichen und des Männlichen (Geist und Materie, Himmel und Erde) ist. Keine von beiden ist wichtiger als die andere, beide sind unentbehrlich. Der Schlüssel für eine fruchtbare Schöpfung, sei sie kosmisch oder individuell, wurde in einem Gleichgewicht zwischen diesen beiden Kräften gesehen.

In der frühen Zeit des Christentums, bevor die Kirche anfing, politische Ziele zu verfolgen, war dieses Verständnis allgemein anerkannt und verbreitet. Am deutlichsten lässt sich der damalige Platz des Weiblichen in dem Konzept von Sophia erkennen.

Sophia wurde als der weibliche Aspekt des Göttlichen betrachtet. Sie war die heilige Braut des Logos, und sie galten als unzertrennlich. Wenn der Logos einen Impuls hervorbrachte, dann führte Sophia ihn aus. Ohne sie wäre Schöpfung unmöglich. Sie waren wie zwei Seiten derselben Münze. Der eine blieb abgehoben in den Reichen des Geistigen und formte die Ideen der Schöpfung, während die andere die Saat (den schöpferischen Gedanken) empfing und ihn in das Reich der Materie gebar.

Sophia war als die Kosmische Mutter bekannt. Damit kam ihr der gleiche Ehrenplatz zu wie Isis in Ägypten und anderen Göttinnen in anderen alten Kulturen. Gemäß diesem alten Wissen, inkarnierte Sophia als Jeshuas Mutter Maria. Durch diese Verkörperung konnte das Wort (Logos) Fleisch (Yeshua) werden. Gott hatte sich verwirklicht. Doch ohne den heiligen Akt der Inkarnation der Sophia als

Frau, wäre das nicht möglich gewesen. Gott (Logos) konnte nur als Mann inkarnieren, indem er von Sophia/Maria geboren wurde.
Dieses Verständnis war unter den frühen christlichen Theologen durchaus verbreitet. Und obwohl unzählige ihrer Schriften in den dunklen Zeiten zerstört wurden, haben doch ein paar überlebt. Doch in den ersten paar Jahrhunderten nach Christi Geburt setzte eine seltsame Entwicklung ein: Es wurden große Anstrengungen unternommen, alle Spuren der weiblichen Lehren Sophias aus den christlichen Schriften und dem christlichen Denken zu löschen.
Metaphorisch gesprochen könnte man sagen, dass die Kirche die Mondin mit all ihren dunklen Mysterien unterdrückte. Die Göttin wurde verschleiert und versteckt. Und nicht nur das: Es wurde zur Gotteslästerung, sie auch nur zu erwähnen. Allein einen ihrer Namen zu nennen, konnte das Leben kosten.
Die Sonne stand auf ihrem Zenit. Es gab nichts außer Gott (Logos) – und der heiligen Dreieinigkeit, Vater, Sohn und heiliger Geist. Kein Wort von Sophia oder Maria. In der Trinität gab es nichts Weibliches. Es wurde zur Nebensächlichkeit erniedrigt.
Und es kam noch schlimmer. Sie wurde verflucht und geschmäht. In der Version der Genesis, die die zunehmend patriarchalische Kirche als offiziell erklärte, wurde der Fall der Menschheit ganz auf Evas Schultern geladen. Schließlich hatte sie ja von der Schlange, dem Satan, den Apfel genommen. Durch diese schicksalhafte Tat wurden all ihre Nachkommen verflucht.
Aber Moment mal. Es gibt auch andere Versionen der Geschichte. Eine gnostische Erzählung spricht zum Beispiel von der Schlange als einem wohltätigen Wesen, das versuchte, Adam und Eva aus der Tyrannei eines eifersüchtigen Gottes (Jehova) zu befreien. In dieser Geschichte vermittelte die Schlange Adam und Eva nur die göttlichen Bewusstseinskräfte, die ihnen rechtmäßig zustanden.
Die Gnostiker standen in einer Linie verschiedener Traditionen von Weisen und Erleuchteten, die sich in verschiedenen Formen bis ins alte Ägypten zurück erstreckte, vielleicht sogar darüber hinaus. Sie glaubten an die Macht der direkten Offenbarung, die keines Vermittlers oder Priesters bedarf. Dies passte natürlich nicht zu den politischen und finanziellen Interessen der Kirche, weshalb die Gnostiker als Häretiker gebrandmarkt und gefangen und ermordet wurden.
Aus der Sicht der Gnostiker war Eva eine Heldin, die, indem sie den

Apfel annahm, die Menschheit ihren göttlichen Kräften näher brachte. Doch in dem Mythos, den die Kirche verbreitete, war sie schwach und verflucht dafür, dass sie ihren Gefährten dazu brachte, etwas vom Satan anzunehmen.

Mythen haben Kraft. Sie gehen in eine Kultur ein und färben ihre Haltungen und Überzeugungen. Viele Frauen mussten unter dieser offiziellen Variante der Schöpfungsgeschichte leiden. Sie wurden als dunkle Mondwesen abgestempelt, denen es im Blut liegt, sich zum Teufel zu gesellen. Das mittelalterliche Gewäsch der Gelehrten und Theologen ist voller Bemühungen, ihre Hexenjagden und andere Verfolgungen der Frauen zu rechtfertigen. Dieser Wahnsinn erreichte sogar die jungen Kolonien der Vereinigten Staaten, wo es im siebzehnten Jahrhundert in Salem zu Hexenprozessen kam.

Ich glaube jedoch, dass der Schaden, den die alleinige Konzentration auf das solare Prinzip im Christentum angerichtet hat, noch weit über die Bezeichnung der Frau als Quelle alles Bösen hinausgeht. Unsere gesamte Gesellschaft, auch die Männer, leidet darunter. Indem wir uns von dem weiblichen Aspekt der Schöpfung (der Materie) abgeschnitten haben, entstand eine tiefe spirituelle Wunde, mit der die westliche Kultur seit zweitausend Jahren infiziert ist. Wir sehnen uns nach dem Reich des Geistigen, dem Himmel, und verweigern uns unseren weltlichen Erfahrungen. Wir haben Himmel und Erde gegeneinander gestellt und betrachten die Erde als verderbt. Wir meinen, wir seien nur hier, weil wir aus der Gnade gefallen sind. Wenn wir wirklich in Sünde geboren wären, einfach nur durch die Tatsache, dass wir geboren wurden, dann wäre alles, was nach unserer Geburt kommt, nur Lüge. Die Wahrheit läge über uns, nicht hier bei uns.

Der Ausdruck des Geistigen in der Form irdischer Erfahrungen wird uns von unserem gegenwärtigen kulturellen Mythos verweigert. Daher können wir ohne große Konsequenzen die Erde ausbeuten und vergewaltigen, denn auf mythologischer Ebene ist die Erde weiblich, und Frauen sind nach dieser Auffassung sowieso nur dazu da, ausgenutzt zu werden.

Die Gefahr liegt jedoch darin, dass wir damit die ökologischen Wurzeln vernichten, die uns erhalten. Biologen und Ökologen warnen uns ständig davor, unser Ökosystem zu erschöpfen. Dämmert es uns endlich, dass die alarmierende Geschwindigkeit, mit der heutzutage Pflanzen- und Tierarten ausgerottet werden, unser eigenes Überleben gefährdet?

Nein! Wir glauben, wir stünden darüber. Wir halten uns für den Höhepunkt der Natur, dem ein gottgegebenes Recht auf willkürliche Unterdrückung innewohnt.

Es kommt uns nicht in den Sinn, dass es auch andere Lebensformen geben könnte, deren Willen genauso bedeutsam ist wie unserer. Das Konzept gleichberechtigter Koexistenz zwischen uns und anderen Lebensformen ist im Massenbewusstsein kaum vertreten. Das liegt vor allem daran, dass wir andere Lebensformen nicht als Ausdruck des Geistigen ansehen. Auf unbewusster Ebene vollziehen wir eine Trennung zwischen dem Leben auf der einen Seite und dem Geistigen auf der anderen. Himmel und Erde berühren einander nicht. Auf der mythologischen Ebene betrachten viele die Erde als eine Art Zwischenstation, auf der sie beweisen müssen, ob sie eines ewigen Jenseits im Himmel würdig sind, oder ob sie ins ewige Fegefeuer müssen, das natürlich in den Eingeweiden der Erde angesiedelt ist!

Dieses *Koyaaniqatsi* (ein Hopi-Wort für ein Ungleichgewicht mit der Welt) kann durchaus unsere Zivilisation zerstören. Wenn wir überleben wollen, müssen wir ein Gleichgewicht finden. Mythologisch betrachtet müssen wir die Mondin in unserem Bewusstsein entschleiern. Das weibliche Prinzip muss wieder seinen rechtmäßigen Platz als Mitschöpferin einnehmen, weder über- noch unterlegen, sondern gleichberechtigt.

Das bringt mich zu der persönlichen Geschichte zurück, die Sie gleich lesen werden. Warum gehört sie hier dazu?

Ich glaube, dass es hier zum einen um die Verzerrung spiritueller Werte geht, die wir übernommen haben. Wenn unser Leben als verkörperte Seele schon allein deshalb verflucht ist, weil wir einen Körper haben, wird uns bei all unseren Erfahrungen immer unwohl sein, denn schließlich sind sie irdisch und nicht geistig.

Doch in einem Gleichgewicht aus Geist und Erde werden beide anerkannt. Die schimmernden Visionen aus der geistigen Welt und die handfesten Erfahrungen des Lebens im Körper werden beide als grundlegend heilig angesehen. Wäsche aufhängen kann genauso erleuchtend sein wie das Studium alter Schriften. Es kommt auf die innere Haltung an.

Jemand fragte mich einmal, was denn »die Rückkehr der Kosmischen Mutter« bedeute. Es bedeutet wahrscheinlich vieles, und einiges davon werden wir erst begreifen, wenn es soweit ist. Doch ich glaube, dass zumindest eine tief greifende kulturelle Veränderung damit einhergehen wird. Wir werden unser irdisches Leben mit all seinen Erfahrungen als einen Ausdruck des Geistes in der Materie erkennen, nicht als einen Kampf zwischen diesen beiden Kräften, sondern als heilige Vereinigung.

Diese heilige Hochzeit wird manchmal auch als Opus Magnum, das große Werk bezeichnet. Es ist das Alpha und Omega, indem der Geist (Logos) in die Materie herabsteigt, durch die Gnade Sophias, und verwandelt zu sich selbst zurückkehrt.

Unsere Leben werden in dem alchemistischen Brennofen der Erfahrungen geschmiedet. Denjenigen unter uns, die sich bereitwillig dem großen Werk der Selbsterkenntnis widmen, wird unsere Lebenserfahrung zum großen Lehrer.

Sie werden gleich die Geschichte einer Frau lesen, die mit allen Frauen, die sich dem großen Werk in unserer Zeit unterziehen, einiges gemeinsam hat. Dem Weiblichen in unserer Kultur wieder einen Ehrenplatz einzuräumen, beginnt damit, dass Frauen sich selbst und ihre Geschichten ehren.

Die Schmerzen und die Lügen der letzten zweitausend Jahre kommen ihrem Ende jedes Mal näher, wenn eine Frau ihre Kraft annimmt. Die Rückkehr der Sophia rückt jedes Mal näher, wenn ein Mann die Frauen in seinem Leben genauso ehrt wie das Weibliche in sich selbst.

Diejenigen von uns, die danach streben, diese Erkenntnis zu leben, sind Teil der Rückkehr der Kosmischen Mutter. Wir sind die Mondin, die entschleiert wird, um einen Ausgleich zur Sonne zu bilden, und wir sind die Wiederherstellung des Weiblichen, um das Männliche auszugleichen.

Mögen Himmel und Erde heute, in unserer Zeit vereint sein.

Judis Einführung zur Geschichte einer Frau

In der ersten Nacht, in der Maria Magdalena durchkam, waren ihre Kraft und Stärke so deutlich spürbar wie ihre Worte hörbar waren, und so blieb es während des gesamten Prozesses. Nie stolperte sie über einen Begriff. Ihre Worte waren wohl gewählt, und sie sprach mit Autorität und Bestimmtheit. Sie war hier, weil sie etwas zu erledigen hatte – die Geschichte zurechtzurücken – und danach ging sie wieder nach Hause, von dem sie sagte, dass wir es »Himmel« nennen, doch für sie sei es »ein Ort in der Seele«, an dem sie auf ewig mit ihrem Geliebten Jeshua ruht.

Sie hatte die machtvollste Präsenz, die ich je erfahren habe. Ihre ersten Worte bewegten mich tief und veränderten mein Bewusstsein grundlegend und dauerhaft. Ich saß auf dem Bett, den Computer auf einem Kissen vor mir, und meine Hände zitterten vor Aufregung, während ich ihre Worte eingab.
Bevor sie uns an jenem ersten Abend verließ, als sie die Durchsagen beendet hatte, wandte sie sich mir zu.
Ich spürte die Veränderung zum Persönlichen hin und sie sprach: »Deinetwegen war ich bereit, meine Geschichte hier weiter zu geben, weil du die Bedeutung der Beziehung empfindest, der Heiligen Ehe. Auch Metatron bat darum, dass ich dir meine Geschichte gebe.« In einer späteren Übertragung, die in dem *Manuskript* enthalten ist, sagt sie, dass Isis persönlich sie darum gebeten habe, ihre Geschichte an diesem »Anfang vom Ende der Zeit« zu erzählen.

Später fragten wir Magdalena, wie wir diese Informationen am besten präsentieren sollten, in welcher Form. Ihr *Manuskript* ist kompakt, keine überflüssigen Worte, kein endloses Gerede. Sie will offensichtlich nur die notwendigen, kodierten Informationen weitergeben, um die Erinnerung zu wecken, und diejenigen, die bereit sind, werden das Ganze hören.
Aber alles, was Sie wissen müssen, alle *Geheimnisse*, sind in ihren wenigen Seiten enthalten.
Tom erschien es wichtig, es in einen Zusammenhang zu stellen und ein paar Dinge zu erklären, und er ist genau der Richtige dafür. In Bezug auf die vielfältigen Strömungen der inneren Alchemie ist er sicher einer der gelehrtesten Menschen derzeit, auf der Erde, da dies das Thema seines Lebens ist.
Und ich? Warum bin ich hier? Warum habe ich die Ehre, hier mit meinen Worten Raum einzunehmen? Was habe ich mein Leben lang studiert?
Beziehungen. Und schließlich handelt dieses Buch von heiligen Beziehungen und den Kräften und Mysterien des Weiblichen.

Als wir also genauer nach der Form des Buches fragten, wurde uns immer und immer wieder gesagt, dass ich meine Geschichte aufzuschreiben hätte. Ich hielt dagegen und vermied es, bis das Buch druckfertig war und nur noch meine Geschichte die Veröffentlichung aufhielt. Der Druck nahm zu. Ich fing immer wieder an, schrieb und änderte, ergänzte und strich aus und fühlte mich trotzdem unfähig, irgendetwas von Wert diesem wunderbaren Dokument, Magdalenas Wahrheit hinzufügen zu können.

Ich rekapitulierte mein Leben, all die Höhen und Tiefen, all die Stürme und Sonnenuntergänge, die das Herz lichterloh zum Brennen bringen. Ich begann mit dem Prozess auf ihre Anweisung hin auf Gozo bei Malta und rang damit in Südfrankreich und auf den Kykladen. Ich entfernte und fügte hinzu, wie bei einem Eintopf. Zu viel Salz. Ein bisschen Zucker. Zu viel Drama und Gewalt. Mehr von dem Humor, den das Leben immer bereit hält.
Doch ich wollte meine Geschichte immer noch nicht in das Buch einfügen. Ich zweifle immer noch an ihrer Relevanz und fürchte die Kritik. Eines Tages sagte Tom zu mir: »Solltest du nicht an dem Buch arbeiten?«
Ich antwortete: »Ich kriege es einfach nicht hin. Ich werde meine Lebensgeschichte nicht mit einbringen. Was würden die Leute davon halten?«
Er reichte mir eine Postkarte, die gerade angekommen war, auf der stand: »Bitte schreiben Sie Ihre Geschichte und fügen Sie sie dem *Manuskript* bei. Indem Sie Ihre Geschichte schreiben, schreiben Sie meine. Sie schreiben sie nicht nur für sich selbst. Sie schreiben sie für uns alle.«
Und so ehre ich die Bitte der Göttin, mit all meinen Ängsten und Unzulänglichkeiten.
Der erste Abschnitt enthält meine Geschichte. Die Tagebuchauszüge am Ende erzählen etwas von dem Prozess, den die Informationen von Magdalena auslösten und von den »Flughindernissen«, denen wir dabei in unserem Leben begegneten, denn genau so wie es sein soll, brachte dieses Material all meine ungelösten Beziehungsprobleme an den Tag. In meinem Fall waren das in erster Linie Eifersucht, Verlassenheitsängste, Angst davor, betrogen zu werden und allgemeine, alles durchdringende Minderwertigkeitsgefühle. Um diese Information des

Prozesses in ihren wahren Kontext zu stellen, muss ich Ihnen meine Geschichte erzählen, wozu mich mein geliebter Ratgeber Metatron seit Jahren auffordert.

Ich schreibe dies also für Magdalena, für die Hathoren, für Isis, für Metatron, für all meine Töchter – und für Tom, der Gitarre spielt und Lieder schreibt – weil er es wagte, den dunklen, feuchten und gefährlichen Abgrund zum Portal des Weiblichen zu durchqueren, um mich zum Tanz der heiligen Beziehung zu bitten, im Kelch des heiligen Gral.

Die Geschichte einer Frau

In einem kleinen klapprigen Haus neben den Bahngleisen in Pennington Gap, Virginia, spuckte mich das Leben aus dem Bauch meiner Mutter, nicht in offene Hände, sondern auf den kalten Fußboden, da niemand ihr bei der Geburt half. Mein Geburtsname war Phyllis Elizabeth Zion, ursprünglich Sion.

Innerhalb weniger Monate wurde ich in eine andere Umgebung verfrachtet, als meine Mutter mit mir und meinen Brüdern und Schwestern vor einem gewalttätigen Ehemann flüchtete und sich auf die Suche nach ihrem Traum machte.

Sie wollte Country-Sängerin sein, also setzte sie eines Tages uns alle in einen Bus, ich war etwa einen Monat alt, und mein Vater war bei der Arbeit, und fuhr nach Süd-Virginia, wo sie uns bei ihren Eltern abgab, um einen Job als Sängerin zu finden.

Doch wie das Leben so spielt, geriet mein Großvater kurz nach unserer Ankunft unter seinen Traktor. Mein Bruder erzählte mir das erst vor wenigen Jahren, nachdem wir uns endlich wieder gefunden hatten. Mein Bruder war neben dem Traktor hergelaufen und rannte dann nach Hause um Hilfe. Er erinnerte sich daran, dass meine Großmutter mit der großen, schwarzen Arzttasche zu meinem Großvater rannte und ihm eine große Injektion Morphium gegen die Schmerzen gab. Mein Bruder sah ihr zu, wie sie erst einen Tropfen in die Luft spritzte und die Nadel dann in meinen Großvater stach. Dann versuchte sie, den Traktor anzuheben und brach sich dabei den Rücken.

Mein Großvater starb unter dem Traktor und meine Großmutter konnte nie wieder gehen.

Ich habe diese Menschen nie kennen gelernt. Ich war ein Kleinkind, als all dies geschah, und lag im Haus, während Leben und Tod sich holten, wen sie wollten. Wir wurden wie trockene Blätter in die vier Winde zerstreut.
Ich gelangte zunächst in ein Motel mit Restaurant, das einem entfernten Cousin gehörte, während die ganze Familie krampfhaft nach jemandem suchte, der ein Baby aufnehmen wollte. Zu jener Zeit gab es nicht viele Adoptionsstellen in den Tabakfeldern von Virginia, jede Familie sah wohl einfach zu, dass sie mit ihren eigenen Sachen klarkam. Letztendlich wurde ich von einer Reinkarnation der Königin Victoria aufgezogen – einer strengen, steifen Lehrerin, die selbst keine Kinder bekommen konnte. So bekam ich, kaum ein Jahr alt, schon den zweiten merkwürdigen Namen: Judi Lee Pope.
Ruby Carter Pope liebte mich sehr, daran besteht kein Zweifel. Ihr Leben und damit auch das Leben ihres Mannes, der mein Vater wurde, drehte sich um ihre Kirche, ihre Familie, ihre Schüler – und darum, mich einzuengen.
Ihr Gott war jedoch ein furchterregendes, eifersüchtiges Wesen, das ich nicht aushalten konnte. Sobald ich alt genug war, um Fragen zu stellen, und das war in meinem Fall recht früh, lagen wir uns in den Haaren.
Ich wuchs praktisch ohne Spielkameraden auf und durchwanderte die Tabakfelder des Piedmont mit einem Bernhardiner und einem geborgten Pferd. Sie nähte die meisten meiner Kleider aus Mehlsäcken und kümmerte sich nie um etwas anderes als Arbeit und Aufopferung. Das waren meine Vorbilder.
Oh, und das Richten. In Virginia wird viel abgeurteilt.
Wir waren sehr arm, doch im Vergleich zu den Armen von Brunswick County in Virginia gehörten wir wahrscheinlich zur Mittelklasse.
Mein Vater hatte einen kleinen Laden, der die abgrundtief armen schwarzen Familien versorgte, die um uns herum lebten. Ich erinnere mich an eine barfüßige Frau, die jeden Tag kam. Sie trug einen Strumpf auf dem Kopf und aß immer eine Büchse Sardinen und trank ein Soda. Mir war nie klar, dass dies wahrscheinlich alles war, was sie am Tag zu sich nahm, genauso wie ich nie merkte, dass sie nicht bezahlte. Mein Vater schrieb alles auf kleine Zettel, die als Rechnungen galten.
Er starb als ich achtzehn Jahre alt war, und ich fand ganze Kisten voll unbezahlter Rechnungen, die insgesamt mehr als zwanzigtausend Dollar

betrugen, eine außerordentliche Summe für jene Zeit. Er muss halb Rawlings durchgefüttert haben, ohne dass er je ein Wort verlauten ließ.

Meine Schule war eine Astgabel im Birnbaum, und meine Lehrer waren eine Stimme im Wind und das Flüstern der Wälder. Ich machte mir Pfeil und Bogen, und wenn ich das Pferd von gegenüber reiten durfte, zog ich stundenlang durch die Gegend, auf der Suche nach – ich weiß nicht was.

Niemand gab mir Reitunterricht. Das mit dem Sattel und dem Zaumzeug war nicht so schwer herauszukriegen. Nachdem bei meinem ersten Versuch der Sattel mit mir unter den Bauch des Pferdes rutschte, hatte ich mit dem Pferd ein ernstes Gespräch darüber, dass es die Luft aus dem Bauch lassen solle, wenn ich den Sattelgurt anzog. Ich musste dieses Gespräch oft mit ihm führen, aber es ging.

Eines Tages lag ein umgestürzter Baum auf einer Wiese, und ich wusste, was mir mein Pferd mit seinen aufmerksam aufgestellten Ohren sagen wollte. Es wollte fliegen! Und so flogen wir hinüber. Ich beugte mich einfach über seinen Hals, ganz natürlich. Das Pferd sprang über den Baum, und ich flog mit. Danach gab es für uns kein Halten mehr. Wir durchquerten Flüsse und trabten durch Bäche, wir wanderten meilenweit durch dichte Wälder, galoppierten über Felder und Wiesen, und wenn uns etwas im Weg lag, sprangen wir darüber hinweg.

Niemand hatte eine Ahnung, wo ich mit diesem Pferd hinritt. Wer sich auskannte, konnte dort tagelang herumreiten und keiner anderen Menschenseele begegnen.

Natürlich log ich meine Mutter an, denn sie hätte mir nie erlaubt, auch nur den Hof zu verlassen. So wurden gute Lügen schon früh zu einer Notwendigkeit. Sie erhob gegen alles und jedes Einspruch. Aus ihrer Sicht war alles im Leben entweder sündhaft oder gefährlich.

Ich ging nie zu Geburtstagsfeiern oder übernachtete bei einer Freundin. Niemand übernachtete je bei uns. Das waren Phantasien, die andere Leute im Fernsehen lebten. Ich hatte keine Ahnung, dass es Menschen gab, die wirklich so lebten.

Meine Adoptivmutter wählte meine Anziehsachen aus und entschied, was ich jeden Tag zur Schule trug, selbst als ich schon relativ groß war. Wenn ich im Juni ein ärmelloses Kleid anzog, dann sagte sie, es könne kühl werden und zog mir noch was drüber. Wenn ich im Januar einen

Pullover trug, meinte sie, mir würde zu warm und ich sollte etwas Leichteres tragen. Diese ständige Kontrolle bewirkte, dass ich keine Ahnung davon hatte, was ich wollte oder was ich empfand. Ich durfte mich erst mit siebzehn verabreden, und selbst dann saß sie mit ehernem Gesicht am Fenster und erwartete mich, wahrscheinlich damit sie an meinem Aussehen überprüfen konnte, ob ich etwas Sündhaftes entdeckt hätte.

Bei einem jungen Mann, mit dem ich einmal verabredet war, steckte das Hemd nicht ordentlich in der Hose, als er mich zurückbrachte. Ich durfte ihn nie wieder sehen. Zehn Jahre später, als wir uns wieder begegneten, war ich, glaube ich, immer noch in ihn verliebt, und wir konnten uns endlich aus der Phantasievorstellung befreien, in der wir uns gegenseitig gehalten hatten, einfach weil wir damals keine Gelegenheit dazu bekommen hatten, uns zu begegnen.

Mein Vater und meine Mutter schliefen in getrennten Doppelbetten im gleichen Schlafzimmer. Ich schlief bei meiner Mutter, bis ich ins College ging. Meine Großmutter hatte das andere Schlafzimmer. Es gab oben noch ein Zimmer, doch mit tausend Ausflüchten vermied Ruby immer, es herzurichten. So konnte sie sogar meinen Schlaf kontrollieren und brauchte außerdem nie mit meinem Vater zu schlafen »Zappel nicht so rum«, sagte sie, wenn ich mich zu oft drehte. »Lieg still.« Die Sommernächte schienen endlos mit ihrer schwülen, stehenden Feuchte. Ich lag stundenlang wach, mir war zu heiß, um zu schlafen, bewegen durfte ich mich nicht, nur meine Gedanken konnten sich frei entfalten. Winters lag ich unter Bergen alter Quilts und konnte mich nicht bewegen, weil die steifen, schweren Bürgerkriegsdecken mich in ihrem Bann hielten und mit Bildern verfolgten, ohne mich zu wärmen.

Aber ich hatte meine Musik und den Tanz, und ich hatte den Wald, der mir beibrachte, barfuß und lautlos auf seinem nackten Boden Walzer zu tanzen. Ich hatte ein geborgtes Pferd, einen heiß geliebten Bernhardiner namens Micky, einen Lehrer in einem Birnbaum, einen kleinen Freund im Knabenkraut (Orchideenart) und einen anderen im rosa Frauenschuh (Orchideenart).

Das waren die Ratgeber meiner Kindheit.

Eine bestimmte Lektion werde ich nie vergessen, und inzwischen sehe ich sie wie eine Prophezeiung für mein Leben. Ich glaube, es war meine erste Lektion, die ich in der Astgabel jenes Birnbaumes erhielt, auf dem ich mich jahrelang mit dem unterhielt, was ich die »Worte ohne Stimme« nannte.

Mir wurde gesagt, dass alle möglichen Lebenserfahrungen auf mich zukämen, damit ich endlich verstehen und Mitgefühl für die menschliche Erfahrung entwickeln würde. Mir wurde gesagt, wenn ich eines Tages angefüllt sei mit diesen Lebenserfahrungen, würde meine Stimme um die Welt reisen, um mitzuteilen, was ich gelernt hatte, und dass das, was ich zu sagen hätte, große Wirkung haben würde, aber erst, wenn mir dieser Einfluss nicht mehr so wichtig sei.

Mir wurde auch gesagt, dass es da draußen einen anderen Teil von mir gäbe, und dass ich eines Tages irgendwo dem »Gefährten meines Seins« begegnen würde, dass wir zusammen arbeiten würden, dass ich nicht morgens aufstehen und irgendeine Arbeit verrichten würde wie andere Menschen. Mir wurde gesagt, dass er ein Teil meiner Seele sei, und dass unsere gemeinsame Arbeit weitreichende und wohltätige Auswirkungen in der Welt haben würde. So viel will ich hier von dem mitteilen, an das ich mich erinnere.

Und eine weitere frühe Erkenntnis ist mir in lebhafter Erinnerung.

Ich *wusste*, dass die Geheimnisse des Universums in den zwischen einem Mann und einer Frau möglichen physischen Erfahrungen liegen – wenn sie einander wahrhaft lieben. Ich wusste, dass die *Liebe* das größte Geschenk ist, das man erhalten kann. Ich wusste, dass es einen Ort gibt, einen Weg, der sich durch die Körperlichkeit öffnet, den nur wenige bisher gegangen sind. Und ich wusste, dass die Kirche aus diesem Grunde die Sexualität verdammte und die Regierungen so viele Regeln um die so genannte »Ehe« aufgestellt haben, und dass deshalb das ganze Thema in dieser Zivilisation tabuisiert und reguliert wurde. Ich hatte den Verdacht, dass die Schlange nicht böse war, und ich wusste, dass Eva klug war, weil sie mehr wissen wollte, und ich wusste, dass es unlogisch war, dass der liebe Gott, der uns erschaffen hatte, nicht wollte, dass wir alles wissen. Ich hatte den Verdacht, dass solche Bestien wie der Teufel, wenn es sie denn gäbe, sich schlauerweise am besten in der Kirche versteckten!

Ich *wusste*, dass die tiefsten Geheimnisse mit Liebe zu tun haben, mit dem, was ich heute »heilige Beziehungen« nenne. Ich wusste, dass mein Lebenssinn irgendwie mit der Reintegration dieser Geheimnisse zusammenhing.

Ich *wusste* auch, dass irgendwo da draußen ein anderer Teil von mir war, und ich begann meine lebenslange Suche nach ihm.
Einmal dachte ich, ich hätte ihn gesehen, er presste sein Gesicht an das Fenster eines Busses, der uns langsam auf der Bundesstraße in Richtung Petersburg überholte. Eine Minute lang fuhren der Bus und unser Auto nebeneinander und unsere Blicke begegneten sich. In jenem Augenblick verbanden wir uns auf eine Weise, die irgendwie heilig war, obwohl wir nur acht, neun oder zehn Jahre alt waren. Es sollte vierzig Jahre dauern, bis ich einem Mann auf diese heilige Weise wieder begegnete.
Ich *wusste*, er spielte Gitarre, schrieb Lieder und hatte die Stimme eines Engels. Ich dachte immer, ich würde ihn an seiner Stimme erkennen, falls ich sie je hören würde.

Ich kann zurückschauen auf das, was mich geformt hat, und mich an die Ereignisse erinnern, die mich die Wahrhaftigkeit der mir präsentierten Autorität hinterfragen ließen. In der Kirche, die ich gezwungenermaßen besuchte, wurde sonntags über Liebe und Akzeptanz gepredigt. Der Priester sprach davon, dass es Gott egal ist, was du anhast, dass er nur auf das schaut, was in deinem Herzen ist. Doch ich hörte oft, wie Gemeindemitglieder und Priester einander kritisierten und herabsetzten, bevor sie auch nur aus der Kirchentür waren!
»Das ist doch unglaublich, wie die in die Kirche kommt«, drang es an meine jungen Ohren, während mein Verstand wusste, dass jene arme Frau nichts Besseres besaß. Ich konnte damals Herzen *sehen*, und ich sah Reinheit in jener alten Frau, doch die anderen sahen nur ihre Kleidung.
»Na ja, Sie wissen ja, wo die her kommt, da kann man ja nichts anderes erwarten. Ihre Familie ist einfach Abschaum.« Ich begriff nicht, wie jemand für die Taten seiner Familie oder gar ferner Verwandter verantwortlich gemacht werden konnte. Und ich erinnere mich, dass man mir sagte: »Steh immer zu deiner Familie. Sie ist alles, was du hast. Vergiss nie: Blut ist dicker als Wasser.« Schon seltsam, so etwas zu einem Adoptivkind zu sagen, das keinen Tropfen »verwandtes« Blut hat.
Ich traute dem einfach nicht, was die Menschen um mich herum mir erzählten. Und es gab außergewöhnliche Ereignisse, die mich andernorts nach Antworten suchen ließen. Ich weiß nicht mehr, wie alt ich

war, vielleicht acht oder neun. Ich war an einem heißen Sommerabend gerade zu Bett gegangen. Meine Mutter korrigierte Schulhefte, mein Vater las. Ich erinnere mich deutlich, wie ich mir das Laken bis unters Kinn zog, als ein Leuchten im Zimmer auftauchte. Es durchdrang die Dunkelheit und erzeugte eine intensive »Feuchtigkeit«, die die Luft sichtbar zu machen schien, wie schwebende Moleküle feuchten Lichts. Unglaubliche Angst kroch mir den Nacken hoch, mehr, als ich mir je hatte vorstellen können. Heute halte ich das Ereignis für eine mystische Erfahrung, aber damals hatte ich keinerlei Hintergrund, um so etwas einordnen zu können. Drei Lichter erschienen im Schlafzimmer, eines an jeder Seite meines Bettes und eines am Fußende. Unter dem mittleren Licht tauchte eine Gestalt auf, die sich hin und her zu wiegen schien. Heute denke ich, dass es eine Art pulsieren war.

Ich war erstarrt, unfähig, mich zu bewegen, was meine Angst noch verschlimmerte. Ich dachte, wenn ich nur einen Finger bewegen kann, dann bricht der schreckliche Bann. Ich konzentrierte mich völlig darauf, einen Finger zu bewegen, doch es war unmöglich. Dann nahm ich meine ganze Willenskraft zusammen und versuchte, um Hilfe zu schreien, aber aus meiner Kehle kam kein Ton. Ich dachte, ich sterbe auf der Stelle, für immer erstarrt. Mein Vater ging den Flur entlang aufs Schlafzimmer zu, und ich wusste, käme er ins Zimmer, würde der Bann brechen. Ich rief ihn mit jedem Gedanken, den ich aufbieten konnte, doch kurz vor der Tür hielt er inne und drehte um, als hätte er etwas vergessen. Ich wusste, dass die »Lichter«, was auch immer sie waren, ihm einen Gedanken eingegeben hatten, um seine Absicht zu ändern, und ich war mir sicher, dass ich sterben würde.

Ich weiß nicht, wie lange dieser Bann anhielt, doch irgendwann verblassten die seitlichen Lichter langsam. Das Pulsieren der mittleren Gestalt verlangsamte sich entsprechend. Die seitlichen Lichter verlöschten gleichzeitig und ließen mich mit dem mittleren Licht über der sich wiegenden Gestalt zurück. Kaum wahrnehmbar langsam ließ auch das Wiegen nach und das Licht verlöschte ebenfalls. Schließlich hielt mich nur noch die bewegungslose Erscheinung, eine formlose Gestalt, unter einem blassen Licht in ihrem Bann. So plötzlich, wie es begonnen hatte, verschwanden Gestalt und Licht, und ich war frei, aus dem Bett zu springen und den Flur entlang ins Wohnzimmer zu rennen, wo ich mich in einen Stuhl warf und daran festklammerte, als gelte es mein Leben. Ich erzählte meiner Mutter alles und weigerte mich, wieder ins Bett zurückzukehren, doch schließlich gewann die Erschöpfung die Oberhand.

Am nächsten Morgen erhielten wir einen Anruf von einer Tante, die uns erzählte, dass ihre Schwiegermutter gestorben sei. Es war genau zu dem Zeitpunkt, zu dem ich diese Erscheinung hatte. So entstand in meiner Familie die Legende, dass diese Großtante mich im Augenblick ihres Todes besucht hatte. Ich erinnere mich an sie nur als in einem Schaukelstuhl sitzend, sich langsam hin und her wiegend. Vielleicht war sie es, doch ich ziehe Metatrons Erklärung vor, dass es eine Initiation durch drei Meister aus einer anderen Dimension war, die ich nur empfangen konnte, nachdem ich mich endlich entschieden hatte, in meinem Körper zu bleiben, obwohl diese Entscheidung, wenn Metatron damit recht hat, seitdem oft wieder in Frage gestellt wurde. Weil Ruby dafür gesorgt hatte, dass ich keinen Kontakt mit dem normalen Leben hatte, stürzte ich mich hinein, als ich nach dem Tod meines Vaters im Alter von achtzehn Jahren aufs College kam. Ich fing eindeutig mit jenen Lebenserfahrungen an, von denen die Stimme mir erzählt hatte. Ich ver- und entliebte mich, so wie ein Kind, das laufen lernt, immer wieder hinfällt und aufsteht. Ich hungerte nach Liebe, nach Berührung, nach Leidenschaft. Das, in Bezug auf Liebe, tapsige Kleinkind landete immer wieder sicher auf seinem Hintern, bis eines Nachts jemand, mit dem ich mich verabredet hatte, mich nicht nach Hause bringen wollte.

Ich erinnere mich an die Angst, als er an meinem Haus vorbei fuhr und stattdessen in eine dunkle Straße einbog, die zu seinem eigenen Wohnhaus führte. Seine Absicht wurde eindeutig, als er einen Kampfgriff anwandte, um mich in seine Wohnung zu zwingen. Als er sich einen Moment umdrehte, riss ich mich los und rannte um mein Leben. Er setzte mir nach. Im Rennen musste ich mich entscheiden, ob ich im Schatten bleiben oder versuchen wollte, eine Telefonzelle zu erreichen, um zu telefonieren. Die Telefonzelle lag im vollen Licht, gut sichtbar für jeden, der ein verängstigtes Mädchen jagte.

Ich entschied mich für die Telefonzelle, doch sie war kaputt, und er hatte mich entdeckt. Ich rannte in Richtung Strand, wo ich bei jedem Schritt tief im Sand versank und mich völlig bei dem Versuch erschöpfte, durch Dünen und Strandhafer zu laufen. Doch ich entkam. Nachdem ich ein paar Meilen den Strand entlang gegangen war, sah ich im schwachen Mondlicht ein paar Gestalten auf mich zukommen.

Ich geriet in Panik und lief wieder zur Straße, um auf ihr die letzten fünf Meilen nach Hause zu laufen. Inzwischen war es weit nach Mitternacht. Es war eine Nacht von Flucht und Schrecken gewesen. Ein Auto hielt neben mir und eine Stimme sagte: »Du bist ja verrückt, hier mitten in der Nacht durch die Gegend zu spazieren. Ist alles in Ordnung? Komm, ich fahr dich nach Hause. Es ist gefährlich für dich, so allein hier draußen herumzulaufen.« Ich schaute in den Wagen und erblickte ein halbwegs sicher aussehendes Gesicht von jemandem, den ich noch nie zuvor gesehen hatte.
Es war verrückt von mir, aber ich stieg ein.
Er beschleunigte sofort auf eine Geschwindigkeit, die es unmöglich machte, aus dem Wagen zu springen, und zog ein Messer, das er seitlich an meinen Hals hielt. Er fuhr irgendwo in den Sumpf, so weit die Straße reichte. Der Rest der Nacht, bis zum Morgengrauen, ist nur eine verschwommene Erinnerung an Blut, Quetschungen und Kampf, mit dem Glitzern des Mondlichtes auf der Messerklinge.
Nachdem der Kampf vorbei war, fuhr er mich zurück zu der Straße, die ich so verzweifelt versucht hatte zu erreichen, und ließ mich an der Ecke aussteigen.

Mehrere Wochen lang trug ich eine Netzmaske über dem Gesicht und schämte mich für die Schnitte und Wunden, als ob ein Mädchen, das so darum kämpft, nach Hause zu kommen, den Schrecken dieser Nacht irgendwie verdient hätte. Schließlich ging ich zur Polizei, doch zu jener Zeit war es in Virginia Beach üblich, dass die Namen der Vergewaltigungsopfer in der Presse erschienen, und ich fühlte mich nicht in der Lage, mit dem umzugehen, was folgen würde, wenn die Königin Victoria davon erfuhr. Der Gedanke an ihre Anschuldigungen, ihre Schuld- und Sünde-Tiraden war schrecklicher als alles, was mir in jener Nacht widerfahren war.
Ich schloss jene Tür und wandte mich mit Leidenschaft meinem Leben zu. Ich arbeitete bei einem Radiosender und fing an, Erfolg im Medien- und Kommunikationsbereich zu haben, der mir auch während des ganzen emotionalen Durcheinanders der folgenden dreißig Jahre beständig treu blieb.
Ich begegnete einem schmucken jungen Mann, wir gingen zusammen aus, und es wurde immer ernster zwischen uns. Er bat mich, ihn zu heiraten. Ich erwog es, obwohl es Anzeichen gab, die ich allerdings

ignorierte. Es gab da noch ungeklärte Fragen für mich und einiges andere, das ihn betraf.

Ich hatte Probleme mit meiner Periode gehabt, doch ansonsten schien alles in Ordnung zu sein, deswegen dachte ich mir bei diesen gelegentlichen Erscheinungen nichts. Schließlich suchte ich Hilfe. Zuerst sagte man mir, ich habe einen Tumor, dann, dass ich im siebten Monat schwanger sei.

Das entsprach nicht meinem Lebensplan. Ich hatte nicht die Absicht, je Kinder zu haben, wahrscheinlich weil meine eigene Kindheit so unglücklich verlaufen war.

Aus meiner Perspektive waren Kinder das, was Frauen davon abhielt, ein Eigenleben zu haben. Aus meiner Sicht waren Frauen in einem endlosen Kreis der Aufopferung gefangen, und darüber hinaus hatte ich eine Todesangst vor der Schmach und Schande.

Ich heiratete den jungen Mann und verbrachte eine furchtbare Nacht damit, ein kleines Mädchen zur Welt zu bringen, das ich nie sah. Mein Arzt hatte eine private Adoption arrangiert, das schien zum damaligen Zeitpunkt die beste Lösung zu sein. Ich hatte überhaupt kein Geld, und ich glaubte, es würde ihr bei einer Familie, die es sich leisten konnte, ein Kind aufzuziehen, viel besser gehen. Meine eigene Kindheit mit Mehlsackkleidern und unglaublich eingeschränkten Möglichkeiten war mir wohl einfach noch zu frisch im Gedächtnis. Es war auch die einzige Möglichkeit, dass die Königin Victoria nichts davon erfuhr und die ganze arme, aber ehrwürdige Familie in Schande versunken wäre!

Die letzten zwei Monate der Schwangerschaft ging ich nicht mehr aus dem Haus. Ich hatte schon in jungen Jahren gelernt, die Vorhänge vor etwas zu ziehen, das nicht gesehen werden sollte, und das war mir in Fleisch und Blut übergegangen.

Mein schmucker junger Gatte erwies sich als schwul, und obwohl er mich so sehr liebte, wie ein schwuler Mann eine Frau nur lieben kann, war und blieb ich doch eine Frau.

Nebenher gelang es mir, meinen College-Abschluss in Musik, Drama und Philosophie zu machen. Ich war ans Radio geraten, als Frauen gerade anfingen, auch als DJs arbeiten zu »dürfen«, und von dort aus entdeckte ich die Macht der Werbung. Ich fand meinen Weg in eine der kreativsten Werbeagenturen Nordamerikas und arbeitete mich in dieser Männerwelt in jungen Jahren bis zu einer respektablen Position

hoch. Ich gewann Preise und Anerkennungen und wurde gut bezahlt. Ich hatte ein gutes, fast magisches Gespür. Meinen Kunden verschaffte das hohe Profite, und ich liebte meine Arbeit.
Man kann sagen, dass ich zweigleisig lebte. Meine Tage waren davon erfüllt, Fernsehspots zu produzieren, Kampagnen zu planen, Werbesongs zu schreiben, zu verhandeln und zu kaufen. Meine Welt bewegte sich zwischen Verhandlungsraum und Studio. Ich war im kreativen und im geschäftlichen Bereich gleich begabt. Ich schien für Werbung geradezu mediale Fähigkeiten zu besitzen. Wenn ich erst mal die »Seele« des Kunden kannte, konnte ich »sehen«, wie das Geschäft oder das Produkt daraus hervorging und konnte genauso einfach erkennen, welche Zutaten notwendig waren, um das Image oder die Botschaft richtig herauszustellen. Dann konnte ich einen Entwurf machen, sei es für Radio, Fernsehen oder Printmedien. Erstaunlicherweise konnte ich genauso einfach das Budget erfassen und so hinbiegen, dass es passte, wobei ich ungeheure Mengen an Information im Kopf behielt. Ich fand es aufregend, diese mentalen Kreuzworträtsel auszufüllen, bei denen bestimmte demographische Empfängerdaten mit spezifischen Begriffen oder Bildern zusammenpassen mussten, um einen bestimmten Markt zu erreichen, das heißt Verkaufsquoten zu sichern.
Meine Nächte waren jedoch nicht so erfolgreich. Wir sahen gut zusammen aus und hatten uns ein viel zu teures Haus gekauft, wie es sich für ein junges Yuppie-Paar gehört. Es war ein spanisches Herrenhaus, mit handgemalten Kacheln um den Kamin und mit Stuckverzierungen. Im Garten stand ein Springbrunnen und die marmorne Eingangshalle erstreckte sich dreizehn Meter lang zu einer Freitreppe hin, die aus »Vom Winde verweht« stammen könnte. Es hatte sogar eine Bedienstetentreppe. Natürlich hatten wir keine Bediensteten. Wir verbrachten unsere Nächte damit, die schwarz-weißen Marmorfliesen des Foyers zu reinigen. Das Dach war undicht und dringend reparaturbedürftig, und das neunzehnte Jahrhundert war an der Küche spurlos vorübergegangen, ganz zu schweigen vom zwanzigsten. Es war eine großartige Illusion, aber kochen konnte man dort nicht. Nach meinen langen Arbeitstagen renovierten wir also nachts unser Haus. Wir feierten viele Partys. Er liebte Partys, doch ich sorgte mich nur, in wen er sich wieder verlieben würde. Seine Depression verschlimmerte sich, wenn er trank, und ich wusste, unsere Ehe war genauso eine Illusion wie das spanische Herrenhaus.

Doch man weiß nie, welcher Tropfen das Fass zum Überlaufen bringt. An einem Morgen ging ich guter Dinge auf dem Bürgersteig zu meinem Auto. Der dunkelgrüne Buick Electra sah gut aus, er strahlte im Sonnenlicht, die Kunden bewunderten ihn, und ich versuchte auch, ihn zu bewundern, obwohl ich mich nach meinem alten MG sehnte. Ein Bauarbeiter saß verloren auf dem Bordstein neben meinem Auto. Ich beachtete ihn nicht, als ich um das Auto ging, und sprang erschreckt zurück. Die Fahrerseite war aufgeschlitzt, als ob ein Riese das Auto mit einer Dose Erbsen verwechselt hätte. Ich schnappte nach Luft, der Mund stand mir offen. Der Bauarbeiter stand auf, den Hut vor der Brust haltend, als ob er meinem dahingeschiedenen Fahrzeug die letzte Ehre erweisen wollte.

»Unser Abrisskran sprang von der Ladefläche, gerade als wir dort um die Ecke kamen, und rammte in Ihr Auto. Wir hatten das Messer dran und nicht die Birne. Ich bin hier geblieben, um auf den Eigentümer zu warten.«

Ich weiß nicht, warum etwas in mir in diesem Augenblick zerbrach, doch genau in diesem Moment beschloss ich, dass sich etwas verändern musste. Ich war kaum am Arbeitsplatz, als ich zum Direktor gerufen wurde. Er eröffnete mir, dass er das Werbegeschäft verlassen und den Laden Ende des Monats dicht machen würde. Ich hatte fünf Jahre lang dort gearbeitet und liebte meine Arbeit. Ich schrieb und war kreativ. Ich produzierte Radio- und Fernsehspots, plante Kampagnen und verwaltete große Budgets für unsere Kunden. Diese Menschen waren mehr meine »Familie« als irgendeine andere, die ich je gekannt hatte.

Ich war wieder zur Adoption freigegeben.

Als ich an diesem Abend nach Hause kam und mein Gatte emotional unauffindbar war, nur mit Alkohol und Eiswürfeln beschäftigt, rastete ich aus.

Frauen bilanzieren rückläufig. Männer radieren ihre Minuspunkte am Ende eines jeden Tages aus. Ich hatte also fünf Jahre auf dem Zettel und nicht mehr viel Platz auf meiner Rechnung. Dies war das tausendste Mal, dass er nicht für mich da war. Er war der Ansicht, dass er an diesem Tag noch keinen Fehler begangen hätte. Außerdem war er ja bislang immer damit durchgekommen.

Wenn er betrunken war, drohte er immer mit Selbstmord, und ich versteckte immer die Autoschlüssel und bat ihn eindringlich, doch wieder zu Sinnen zu kommen, was in der Regel bedeutete, dass ich die ganze Nacht aufblieb, um mit ihm die Abgründe seines inneren Aufruhrs zu besprechen. Meist endete es damit, dass er beim Reinigen der Fliesen oder Abbeizen der Möbel feierte. Doch es war ein schlimmer Tag für mich gewesen, und an diesem Abend war ich eine neue Frau. Diesmal warf ich ihm die Schlüssel zu und riet ihm, auf große Fahrt zu gehen, möglichst von einer kurzen Pier aus. Ich packte meinen Koffer und ging. Ich ließ ihn mit dem spanischen Herrenhaus am See zurück, mit den antiken Möbeln, der Davidstatue und dem leicht ramponierten Buick Electra.

Glücklicherweise hatte ich in der Werbebranche einen guten Ruf und bekam schnell eine andere Arbeit beim Fernsehen. An dem Tag, an dem ich dort meinen Vertrag unterschrieb, verabschiedete sich der Manager und ließ mich als einzige Person auf der Verwaltungsebene zurück. So leitete ich ein Jahr lang einen Fernsehsender. Ich war durch Bluff und Glück zum Radio gekommen, hatte dort unglaublich viel gelernt, hatte fünf Jahre in einer hochrangigen Werbeagentur gearbeitet, und nun hatte mir das Schicksal eine passende Tätigkeit verschafft.

Das Schicksal hatte noch mehr Überraschungen für mich bereit. Ich ging zu einem Unitarier-Empfang und sah den attraktivsten Mann, den ich je gesehen hatte. Ich ging gleich davon aus, dass er egozentrisch sei, und überhaupt traute ich attraktiven jungen Männern nicht mehr über den Weg, daher hielt ich mich den Abend über auf der entgegengesetzten Seite des Raumes auf. Ich vermied es auch erfolgreich, mit ihm ins Gespräch zu kommen, doch als ich danach mit einigen Leuten zum Abendessen ging, saß er mir plötzlich direkt gegenüber.

Es endete damit, dass ich ihn mit nach Hause nahm und wir eine Weile später heirateten. Wir fühlten uns sehr wohl miteinander. Er war ein Intellektueller mit sehr viel Sinn für Respekt und mit tiefen Wunden aus seiner Kindheit – aber wer hat die nicht.

Ich verstand die Antriebe nicht, die mir in meiner Kindheit eingepflanzt worden waren und hatte mich bereits völlig darauf eingelassen, dass ich aufopferungsvoller, klüger, attraktiver, netter, lustiger und talentierter als alle um mich herum sein müsse, um gleichberechtigt und lebensberechtigt zu sein. Das bedeutet, dass ich als Frau darauf aus war, die Superfrau zu werden und mich damit zum potentiellen Opfer machte.

Ich sprang zu jener Zeit manchmal als Moderatorin für eine Nachtsendung im Radio ein, und ich erinnere mich an ein Ereignis, das ein Vorzeichen für viele ähnliche Ereignisse in meinem Leben war, die jedoch erst zwanzig Jahre später anfingen, einen Sinn zu ergeben. Der reguläre Moderator der Sendung war eher konservativ eingestellt, während ich natürlich eher liberal war. Es machte mir großen Spaß, in seiner Sendung die Sichtweisen seiner Hörer etwas in meinem Sinne zu erweitern.

In jener Nacht entschied ich mich, über ein kontroverses juristisches Problem zu sprechen. In einem Nachbarstaat war der Fall einer schwarzen Frau vor Gericht, die Komplizin bei einem Raubüberfall gewesen war. Ihr Freund hatte etwas gestohlen und sie hatte das Auto gefahren. In der Nacht war der weiße Gefängnisaufseher in ihre Zelle gekommen und hatte sie vergewaltigt. Im Verlauf der Vergewaltigung hatte sie sich des Messers an seinem Gürtel bemächtigt, auf ihn eingestochen und war weggelaufen. Er starb, mit den Hosen auf Kniehöhe und seinem Samen um sich herum gespritzt. Sie floh in einen anderen Staat aus Furcht vor der Südstaaten-Justiz, und jetzt war ein Auslieferungsantrag gestellt worden, weil sie des Mordes angeklagt war.

Die Feministinnen waren außer sich. Die »Rednecks« wollten Blut sehen. Ich legte an jenem Abend meinen Zuhörern die ganzen Umstände dar, von beiden Seiten, obwohl ich natürlich mehr zu dem neigte, was ich für eine aufgeklärtere und barmherzigere Haltung hielt. Ich interviewte einen örtlichen Richter bezüglich der juristischen Aspekte und ein paar Feministinnen aus unserer Gegend für die Seite der Frau. Als die Sendung vorbei war, schloss ich den Sender wie üblich und verließ das Gebäude durch eine Seitentür, während ich hinter mir das Licht ausmachte. Wie immer um diese Zeit war ich der einzige Mensch im Sender. Ich ging zu dem riesigen Parkplatz, auf dem erstaunlicherweise eine ganze Reihe Autos auf der einen Seite stand und eine ganze Reihe auf der entgegengesetzten und in der Mitte eine Reihe von Polizeiwagen, die die beiden Parteien in Schach hielten. Die auf der rechten Seite waren gekommen, um mir etwas anzutun, und die auf der linken Seite waren gekommen, um mich zu verteidigen. Die Polizei war da, um die Ordnung aufrecht zu erhalten. Ich schlich mich zu meinem Wagen, fuhr nach Hause und heulte die ganze Nacht. Warum konnte jemand über die Wahrheit böse sein? Warum hassten sie mich so? Ich warf doch nur Licht auf dunkle Wahrheiten. Warum wollten die Leute nicht die ganze Geschichte wissen? Ich war mit meinem Leben in den Südstaaten, in denen eine Frau nicht auffallen oder Dinge in Frage stellen sollte, an einem Wendepunkt angelangt.

Im Morgengrauen war ich zu der Erkenntnis gelangt, dass ich offensichtlich über eine Macht verfügte, die ich nicht gewollt hatte und mit der ich nichts anzufangen wusste. Traurigerweise schien es so, als ob die Leute mich entweder sehr oder gar nicht mochten, es schien keinen Mittelweg zu geben. Hier war es durch meine Stimme hervorgerufen worden, später stellte sich heraus, dass das, was ich schrieb und sogar meine reine Präsenz eine ähnliche Wirkung erzielten.

In dieser Nacht und in vielen nachfolgenden Nächten empfand ich tiefen Schmerz darüber. Macht ängstigte mich, und ich wollte nichts damit zu tun haben. Ich wollte viel lieber von allen geliebt werden und suchte nur nach Bestätigung. Viele Jahre und viele durchweinte Nächte später erkannte ich erst, dass ich diese Macht respektieren und als meine akzeptieren musste, damit ich mit ihrer Hilfe einen wirkungsvollen Beitrag zur Veränderung leisten konnte. Es dauerte Jahrzehnte, bis mir klar wurde, dass Menschen, die etwas bewirken, meist irgendjemanden vor den Kopf stoßen. »Nette« Leute lösen selten Veränderungen aus.

Wegen der Karriere meines Mannes zogen wir nach Washington, D.C., und ich begann, als Beraterin tätig zu werden. Dabei bezog ich alles mit ein, was ich bis dahin gelernt hatte.

Vielleicht lag es an der biologischen Uhr, an dem Stundenglas bei dem der Sand ständig von der Zukunft in die Vergangenheit rinnt, dass mein Mann und ich anfingen, über Kinder nachzudenken und schließlich zwei wunderbare Töchter bekamen. Doch mit diesen Eingriffen in unsere Privatzeit begann sich unser Leben aufzulösen. Zuerst entwickelte Jennifer allergische Reaktionen auf Milch, Soja, alle Proteine und Zucker. Während ich versuchte, mit dieser Diagnose klarzukommen und sie trotzdem irgendwie zu ernähren, bekam Adrianne eine Mittelohrentzündung nach der anderen, und das dauerte an, bis sie zwölf war. Die Nächte bestanden nur aus schlaftrunkenem Herumwandern von Zimmer zu Zimmer. Kaum hatte ich ein vor Schmerzen schreiendes Kind in den Schlaf gewiegt, weinte das andere. Das waren meine Tage als Superfrau. Ich lebte mit ungefähr vier Stunden Schlaf pro Nacht und bediente tagsüber meine Klienten. Mein Büro war bei uns im Haus, und ich hatte ständig eine Hilfe, so dass ich bei der einen Tochter sein konnte, während die Hilfe bei der anderen war. So konnte ich viel bei meinen Töchtern sein, wenn ich nicht gerade unter Zeitdruck stand, und sicherstellen, dass ihnen kein Leid geschah. Die Ältere, Jennifer, weinte wirklich fast die ganze Zeit vor Bauchschmerzen und hielt seit ihrem zehnten Lebenstag keinen Mittagsschlaf. Irgendwann um Mitternacht schlief sie in der Regel weinend ein, wachte um zwei und um vier Uhr weinend auf, um gegen sechs dann wieder wach zu sein. Die Jüngere weinte immer, wenn sie eine Mittelohrentzündung hatte, und sie hatte in ihrem zweiten Lebensjahr zwölf davon.

Wenn ich zu meinen Klienten fuhr, nahm ich die Mädchen und die Babysitterin häufig mit und hielt dann an Spielplätzen oder Kindermuseen. So konnten sie spielen, während ich zu meinen Sitzungen ging.

Zu jener Zeit lebten wir in der Nähe von Washington D.C., und so war es nicht erstaunlich, dass ich anfing, Politiker zu beraten. Ich schien auch dafür begabt. Ich ging mit ihnen genauso um, wie ich mit einem Schuhhändler umgegangen war. Es war eigentlich einfach. Es geht nur darum, zu verstehen, was die Grundlage des Klienten bildet, woraus seine »Seele« besteht, und wie man das auf dem Markt am besten darstellen kann.

Während ich gerade eine bestimmte Kampagne leitete, trat mir das Vordringen der evangelischen Rechten schmerzhaft ins Bewusstsein. Die unheilvollen Vorzeichen beängstigten mich. Ich fürchtete eine Beschneidung unserer Verfassungsrechte. Ich sah eine schreckliche Zukunft voraus, die von der Art von Bewusstsein dominiert würde, in dem ich aufgewachsen war: engstirnig, frömmelnd und ignorant. Ich fürchtete Zensur und den Verlust von Freiheiten, alles im Namen Gottes und der Gerechtigkeit natürlich. Ich fühlte mich angesichts dieser Entwicklung vollkommen hilflos, wie ich mich eigentlich mein ganzes Leben lang gefühlt hatte. Ich saß auf einem Pferd, das in nichts dem Pferd meiner Kindheit ähnelte. Ich wollte nicht da hin, wohin es mich trug, doch ich befand mich im Zustand des Beobachtens. Mein »Aktions-Knopf« war noch nicht gedrückt.

Je mehr meine Töchter forderten, desto mehr zog sich mein Mann zurück. Er ging morgens um sechs zur Arbeit und kehrte gegen fünf zurück, um ein langes, heißes Bad zu nehmen, um das ich ihn beneidete. Dann verschwand er entweder in sein Büro oder zum Fernsehen. Stunden später kehrte er zurück, und ich kann die Abende zählen, an denen er die Kinder ins Bett brachte. Er wurde emotional immer kühler, bis mir eines Tages auffiel, dass es drei Jahre her war, dass er mich zuletzt berührt hatte, und ich durfte nicht die Initiative ergreifen. Meine Versuche, darüber zu reden, waren erfolglos. Meine Forderung, wir bräuchten psychologische Beratung, führten nur zu einem Eheberater, der selbst das verliebteste Paar dazu gebracht hätte, sich scheiden zu lassen. Ich weinte mich regelmäßig in den Schlaf, und er bemerkte es nicht einmal.

Ich erinnere mich, dass ich eines Abends am Fußende des Bettes stand und ihn fragte, warum er mich nicht mehr anfasse. Ich biss mir auf die Lippen und rüstete mich für seine Antwort.

»Ich finde dich nicht mehr attraktiv.« Mehr hatte er dazu nicht zu sagen. Er las weiter, und ich ging zu den Mädchen, damit sie ihn nicht störten. Damit verbrachte ich meine Abende, denn er konnte es nicht leiden, sie weinen zu hören.

Mein Geschäftsleben war jedoch äußerst erfolgreich, wir lebten in der richtigen Stadt und fuhren das richtige Auto. Ich hatte wieder orientalische Teppiche und antike Möbel! Die Kinder waren im besten Kindergarten und nahmen an Begabtenprogrammen teil, was zu jener Zeit in Nord Virginia als ein »Muss« galt, wenn man erfolgversprechende Kinder haben wollte.

Dann begannen die Besuche. Eines Nachts schlief ich in meinem eigenen Bett, als ich einen Finger auf meinem Arm spürte. Ich dachte, es sei Jennifer, die etwas von mir wollte. Ich drehte mich um und öffnete meine Augen. Doch zu meinem Schrecken stand da niemand. Als ich auf meinen Arm schaute, sah ich in dem gleichen Rhythmus eine Vertiefung, wie ich das Gefühl hatte, dass jemand in meinen Arm stupste. Schließlich sah ich am Fußende des Bettes eine große, leuchtende Gestalt, menschenähnlich, doch körperlos, nur als eine leuchtende, pulsierende Präsenz, die einen feurigen »Finger« ausstreckte und mir zuflüsterte: »Komm, schreibe!«

Ich stand auf, ging in mein Büro und begann eine Reihe von Gedichten, die ich später »Die Phantom Reihe« nannte. Diese Gedichte hungerten danach, zu wissen, wer diese Präsenz sei. Sie war eindeutig männlich und fühlte sich höchst sexuell an. Ich dürstete danach zu wissen, wer auf diese Weise in mein Leben trat, und mich daran erinnerte, wie viel Leidenschaft in meinem Alltag fehlte.

»*Ich jage nach dir auf den Wegen durch die Zeit. Durch Geburt und Tod*

und Geburt und Tod. Du entflammst mich und ich brenne«, schrieb ich ihm.
Jene Erfahrung meiner Kindheit mit den drei Lichtern hatte in mir ein großes Interesse für paranormale Dinge hinterlassen. Als ich noch recht jung war, hatte ich ein Buch von Edgar Cayce gelesen und das Konzept von Karma und Wiedergeburt leicht annehmen können. Es fühlte sich einfach richtig an, meine Seele erkannte es, zumindest für mich, als wahr. Doch es war lange her, dass etwas in dieser Richtung geschehen war, erst recht etwas so Erschütterndes. Diese Besuche gingen neun Monate lang, Nacht für Nacht weiter, und nach dieser Zeit begann ich, eine Kolumne für eine Zeitung zu schreiben und setzte mich entschiedener und entschlossener wieder mehr mit alternativer Spiritualität auseinander.
Zuvor hatten mich paranormale Ereignisse interessiert, doch jetzt fing ich an, über Gott nachzudenken, und ich wusste, dass »Er« Ich war. Mein Mann hielt mich für verrückt.

Neun Monate, das war genug Zeit, um eine Kolumne ins Leben zu rufen, die ich danach vier Jahre lang für eine lokale Zeitung verfasste. Einer meiner ersten Artikel handelte von dem ersten Tag, an dem Jennifer in den Kindergarten ging. Er drehte sich recht poetisch um die Hoffnungen einer Mutter für ihr Kind, in Anlehnung an die Hoffnungen, die wir für alle Kinder haben.
Ich erinnere mich an eine Zeile, die lautete: »Möge dich nie der Schuh drücken.« Der Artikel schien nur davon zu handeln, dass Jennifer in den Kindergarten ging, doch in bildreicher Sprache ging es eigentlich um die Kindheit, um das Leben und die Verluste, um unsere Hoffnungen und Ängste für alle unsere Kinder. Aus welchem Grund auch immer hassten mich die Leute für diesen Artikel. Der Herausgeber war ein Freund von mir und verstand die Macht der Kolumnisten. Er war entzückt über die Kontroverse, die ich hervorgerufen hatte und brachte die Hassbriefe groß heraus.
Wie konnten sie mich dafür hassen, dass ich einen netten Artikel über meine Tochter und all meine Hoffnungen und Träume für sie verfasst hatte? Ich las den Text immer wieder durch und kann bis zum heutigen Tag nichts darin finden, was Hass provozieren könnte. Doch eine Woche nachdem er veröffentlicht worden war, öffnete ich die Zeitung und sah zwei Hassbriefe an mich. Ich weinte die ganze Woche. In der

nächsten Woche erschienen Briefe in der Zeitung, die voll des Lobes für mich waren. Ich stand wieder vor meinem alten Problem, es allen recht machen zu wollen. Warum liebten sie mich nicht alle? Eines Tages bezahlte ich an der Kasse im Supermarkt mit einem Scheck und die Kassiererin sah meinen Namen. Sie sagte etwas über die Kolumne, woraufhin die Frau hinter mir sich bemüßigt fühlte, mir zu sagen, wie sehr sie mich hasste, was dazu führte, dass die Frau hinter ihr sagte, wie sehr sie mich liebte. Ich schlich mich aus dem Laden, ging nach Hause und weinte wieder.

Ich sagte mir, wenn meine Fünfjährige aufwachsen und zur Schule gehen konnte, dann könnte auch ich erwachsen werden, das hieß für mich, alle meine Ängste davor zu überwinden, nicht gewollt zu sein und nicht gemocht zu werden. Es ging um dieses uralte Verlassenwerden. Diese Gefühle hielten mich davon ab, all das zu sein, was ich sein konnte. Ich wusste, solange ich mir darüber Sorgen machte, was die Leute dachten, würde ich nicht all das sein, was ich sein könnte. Ich verbrauchte meine ganze Energie in meinen Bemühungen, Dinge zu schreiben und zu tun, die die Leute zufrieden stellen würden – meinen Mann zufrieden stellen würden – meine Kinder zufrieden stellen würden – meine Klienten zufrieden stellen würden. Ich hatte keine Kraft mehr für mich übrig.

Mein Leben besteht aus Stolpern und Rissen. Ich stolpere in etwas hinein und irgendwann reißt etwas in mir, und ich breche aus. Wahrscheinlich hätte mir klar sein sollen, dass in meiner Ehe ein Riss entstanden war, der groß genug war, um hindurchzufallen. Wir gingen jeder eigene Wege und begegneten uns nur sporadisch an Kreuzungspunkten. Aber ich gebe nicht so leicht auf, und so versuchte ich weiterhin, es irgendwie hinzukriegen oder tat so, als wäre es nicht so wichtig, dass ich nicht glücklich war.

Eines Abends waren wir mit einem Freund zum Essen aus. Wir saßen in einem französischen Restaurant in Georgetown, in dem die Kellnerinnen auf Rollschuhen servierten. Ich hatte etwas getrunken, was ungewöhnlich für mich war. Ich werde schon von einem Drink lustig und beschwipst. Ich schmolz dahin und erinnerte mich an den Mann, in den ich mich verliebt hatte, den ich geheiratet hatte, den Mann, für den ich so stark empfunden hatte, dass ich Kinder mit ihm wollte. Ich lehnte mich zu ihm hinüber und strich ihm sanft und sinnlich über den Nacken. Er drehte sich nicht um, er hielt meine

Finger wohl für ein Insekt, denn er wedelte mit der Hand über seinen Nacken, wie man eine Fliege wegscheucht.
Es fühlte sich an, als hätte mich jemand ins Herz geschlagen. Es war der Tropfen, der das Fass zum Überlaufen brachte, die letzte Zurückweisung von den hunderten, die ich schon von ihm erlitten hatte. Ich stand auf, schob ihm die Autoschlüssel rüber (natürlich verdiente ich es nicht, das Auto zu nehmen) und ging aus der Tür. Ich hatte fünfundzwanzig Cent im Portemonnaie und musste den Taxifahrer erst mal bitten, mich zu einem Geldautomaten zu bringen. Es war ein irakischer Student. Wir holten eine Freundin von mir ab, die Trompete spielte, hielten kurz bei mir zu Hause an, um meine Klarinette mitzunehmen, und setzten uns zusammen auf den Marktplatz unserer Stadt und machten Musik. Der Taxifahrer spielte Tablas und sang dazu. Bis zum Sonnenaufgang saßen wir auf der Lake Anna Plaza und spielten den Blues. Ich sang von verlorener Liebe, sie sang von verlorener Jugend, er sang vom Schrecken des Krieges. Aus irgendeinem Grund scheuchte uns niemand weg.
Ich wollte eigentlich am nächsten Abend gehen, doch mein Mann überredete mich, noch ein paar Wochen zu bleiben. Eine Mutter mit zwei kleinen Kindern sollte nicht raus in die Kälte müssen. Er sagte, in ein paar Wochen würde er etwas zum Wohnen gefunden haben. Aber er ging nicht. Später fand ich heraus, dass sein Vater ihm geraten hatte, nicht zu gehen, damit ich nicht Ansprüche auf das Haus erheben könne. Er kannte mich offensichtlich überhaupt nicht. Ich lasse Häuser und Antiquitäten hinter mir.
Ich bin es nicht wert, dass sich jemand um mich kümmert. Ich kümmere mich um mich selbst. Niemand liebt mich. Egal wie viel ich gebe oder wie hart ich arbeite oder wie sehr ich liebe. Ich bin eine Waise, und so wird es immer bleiben. Außerdem bin ich nur eine Frau, und jeder weiß, dass Frauen wertlos sind. Wir können keine Heiligen oder Mystiker sein. Wir sind nur Huren. Wir können nichts als den Männern dienen. Wir sind zur Fortpflanzung notwendig, doch auch das ist nur von vorübergehender Bedeutung, denn bald werden wir durch Reagenzgläser und Petrischalen ersetzt.
Ich blieb letztlich noch sechs Monate nach jenem Ereignis, doch ich nahm meinen Ehering ab und betrachtete mich nicht mehr als verheiratet. Ich widmete mich ernsthaft meinem spirituellen Leben, mit dem er nichts zu tun haben wollte.

Ich mietete mir eine Hütte auf Chincoteague Island und verbrachte dort zwei Wochen ohne Uhr und ohne Telefon. Es war das erste Mal seit Virginia, dass ich Zeit allein verbrachte. Ich saugte das Abenteuer des Alleinseins auf wie ein Schwamm. Ich badete darin, endlich mich in mich selbst sinken lassen zu können, Raum zu haben, um zu atmen und zu denken.

Ich freundete mich mit einem Fischer an, der mir das Beste von seinem täglichen Fang brachte, und lebte selig von einer großen Krabbe, einem Glas Rotwein und einer Artischocke pro Tag.

Ich wanderte die Atlantikküste entlang und hatte etwas, das man wohl als lebensverändernde Erfahrung bezeichnen muss. Ich sprach drei volle Tage lang mit den »Worten ohne Stimme«, während ich mich bei stürmischen Winden den Strand entlang kämpfte. Dieser »Lehrer«, der in meinem Kopf auftauchte, war die anspruchsvollste und kraftvollste Präsenz, die ich bis zum damaligen Zeitpunkt kennen gelernt hatte.

Diese »Worte ohne Stimme« sprachen zu mir von der Illusion der Perfektion und über das Lichtspektrum und darüber, wie es uns erschuf, während unseres Falls in die Materie. Sie lehrten mich die Physik des Bewusstseins und die Vollkommenheit in der scheinbaren Unvollkommenheit.

Er – denn die Präsenz fühlte sich männlich an – erzählte mir auch von der Physik der Seelenpartner, dass wir nämlich als ein Licht unsere Reise in die Materie beginnen und uns dann aufteilen in zwei, ein männliches und ein weibliches Licht, positiv und negativ, während wir weiter durch das Lichtspektrum »fallen«, um auf diese elektromagnetische Bewusstseinebene zu gelangen. Er sagte mir, dass sich diese beiden Lichter praktisch nie auf derselben Ebene aufhalten und dass die Wiedervereinigung dieser beiden Lichter äußerst selten sei. Die magnetische Kraft dieser ursprünglichen Lichter sei so groß, dass sie einander zum Explodieren bringen könnten, falls sie sich zu früh begegnen, das heißt, bevor sie ihre individuelle Arbeit erledigt haben. Nach diesen warnenden Vorbemerkungen eröffnete mir die Stimme, dass es meinem Schicksal entspräche, mich mit meinem ursprünglichen Licht wieder zu vereinen.

In dem kleinen Mädchen wurde der Funke wieder entzündet, ihr Glaube an die wahre Liebe. Sie hatte immer gewusst, dass irgendwo da draußen ein anderer Teil von ihr sei, und trotz der Warnungen hüpfte mein Herz vor Freude über die Aussicht. Ich schaute auf mein Leben und erkannte, dass mein Hauptthema immer meine Beziehungen gewesen waren. Das war meine *Arbeit*. Das war meine *Liebe*. Letztendlich hatte ich immer nach dieser anderen Hälfte von mir gesucht. Und wenn es wahr sein sollte, dass die beiden sich nicht begegnen sollten, bevor sie mit ihrer eigenen Arbeit fertig waren, dann wollte ich mich lieber an die Arbeit machen. So kam es, dass ich schwor, all meine unerledigten persönlichen Themen ans Licht zu bringen, um bereit zu sein.

Ich wanderte drei Tage lang, der Nordostwind blies mir so heftig ins Gesicht, dass ich mich dagegen lehnen musste, während ich mit dieser Stimme Gottes in meinem Kopf über die Ungereimtheiten und Wunderlichkeiten des Lebens und der Metaphysik diskutierte.

Als ich gerade einmal wieder besonders vehement argumentierte, wurde mir befohlen, eine Muschel aufzuheben, die auf meinem Weg lag. Sie hatte einen Sprung, war überwachsen und ölverschmiert. Wo einmal Leben war, gab es jetzt nur noch Parasiten und Verschmutzung. In meinem Verstand teilte sich für einen Augenblick der Himmel, und ich sah die Wahrheit. Ich sah es alles. Ich sah die Bewegung von Kosmos über Kosmos, vielfältigste Ebenen über Ebenen, Welten in Welten und Schichten von Sinn und Zweck.

Sinn und Vollkommenheit waren beweglich wie Schlangen. Sie konnten sich in jede Richtung biegen, wo auch immer sie gerade hin wollten. Es war alles vollkommen. Selbst das Konzept der Vollkommenheit war begrenzt, und auch das war vollkommen. Die Unvollkommenheit war vollkommen!

Vielleicht waren es Sekunden, vielleicht auch Stunden, die ich in diesem seligen Zustand verbrachte. Ich weiß es nicht. Ich hatte gefragt: »Was soll das alles?«, und ich hatte eine Antwort erhalten.

Am vierten Tag zu Sonnenaufgang bat ich darum, aufschreiben zu können, was ich gehört hatte. Mir wurde gesagt, dass ich mir die Worte erarbeiten müsse, erst wenn ich sie mir in meinem eigenen Leben angeeignet hätte, kämen auch alle Lehren zu mir zurück – aber sie kämen dann aus meinem eigenen Mund und Herzen und wären keine bloße Wiederholung. Deswegen kann ich hier noch nicht alles wiedergeben, was mir der Wind in jenen drei Tagen erzählte.

Als ich nach Hause zurückkehrte, war ich nicht mehr dieselbe. Ich hatte etwas gesehen, das mich verändert hatte.

Ich liebte meinen Mann, doch er konnte sich selbst nicht lieben, und ich hätte eigentlich damals schon erkennen können, dass man nie-

manden so sehr lieben kann, dass er einen zurückliebt. Wer sich selbst nicht liebt, der kann auch keinen anderen lieben. Doch ich hatte das in meiner ersten Ehe nicht kapiert und in meiner zweiten auch nicht. Stattdessen hatte ich Nächte lang neben ihm wach gelegen, tränenüberströmt, und er hatte es nie bemerkt.
Nachdem ich zehn Jahre lang darauf gewartet hatte, dass es zwischen uns wärmer werden würde, nahm ich an, dass er erfroren sei – und ging. Ich war an einen Punkt gekommen, an dem emotionale Freiheit und Wahrheit wichtiger wurden als das bloße Überleben. Ich wollte die Kinder nicht in einer Umgebung aufwachsen lassen, die aus einer einzigen Lüge bestand, in welcher der »Mama-Papa«-Mythos nur »um der Kinder willen« aufrechterhalten wurde. Falls dieser Mann mein Seelenpartner war, dann versteckte er es äußerst gut.
Mich rief eine Insel unter nördlichem Himmel und ein großer Lehrer im Wind. Wenige Monate nach meiner Erfahrung auf Chincoteague sah ich ein Video von jemandem, der sich ganz ähnlich anhörte wie mein Lehrer im Wind. Also packte ich meine Töchter ein, schloss mein Büro, kaufte einen Bus und machte mich auf den Weg nach Westen, wo ich die Lehren dieses großen Meisters aufschreiben und an meinen unerledigten Themen arbeiten wollte, damit ich bereit wäre.
Ein paar Szenen von dieser Fahrt quer über den Kontinent sind mir in lieber Erinnerung. Nachts hielten wir auf Campingplätzen, wo sich unser VW-Bus neben den Wohnwagen und fahrbaren Villen ziemlich unscheinbar ausnahm. Doch wir zauberten Leinentischtücher und Silberkelche aus unserer Muschelschale, und während unsere Nachbarn auf ihren Plastikstühlen saßen und Bier tranken, frühstückten wir Eier »Benedikt« und tranken unseren Tee aus wunderschönen Schalen.
An dem Tag, als mein Bericht im Weißen Haus vorgelegt wurde, saß ich unter einem Wasserfall in West Virginia und ließ es mir gut gehen. Ich hätte diesen Termin noch abwarten und die damit verbundene Ehre einheimsen können, doch der Wasserfall war mir lieber. Es war am 4. Juli 1986, und unter einem Wasserfall zu liegen, schien eine deutlichere Aussage zum Thema Freiheit zu sein als im Oval Office von Präsident Reagan zu sitzen.
In Elk Creek, Kentucky, hatte ich die erste Migräne meines Lebens. Mein Kopf pochte, und ich fuhr auf den nächsten Campingplatz. Es war noch früher Nachmittag, und ich hatte gerade einen Platz ausgewählt, als stechende Schmerzen mich dazu zwangen, mich unter

Decken in der Dunkelheit zu verkriechen. Neben unserem Platz lebte die Dauercamperin Elsa. Ein Holzschild zeigte ihren zahlreichen Gästen und Familienmitgliedern den Weg. Sie fädelte Weihnachtskerzen auf und hatte ihren ganzen Platz mit Kunstrasen ausgelegt. Kurz bevor ich vor Schmerzen halb ohnmächtig wurde, sah ich noch, wie meine beiden Mädchen zu Elsas Gartenzaun hinüberwanderten. Elsa saß auf einem Liegestuhl, schnitt Bohnen und hielt mit einem kleinen Chihuahua neben sich Hof.
Ich erwachte Stunden später und fühlte mich wie neu verkabelt. Nach Migräneattacken war dies bei mir immer der Fall, das konnte ich in den folgenden Jahren erfahren. Ich erschrak. Wie lange hatte ich geschlafen? Wo waren die Mädchen? Ich achtete auf der ganzen Fahrt darauf, sie nicht aus den Augen zu lassen, weil ich so viele Horrorgeschichten von Kindern gehört hatte, die auf dem Weg zur Toilette vom Campingplatz verschwanden. Ich zog die Vorhänge zurück und versuchte, meine optischen Nerven an das Dämmerlicht zu gewöhnen.
Da saßen die Kinder und schnitten mit Elsa Bohnen.
»Um Himmels willen«, dachte ich. »Was wird sie von mir halten? Ich habe, weiß Gott wie lange im Wagen geschlafen, während meine Kinder durch die Gegend ziehen.« Sie war eine ältere Frau, und da ich von einer älteren Frau aufgezogen worden war, hatte ich sie fürchten gelernt!
Ich stolperte aus dem Wagen und zu Elsas Platz hinüber.
Die Mädchen begrüßten mich begeistert und baten Elsa, mir die Kunststückchen ihres Chihuahua zeigen zu dürfen. Elsa erlaubte es ihnen, und sie befahlen dem Hündchen »einen Drink zu holen«. Das kleine Bündel aus weißem Fell sauste in den Wohnwagen und zog eine Dose Bier heraus. Grimmig knurrend, kratzend und beißend kämpfte es sich mit der Dose über den falschen Rasen, bis sie anfing, zu lecken. Entzückt legte es sich sofort hin, zog die Dose über sich und genoss jeden Tropfen, den die Schwerkraft ihm schenkte.
Elsa wandte sich mir zu. »Die Mädchen haben mir erzählt, dass Sie sie auf irgendeine gottverlassene Insel unter nördlichem Himmel mitnehmen. Haben Sie dafür einen triftigen Grund?«
Die Angst schnürte mir den Hals zu. Wollte sie mich dafür verurteilen? Würde ich unter diesem Verhör in die Knie gehen? Sollte ich ihr etwas vorlügen, um mich zu rechtfertigen?

»Nein«, hörte ich mich antworten. »Ich habe keinen triftigen Grund dafür. Ich möchte es einfach.«

»Gut«, sagte Elsa. »Ich habe noch nie jemanden mit etwas glücklich werden sehen, das aus einem triftigen Grund getan wurde.«

Da wusste ich, dass wir auf einer gesegneten Reise des Geistes waren, nicht des Verstandes. Es ging weiter mit philosophischen Gesprächen mit Folksängern auf einem Hausboot auf dem Missouri und der Rettung eines Frosches aus einem Wirbelwind in South Dakota.

In Missoula im Staat Montana gefiel es mir so gut, dass ich mich vor einem China-Restaurant neben unserem Bus hinkniete. Ich schwor, wo auch immer er zusammenbrechen würde, es als ein Zeichen zu nehmen, dass wir an diesem Ort bleiben sollten. Dann ließ ich den Motor an und hoffte im Stillen, dass er versagen würde. Doch er lief. Wir fuhren weiter, bis in einer kleinen Stadt im nördlichen Staate Washington das Land zu Ende war. Wir nahmen die Fähre zu der kleinen Insel, die mich fern im Osten gerufen hatte. Wir kuschelten uns zu dritt im Bug der »Kaleetan« aneinander und weinten, als wir auf unser Zuhause zufuhren. Hier sang mein Herz. Hier atmete meine Seele voller Freude und erkannte den göttlichen Plan. Hier, wo die Klippen sich wie eine Kette alter Erinnerungen am Meer entlang ziehen, fühlte ich mich an meinem Platz wie nie zuvor.

Doch niemand erwartete uns. Kein Banner war aufgespannt, auf dem stand »Willkommen! Wir haben euch erwartet. Setze dich und schreibe deine Bücher. Hier ist dein Honorar.«

Wir blieben, so lange wir konnten, doch da ich keine Angebote erhielt, fuhren wir wieder ab. Wir wollten unterwegs entscheiden, ob wir entweder Richtung Südwesten oder nach Hause fahren wollten.

Aber da war dieser große schneebedeckte Kegel in unserer Nähe, Mount Rainier, und nachdem wir schon mal da waren, wollten wir auch hinauf. Auf dem Rückweg bergab gab unser Motor den Geist auf. Wir saßen fest. Die Reparatur würde mindestens zwei Wochen dauern. Ich rief zu Hause an und machte die gleiche Erfahrung wie an den anderen Abenden, als wir versucht hatten, anzurufen. Wir ereichten nur den Anrufbeantworter. Als ich den Vater der Mädchen schließlich sprach und ihm erzählte, dass wir in der Klemme saßen, sagte er nicht »Oh, ich kümmere mich darum. Geht es euch gut? Kommt erst mal nach Hause«, sondern nur: »Und was hat das mit mir zu tun?«

Wir kehrten nicht mehr zurück.

Während der nächsten fünf Jahre war ich eine allein erziehende Mutter, die mit Adlern und Walen auf einer Insel unter nördlichem Himmel lebte. Da der Vater der Kinder an der Ostküste lebte, konnte er sie nicht einmal am Wochenende oder zum Übernachten zu sich nehmen, also hatte auch ich nie frei. Kein Wochenende für mich. Es war ein Vollzeitleben. Und die Mittelohrentzündungen setzten sich fort.

Während all dieser Jahre des Neuanfangs hatte ich ein Mantra. Ich wiederholte es ständig, in der Badewanne, auf Bergwanderungen oder wenn ich die Kinder von der Schule abholte. In jenen fünf Jahren habe ich es mindestens zwölf Mal am Tag aufgesagt.
»*Herrgott meines wahren Seins, innere Mutter, innerer Vater,*
ich rufe all meine unerledigten Themen auf, sich zu zeigen.
Zeige mir alles, was ich mir noch nicht angeschaut habe.
Zeige mir meine Ängste, meine Eifersucht und meine Unsicherheiten.
Zeige es mir alles und lasse mich daran jetzt arbeiten. So sei es!«
Manchmal fügte ich auch eine Zeile hinzu:
»*Herrgott meines wahren Seins, innere Mutter, innerer Vater,*
ich rufe all meine unerledigten Themen auf, sich zu zeigen.
Zeige mir alles, damit ich es abschließen kann und bereit bin,
dem Gefährten meiner Seele zu begegnen.«

Die Kinder und ich standen uns in jenen Jahren sehr nahe. Wir hatten ja nur einander. Wir lebten die meiste Zeit von neunhundert Dollar im Monat. Einmal setzte ich mich mit den beiden hin und besprach unsere Situation. Ich sorgte mich ständig wegen des Geldes. Ich erklärte ihnen, dass wir zurück nach Washington gehen könnten und ich wahrscheinlich wieder viel Geld verdienen würde, so dass sie schöne neue Kleider tragen, Musik- und Tanzunterricht nehmen und all die anderen Sachen haben könnten, die sie hier entbehrten. Wir hatten während der vergangenen Winter eine schöne Wohnung mieten können, doch das konnten wir uns jetzt auch nicht mehr leisten, obwohl wir jeden Sommer ausgezogen und irgendwo untergekrochen waren, bis wir im Herbst wieder einziehen konnten. Wir standen einem Berg von Ausgaben gegenüber, vor allem, wenn ich ein Buch herausgeben wollte. Sie hörten mir geduldig zu, als ich ihnen unsere finanzielle Lage erörterte, doch sie antworteten beide: »Oh nein, wir sind doch hierher gekommen, damit du deinen Traum verwirklichen kannst. Gib deinen

Traum nicht auf. Wir können doch in etwas Billigeres ziehen. Wenn du deinen Traum nicht lebst, geht sowieso nichts.«
Also fanden wir einen verlassenen Wohncontainer, in dem die schimmlige Decke halb heruntergefallen war. Es wäre untertrieben zu behaupten, dass das Dach undicht war. Wir besaßen keine Möbel und konnten es uns nicht leisten, unsere Sachen von der Ostküste holen zu lassen, also nahmen wir, was wir finden konnten. Wir holten uns eine große Schaumstoffmatratze vom Sperrmüll, auf der wir alle zusammen schliefen, ich in der Mitte, und die Mädchen an den Seiten. Wir schliefen als ein großes Durcheinander von Armen und Beinen – und ich liebte es.
Ich war auf den Vater der Mädchen wegen vieler Dinge wütend, doch am meisten regte ich mich jedes Jahr zu Weihnachten auf. All unser Weihnachtsschmuck war in dem komfortablen, großen Haus in Virginia geblieben, in dem er auf Betreiben seines Vaters immer noch lebte. Er benutzte ihn nie, nachdem wir gegangen waren, aber schicken wollte er ihn uns auch nicht. Also hatten wir keinen Baumschmuck und konnten uns auch keinen leisten. In einem Jahr brachte uns der Inselarzt, mit dem wir befreundet waren, einiges von seinem Schmuck, damit wir auch etwas aufhängen konnten. In einem anderen Jahr konnten wir uns noch nicht einmal einen Baum leisten. Ein Freund brachte uns eine sehr hübsche Lärche von seinem Grundstück im Wald mit. Wir hängten unseren wenigen Baumschmuck daran, fädelten Popcorn auf und Madronabeeren, bewunderten ihn und gingen schlafen. Als die Mädchen am nächsten Morgen ihren Baum anschauen wollten, lagen alle Nadeln auf dem Boden. Lärchen verlieren ihre Nadeln, wenn man sie ins Haus bringt. Wir zogen sie noch tagelang aus dem Teppich.
Wir reparierten das Dach und die Decke unserer neuen Behausung, bis die gefährliche Elektroinstallation endlich hielt. Dazwischen lagen Dutzende von Mittelohrentzündungen, und eine nach der anderen wurden wir von dem glühenden Fieber einer Virus-Meningitis ergriffen. Ich weiß noch, wie ich schweißnass durch die Dimensionen der Unterwelten und durch brennende Höllen geschleudert wurde. Es fühlte sich an, als ob das Mark in meinen Knochen kochen würde, und ich litt unbeschreiblich.
In jener Zeit wurde die Insel von zwei so genannten »Jahrhundertstürmen« heimgesucht. Wir lebten an der Nordküste. Der Strom fiel

schon gleich zu Anfang aus und das Wasser kurz danach. Wir hatten einen winzigen Kent-Holzofen in unserem Wohnzimmer. Ich stapelte eine Wand der Küche mit Holz voll und isolierte die Fenster und Türen mit dicker Plastikfolie. Ich zwang mich nur einmal am Tag hinaus in den Sturm, um das Holz aufzufüllen. Ich stellte mir den Wecker, um auch in der Nacht alle zwei Stunden Holz nachzulegen. Wir überlebten in unserem Wohncontainer, während alle anderen von der Nordküste geflohen waren. Zwei andere allein erziehende Mütter überließen ihre großen Häuser der klirrenden Kälte und kamen zu uns. Wir legten Matratzen auf den Wohnzimmerboden und drei Mütter und sechs Kindern überstanden so, auf sechs Quadratmetern, den Orkan. Wir kochten auf unserem kleinen Holzofen tagelang Suppe und Nudeln und tauten Schnee auf, um Wasser zu haben. Kent-Öfen werden immer einen besonderen Platz in meinem Herzen haben. Dieser Ofen hielt uns am Leben, wärmte und nährte uns.
Adrianne feierte ihren achten Geburtstag, als das Schlimmste fast vorüber war. Wir hatten es geschafft, in die Stadt zum Einkaufen zu fahren. Es gab immer noch keine Elektrizität und der Laden konnte ohne Strom nicht einmal die Türen öffnen, sie mussten aufgestemmt werden, damit die Inselbewohner zumindest das kaufen konnten, was noch in den Regalen übrig war. Es gab noch eine Packung Duncan Hines Kuchenmischung, die wir ergatterten. Wir löffelten das Pulver reihum aus der Packung, während wir »Happy Birthday« sangen. Bis zum heutigen Tag war es die schönste Geburtstagsfeier, die ich je erlebt habe. Drei Frauen und sechs Kinder überlebten einen Sturm an genau der Stelle, wo er mit 150 Kilometer die Stunde und Eiseskälte auf die Insel traf. Wir waren warm und satt, ohne die Hilfe irgendeines Mannes.
Irgendwie schaffte ich es in diesem ganzen Überlebenskampf, das zu tun, weshalb ich hierher gekommen war. Ich schrieb drei Bücher mit dem Material, das meiner Meinung nach von dem großen Lehrer im Wind kam. Das war eine ziemlich beeindruckende Leistung für eine allein erziehende Mutter, die von neunhundert Dollar im Monat lebte. Ich holte mir die Rechte für die ersten beiden Bücher zurück und brachte das dritte selbst heraus, und es kam sogar auf die New Age-Bestsellerliste. Adrianne sagt immer noch, dass sie, wenn sie an meine Kraft denkt, sich an jene Wohncontainerjahre erinnert, in denen nichts und niemand uns aufhalten konnte.

Eines der Bücher befasste sich mit männlichen Tyrannen, obwohl ich nicht glaubte, dass ich zu jenem Zeitpunkt schon einem begegnet war. Das zweite handelte von Manifestation und das dritte vom Überbewusstsein.
Wenn ich gewusst hätte, dass ich das in mein Leben ziehe, was ich veröffentliche, hätte ich das Buch über männliche Tyrannen nie verfasst.
Doch die ganze Verantwortung und Einsamkeit macht einen mürbe. Die Schule war weniger als mittelmäßig, und ich sorgte mich, weil die Kinder keine gute Ausbildung erhielten. Über die Befriedigung der Grundbedürfnisse hinaus konnte ich ihnen nichts bieten, auch wenn ich inzwischen Meisterin im Einkaufen in Secondhand-Läden geworden war.
Tief in meinem Herzen war ich einsam.
Ich hielt Vorträge über das dritte Buch, weil das Thema meiner Meinung nach dringend eines besseren Verständnisses bedurfte. Viele Leute die ich kannte, empfanden tiefen Respekt, ja beinahe schon unterwürfige Verehrung für alles, was sich im Rahmen dessen präsentierte, was wir als göttlich betrachten.
Wenn eine Stimme als Gott, Jesus, Maria oder mit dem Namen irgendeines anderen »bekannten« Meisters bezeichnet wird, beugen die Menschen ehrfürchtig das Haupt. Doch die gleichen Leute verachten Menschen, deren Informationsquellen außerhalb unseres historischen Bezugsrahmens, vielleicht sogar bei außerirdischen Quellen liegen. Wie engstirnig!
Ich hielt es für meine Aufgabe, diesen Abgrund zwischen Spiritualität und den so genannten »außerirdischen Bewusstseinsformen« zu überbrücken und begann, darüber zu sprechen.
Ich habe nie genau begriffen, wo Karma und Schicksal aufeinander treffen. Wenn wir unsere eigene Realität erschaffen, welche Rolle spielt dann unsere Bestimmung? Vielleicht verstehe ich das in diesem Leben nicht mehr. Mit Sicherheit verstehe ich nicht, wie eine Frau, die lieber ihren Mann verließ, als ihre Töchter in einer lieblosen Umgebung aufwachsen zu lassen, sich auf das einlassen konnte, was nun folgte.
Auf einem meiner Vorträge begegnete ich einem Mann, der vorgab, etwas zu sein, was er nicht war. Ich glaubte ihm jedoch, weil ich wollte, dass er das sei, was er behauptete zu sein; weil ich mir wünschte, dass es das in der Welt geben könnte – und dass es das in meiner Welt

geben könnte. Er stellte sich als einen großen Lehrer dar. Und er spielte Gitarre und sang dazu.

Er erzählte mir, er sei ein Indianer, ein Medizinmann, der bei den großen alten Großvätern und Großmüttern gelernt habe. Er führte Zeremonien durch, spielte Flöte und komponierte Lieder. Er trug eine heilige Pfeife und beschwor Bilder herauf, die tief in meiner Psyche lagen. So begannen meine Jahre mit dem Adler, dem Bären, der Spinne, dem Raben, der weißen Eule und dem schwarzen Fisch. Ich ging tiefer in die Wälder und verbrachte ungefähr zwei Abende in der Woche damit, Steine in die Schwitzhütte zu schleppen, zu beten und zu singen. In den ersten beiden Jahren reisten wir viel mit den Ältesten und ich lernte erstaunliche Dinge. Ich wusste allerdings nicht, dass er alles genauso lernte wie ich. Er hatte von den meisten dieser Dinge nicht viel Ahnung gehabt, bevor wir zusammen gekommen waren, doch ich war bis dahin noch nie einem Hochstapler begegnet, und ich brauchte Jahre, um es herauszufinden. Ich hatte keine Ahnung, wie schlau das Dunkle vorgeben konnte, Licht zu sein.

Ganz langsam begann er, mich auseinander zu nehmen, mich zu erniedrigen, von alten Freunden abzuscheiden, mir im Verlauf von fast fünf Jahren meine Kraft zu rauben. Eines Morgens wachte ich auf und erkannte, dass ich zu einer missbrauchten Frau geworden war.

Eines Tages ging ich hinter ihm in die Küche, um ihm eine Tasse Kaffee zu machen. Plötzlich drehte er sich auf dem Absatz herum und schlug mir mit aller Wucht aufs linke Ohr. Der Schmerz war so groß, dass ich fast ohnmächtig wurde. Ich ging zu Boden und verbrachte den Rest des Tages im Bett, mit hochgezogenen Knien wie ein Kind. Sechs Monate lang war ich auf dem linken Ohr taub. Und ich sagte es niemandem. Er entschuldigte sich nie. Wir machten einfach mit unserem Leben weiter. Schließlich war er ja ein großer Lehrer und ich nur eine Frau. Was soll ich sonst davon halten, dass ich mir so eine Behandlung gefallen ließ? Vielleicht entschuldigte ich sein Verhalten damit, dass es nicht regelmäßig war und völlig unvermutet auftrat. Vielleicht schämte ich mich auch dafür. Vielleicht war die Wunde meiner Kindheit wieder geöffnet worden.

Es war in der fünften Klasse gewesen. Direkt nach dem Mittagessen sah Charlotte, die Lieblingsschülerin der Lehrerin, ein Buch auf dem Pult liegen. Charlotte war für die Bücherei verantwortlich, und es war ihre Aufgabe, unter den ausgeliehenen Büchern in unserem Raum

Ordnung zu halten. Dieses Buch war nicht ordentlich ausgeliehen worden! Die aufmerksame Charlotte brachte es in die Bücherei und kam ins Klassenzimmer zurück.
Es klingelte, und die Lehrerin kam herein, warf einen Blick auf ihr Pult und fragte, wo ihr Buch geblieben sei. Alle waren sehr still. Mrs. Brown war zu einigen Kindern besonders gemein und zu anderen besonders freundlich. Nach welchen Kriterien sie ihre Gunst verteilte war unergründlich.
An jenem Tag stellte sich Mrs. Brown vor mich hin und sagte:
»Judi, du hast das Buch in die Bücherei zurückgebracht, stimmt's?«
»Nein, Mrs. Brown«, sagte ich höflich. Daraufhin hob sie den Arm und schlug mir so hart ins Gesicht, dass ich zu Boden stürzte. Ich war verwirrt und gedemütigt. Ich hatte ja nichts getan!

Ich konnte kaum erwarten, Ruby davon zu erzählen. Sie würde das schon regeln. Mütter regelten solche Dinge.
Als ich ihr davon berichtete, sagte Ruby jedoch nur: »Ich bin sicher, dass sie das aus gutem Grund tat. Ich unterrichte an derselben Schule. Ich kann da nichts machen.«
Diese Antwort vergaß ich nie und lebte die Nachwirkungen davon noch dreißig Jahre später aus.
Wenn mich jemand schlägt, dann habe ich sicher etwas getan, womit ich das verdient habe. Wenn ich mit dem Messer an der Kehle vergewaltigt werde, dann nur, weil ich so spät nicht auf der Straße sein sollte.
Er griff meine Tochter an und stahl alles, was wir besaßen, bevor ich meine Lektion begriff. Am Ende brachte er mich fast um, als er mich gegen eine Glastür presste und rechts und links ins Gesicht schlug, bis ich fast ohnmächtig wurde.
Endlich wurde mir klar, dass ich fünf Jahre lang mit der dunklen Seite um die Seele eines Mannes gekämpft hatte – und ich hatte den Kampf verloren.

Wir kamen überein, dass wir uns trennen würden, wenn ich mit den Mädchen von einem Kräuterkurs zurückkäme. Doch während wir weg waren, verschmierte er unsere Wände mit Obszönitäten, packte alles ein und verschwand. Er hatte meinen Unterschrift gefälscht auf Dokumenten, die zu Gerichtsprozessen führten und unser Konto geleert. Ich hatte meine harte Lektion über männliche Tyrannen bekommen.

Als wir nach Hause kamen, war alles fort, was irgendwie von Wert war. Er hatte den neuen Videorekorder der Mädchen mitgenommen, den sie von ihrem Kindergeld gekauft hatten, alle CDs, all meine Kunst, mein heiliges Bündel, alle Möbel, die irgendeinen Wert hatten und alle Fahrzeuge inklusive einem Wohnmobil, das auf unser beider Namen angemeldet war. Sogar mein Adressbuch. Er hinterließ 800 Kilo Müll. Ich weiß, wie viel der Müll wog, weil ich an der Müllkippe 180 Dollar dafür bezahlen musste. Das war angesichts meiner finanziellen Lage eine riesige Summe, nur um seinen Müll loszuwerden, aber das war ganz seine Art. In Dosen und Schubladen waren Drohungen versteckt, und der Vermieter gab uns dreißig Tage Zeit, um auszuziehen. Wir reinigten das Haus, übermalten die Wände und zogen innerhalb der gesetzten Frist aus. Er ließ auch seine zwei Hunde zurück.

Ich mietete einen Lagerraum, in dem ich alles unterbrachte, behielt ein gutes Kostüm draußen und zog in die einzige Unterkunft, die uns angeboten wurde: einen winzigen Wohnwagen einer Freundin. Die Hunde kamen in einen Zwinger, die drei Katzen in Körbe übereinander, so hatten wir gerade genug Raum, um zu schlafen.
Adrianne hatte immer jeden Penny, den sie bekam, gespart, so dass ich mir von ihr Geld borgen und nach einem Haus suchen konnte. Eine Maklerin, die wohl ihren Verstand verloren hatte, vermietete uns ein teures, altes Farmhaus an der Küste in der schönsten Ecke der Insel. Ich war eine Frau ohne Arbeit und mit zwei Kindern. Ich habe keine Ahnung, wie ich dieses Haus bekam oder woher ich den Mut nahm, es zu nehmen.
Wir zogen langsam ein und boten den Vormietern an, sie könnten ihre Möbel da lassen statt sie zur Müllkippe zu fahren. *Es gibt eine Göttin!* Dadurch hatten wir wieder Betten, ein Sofa aus den Fünfzigern und einen Esstisch!
Allmählich erhob ich mein Haupt aus der lähmenden tiefen Scham und nahm Kontakt mit alten Freunden auf, indem ich nach und nach ihre Telefonnummern herausfand. Jetzt wurde mir klar, warum er mein Adressbuch mitgenommen hatte. Er hatte viele von ihnen angerufen und behauptet, dass ich ihm alles gestohlen hätte, dass ich ihn völlig mittellos zurückgelassen hätte! Er erzählte ihnen sogar, dass ich ihn misshandelt hätte! Doch der größte Schock von allen war, dass viele ihm geglaubt hatten! Er hatte ihnen die unglaublichsten Lügen auf-

getischt! Schließlich hatte er ja auch mich jahrelang getäuscht, und ich hatte jahrelang verborgen, wie er mich behandelte. Ich weiß nicht, warum. *Rechtfertigte ich es, weil es so unregelmäßig vorkam? Dachte ich, ich hätte etwas verkehrt gemacht, dass er mich deswegen schlug? Kam es so unvermittelt, dass es kaum zu glauben war?*

Dies war meine erste große Erfahrung damit, hintergangen zu werden, und ich sah, dass viele meiner so genannten Freunde eher ihm glaubten als mir. Bis dahin hatte ich geglaubt, dass jede Geschichte zwei Seiten hat. Jetzt weiß ich es besser. Damit meine ich, ich weiß schon, dass es immer zwei Erfahrungen gibt und, dass in dem großen metaphysischen Verständnis jeder seine eigene Wahrheit hat, doch für verbalen oder körperlichen Missbrauch gibt es keine mildernden Umstände. Es gibt keine »andere Seite«, die so etwas entschuldigen würde.

Den letzten Rest gab mir der Besuch einer Freundin, die zu den wenigen gehörte, die von seiner Gewalttätigkeit wussten. Sie hatte in unserer Nähe gelebt und alles mitgekriegt, auch die immensen juristischen Probleme, bei deren Bewältigung ich ihm beigestanden hatte und dass ich mit den Einnahmen aus meinen Büchern seine Anwälte bezahlt hatte, um so seine düstere Vergangenheit abzuschließen. Sie erzählte mir von einem Telefongespräch, das sie in dieser Zeit mit seiner Mutter geführt hatte.

Er hatte immer behauptet, ein Mestize zu sein, ein Halbblut, teilweise indianischer und teilweise kaukasischer Abstammung. Meine Freundin fragte also diese Frau, von welcher Seite denn das indianische Blut käme. Seine Mutter hatte geantwortet, es gäbe kein indianisches Blut in seiner Familie, nur italienisches. Er war ein Vollblut, allerdings ein Vollblut-Italiener!

Er war nichts von dem, was er vorgegeben hatte zu sein, und ich hatte ihm bis zum Ende geglaubt. Ich hatte seine Version seiner juristischen Auseinandersetzungen geglaubt, die ihn als Opfer des Systems hinstellten. Ich hatte seinen Erklärungen für die verschiedenen Namen auf seinen Papieren geglaubt und seinen Geschichten von all den anderen Frauen in seinem Leben, die ihn betrogen und verlassen hatten (und ich schwor mir, bei ihm zu bleiben und ihm zu zeigen, wie wunderbar *manche* Frauen sein können!). Ich hatte seinen Geschichten davon geglaubt, wann und wo er seine Medizin gelernt hatte, nur um am Ende herauszufinden, dass er nicht nur nichts von dem war, was er behauptet hatte sondern nicht einmal derjenige, der er vorgegeben hatte zu sein. Ich hatte mich gewundert, warum er einen anderen Nachnamen hatte als seine Mutter und warum seine Tochter wiederum einen anderen Namen trug und warum sich sein Geburtsname von dem unterschied, unter dem ich ihn kannte. Er war in seinem Leben viele verschiedene Personen gewesen.

Egal, ob jemand ein Opfer von Ignoranz oder Gewalt oder von beidem ist, wie in meinem Fall, es ist ein brennendes Schamgefühl damit verbunden, ähnlich wie bei einem Vergewaltigungsopfer. Es ist dieses schreckliche Gefühl, dieses Ereignis durch irgendetwas verursacht zu haben, es irgendwie verdient zu haben. In meinem Fall lag es natürlich an meiner Kindheit mit der »Königin Victoria«, die mir immer das Gefühl vermittelte, dass ich froh sein könne, dass sie mich vor dem Hungertod auf dem Misthaufen gerettet habe, indem sie mich zu sich nahm. Wenn dann das Opfer eines solchen Kindheitstraumas einem geborenen Täter begegnet, entsteht der ideale Nährboden für Gewalt. In diesem Sinne waren wir wie für einander geschaffen. Wenn Sie die Vollkommenheit der Unvollkommenheit erkennen, so hart und schrecklich es klingen mag: wir beide bekamen, was wir meinten, zu verdienen. Solange wir es zulassen, werden wir geschlagen. Wenn wir die Freiheit höher schätzen als alles andere, dann wählen wir die Freiheit, selbst wenn es den Verlust von dem bedeutet, was aussieht als sei es *Alles*.
Er war geflohen, weil ich anfing, seine Scheinheiligkeit mehr und mehr zu durchschauen und ihm gedroht hatte, den Leuten zu erzählen, was ich über ihn wusste. Wäre ich unterwürfig geblieben, würde er mein Leben heute noch beherrschen.
Mitten in meiner Flucht aus dem Terror trat ein Freund in mein Leben. Ein wunderbarer und bemerkenswerter Mann flog buchstäblich an meine Seite, um mir zu helfen. Er brachte sein weißes Pferd vom Ausland nach Amerika. Er sagte mir, dass ihn nichts dazu bringen würde, mich zu verlassen. Egal wie sehr ich versuchte, ihn zurückzustoßen, er blieb. Schließlich gab ich seinen Bitten nach und ließ mein langes Haar von dem Turm hinunter.
Er war genau das Gegenteil von allen Männern, die ich bis dahin kennen gelernt hatte. Er war geerdet, geschäftlich und spirituell. Und er fand mich wunderbar! Er hörte aufmerksam meinen Gefühlen zu,

interessierte sich immer für meine Meinung und liebte Berührungen. Eines Tages hielt er in einem Cafe in Santa Fe seine Hand über meine, nahm seinen Lieblingsring ab und sagte: »Der nächste Ring, der auf diesen Finger kommt, soll der Ring sein, den du mir gibst, an dem gleichen Tag, an dem ich dir einen Ring geben werde. Ringe, die uns auf immer vereinen.« Es war wie im Film, und ich schmolz dahin. War ich endlich sicher genug, um wieder zu vertrauen? Ich ließ mein Haar noch weiter herunter.

In seiner Liebe und Hingabe badend, entspannte ich mich langsam. Er half mir, das ganze Durcheinander zu ordnen, das mich behinderte. Er verteidigte mich. Ich glaube nicht, dass mich bis dahin irgendjemand schon einmal verteidigt hatte. Wir fingen ein neues Geschäft miteinander an. Er liebte die Mädchen, und zum ersten Mal in ihrem Leben hatten sie einen liebevollen und großzügigen Vater. Er gab Jennifer Geld für Gitarrenunterricht, was ich mir nie leisten konnte. Und er kaufte Adrianne ihren eigenen Flugkopfhörer, so dass sie sich nicht immer einen ausleihen musste, wenn sie flog.

Er war aufmerksam, bemerkte kleine Dinge und unternahm etwas Entsprechendes. Er fuhr Jennifer sogar ins College, um sich ihre Wohngenossen anzusehen und sich liebevoll, mit all den dummen Fragen eines liebenden Vaters zu versichern, dass es ihr dort gut gehen würde. Sie glühte vor Begeisterung. Wir waren alle begeistert.

Liebe und Anerkennung sind über alle Maßen wichtig. Und ich begann, zu heilen.

Als die Weihnachtszeit kam, war ich fest entschlossen, ihm etwas ganz Besonderes zu schenken, als Dank dafür, dass er so ein wunderbarer Mensch war. Ich wollte ihm mehr geben als nur etwas in einer Schachtel, irgendetwas Ungewöhnliches, das meine unendliche Dankbarkeit zum Ausdruck bringen würde.

So begegnete ich Tom Kenyon.

Eine kleine Stimme in meinem Kopf sagte: »Finde die Töne. Gib ihm die ›Klänge‹ zu Weihnachten.« Was das wohl bedeutete? Ich rief Freunde an, die professionelle Sänger sind, damit sie für ihn singen würden, doch sie waren alle irgendwie nicht verfügbar.

Eines Abends telefonierte ich mit einer Freundin, und sie erwähnte Toms Namen. Mein Herz machte einen Sprung, und eine Alarmglocke läutete in meinem Kopf, was nur selten geschieht. Seit Jahren hatte

ich davon gehört, wie beeindruckend Tom Kenyons Arbeit sei, und viele hatten mir gesagt, ich sollte mich doch einmal mit ihm treffen. In meinen Medizintagen war ich des Öfteren mit seiner Telefonnummer nach Hause gegangen, doch der große Medizinmann hatte immer etwas dagegen gehabt, dass ich anrief. (Später fand ich heraus, warum.) Jetzt war ich mit einem liebevollen, mich fördernden Menschen zusammen und konnte mich verabreden, mit wem ich wollte. Die »Worte ohne Stimme« in meinem Kopf schwirrten und tönten ohne Ende, dass ich hier etwas unternehmen sollte, dass dies das Weihnachtsgeschenk sei, nach dem ich gesucht hätte.
Ich rief Toms Büro an und hinterließ eine Nachricht, die mir immer noch peinlich ist. Ich sagte so etwas wie: »Ich weiß, dass Sie mich nicht kennen, doch mir wird schon seit Jahren gesagt, dass wir uns einmal treffen sollten. Ich weiß nicht, ob man Ihnen das auch schon gesagt hat, aber wie auch immer, ich bin auf der Suche nach einem großartigen Weihnachtsgeschenk für einen außerordentlichen Mann. Wären Sie vielleicht bereit, dieses Weihnachtsgeschenk zu sein?«
Er rief ein paar Minuten später zurück, und wir verabredeten eine »Geschenkübergabe« in seinem Haus in der Nähe der kanadischen Grenze.
Zwei Tage später fuhren wir hin. Ich hatte noch nicht einmal eine Ahnung davon, was Tom Kenyon eigentlich tat! Ich wusste nicht, dass er mit Klängen arbeitete. Ich hörte einfach nur auf meine innere Führung, etwas, was ich jahrelang vermieden hatte.
An der Tür begrüßte uns das größte Haustier, das ich jemals gesehen hatte. Merlin war eine Kreuzung aus Bluthund und Dänischer Dogge und er musste kaum den Kopf heben, um mir in die Augen zu schauen. Er musterte mich von Kopf bis Fuß.
Merlin ließ uns ein, und Tom tauchte kurz danach auf. Er lud uns ein, uns auf ein Sofa zu setzen, packte eine Kristallschale aus und begann, die Erzengel anzurufen. Ich hatte meine Augen geschlossen, doch bei seinen ersten Tönen riss ich sie wieder auf. Ich musste sehen, was ich hörte, um es zu glauben! Diese Sphärenklänge konnten nicht von dem menschlichen Wesen kommen, das mir hier gegenüber saß oder von irgendeinem menschlichen Wesen. Dies war die Stimme Gottes. Ich hatte noch nie so eine Stimme gehört, in keinem Konzert, auf keiner CD, noch nicht mal in meinen Träumen. Niemand konnte so klingen. Tränen strömten aus meinen Augen, und mein Körper begann zu

zittern. Ich war noch nie so dankbar gewesen. Ich war dankbar, dass es eine solche Stimme auf Erden gab und ich das Glück hatte, mit ihr im selben Raum zu sein. Solche Stimmen werden sonst in Klöstern und Opernhäusern eifersüchtig gehütet, damit ihnen niemand zu nahe kommt, und hier saß ich ihr direkt gegenüber.

Ich drückte mich in die Ecke des Sofas, um meinem Freund nichts von diesen Tönen zu nehmen. Dies war sein Geschenk, ich war einfach nur dankbar, im selben Raum zu sein. Nachdem Tom die Erzengel gerufen hatte, begann er mit einem Prozess, bei dem er meinen Freund in das Auge des Ibis führte und durch dieses hindurch in andere Dimensionen, alles mit Klängen und Tönen. Manchmal war er ein Adler, manchmal ein Wal und all das kam aus Tom Kenyon. Wir waren beide von Grund auf verwandelt.

Dann kamen die Hathoren durch und sprachen mit meinem Freund, als wären sie gute, alte Bekannte. Als sie ihre Töne und Informationen beendet hatten, wandte Tom selbst sich mir zu und sagte: »Die Hathor-Göttin möchte mit dir sprechen, Judi.«

Ich war perplex. Das hatte ich nicht erwartet. Ich setzte mich auf und spürte, wie die Intensität im Raum zunahm. Ich erinnere mich nicht mehr daran, was sie mir sagte, auch keiner der anderen weiß noch etwas davon. Eines Tages werde ich sie fragen können, aber ich weiß noch, dass es etwas sehr Anerkennendes, Liebevolles und höchst Persönliches war, so persönlich, dass sich keiner von uns mehr daran erinnert. Ich weiß noch, dass sie sich irgendwie auf meinen jüngsten Kampf mit der dunklen Seite bezog und mich dafür beglückwünschte, noch am Leben zu sein.

Als wir gingen, sagte Tom mir an der Tür: »Ich wollte Ihnen nur sagen, dass ich so etwas eigentlich nicht tue.«

»*Was* tun Sie eigentlich nicht?«, fragte ich.

»Ich empfange keine Leute bei mir zu Hause«, sagte er deutlich.

»Aber warum haben Sie uns dann heute kommen lassen?« Das schien mir eine legitime Frage zu sein.

»Die Hathoren haben mir aufgetragen, Sie kommen zu lassen.«

Er schloss die Tür und ließ mich mit einem seltsam gehobenen Gefühl stehen. Ich kannte die Hathoren als interdimensionale Wesen, die im alten Ägypten sehr aktiv und wohltätig gewesen waren. Ich wusste, dass sie Meister der Liebe und des Klanges waren, doch ich hatte sie noch nie erlebt.

Ich kehrte auf meine kleine Insel zurück, doch ich konnte diese Klänge nicht mehr aus dem Kopf bekommen. Ich hatte das Gefühl, als gäbe es eine Verbindung, irgendeine tiefe Verbindung. Es war das Beeindruckendste, was mein Freund je erlebt hatte, und ich war sehr stolz, das ungewöhnlichste Weihnachtsgeschenk aller Zeiten ausfindig gemacht zu haben! Das Gefühl der Verbindung wuchs, und Toms Kommentar »Die Hathoren haben mir aufgetragen, Sie kommen zu lassen«, ließ mich nicht in Ruhe.

Ungefähr eine Woche später rief ich ihn wieder an.

»Wenn die Hathoren uns einmal kommen ließen, meinen Sie, sie würden Ihnen sagen, uns noch einmal kommen zu lassen?«

Er lachte und meinte, das würden sie sicher tun. Wir verabredeten also ein weiteres Treffen und fuhren noch einmal hin. Diesmal erhielt ich Informationen über unsere ägyptischen Verbindungen, und am Ende der Sitzung war klar, dass alte Freunde einander wiedergefunden hatten. Ich verstand auch, warum mein früherer Partner Tom nie begegnen wollte. Mir wurde gezeigt, wie ich in einem Drahtseilakt über einen Abgrund der Dunkelheit balanciert war, der mich zerstören wollte. Der kleinste Fehltritt hätte mich wahrscheinlich das Leben gekostet. Vielleicht erscheine ich in dieser sehr verkürzten Version meines Lebens nicht sehr logisch, doch ich bin eine überzeugte Logikerin. Ich bin schon fast übertrieben logisch, und ich bin mit Sicherheit übertrieben loyal. Ich bin ein analytischer Vernunftmensch. Mein größter Lehrer, der Freund im Wind, sagte immer: »So, Meisterin, denke es zu Ende.« (Ich liebte es, dass er uns »Meister« nannte, statt von uns zu verlangen, dass wir ihm mit Ehrfurcht begegnen sollten. Er sagte, wir würden nie begreifen, dass wir Gott sind, solange wir etwas außerhalb unserer selbst »Meister« nennen.)

Ich erkannte, dass die Dunkelheit nicht so dumm ist, dunkel auszusehen. Sie sieht oft wie Licht aus und ist nicht immer leicht zu unterscheiden. Als ich darüber nachdachte, erschien es mir sinnvoll: Wenn es einen Teufel gäbe, wo würde er sich am Klügsten verstecken? In der Kirche oder etwas Ähnlichem. Er würde sich in der Spiritualität verstecken.

Und obwohl mir seit langem klar war, dass der Teufel selbst an der Spitze der katholischen Kirche und vieler Regierungen steht, hatte ich doch nicht in mein eigenes Umfeld geschaut, in das, was ich die wirklich heiligen Reiche der alternativen Spiritualität nannte, worin meiner Ansicht nach die Hoffnung der Welt lag.

Ich erkannte damals, dass die Dunkelheit nicht dumm ist, sondern nur böse, und dass die Dunkelheit natürlich in ihrem Versuch, das Bewusstsein der Welt niedrig zu halten, sich unserer eigenen Sprache bedient. Da die Dunkelheit, die Bosheit der Unterdrückung und Versklavung, uns nicht mehr durch Schuld-und-Sünde-Konzepte davon abhalten kann, unser Bewusstsein zu erheben, hat sie einen Weg gefunden, sich mitten unter uns zu mischen, als wäre sie eine von uns, uns zu verwirren und uns so wieder einmal vom individuellen Christusbewusstsein abzuhalten.

Vielleicht sollte ich klarstellen, was ich unter dem Bösen verstehe. Ich meine damit alles, was das Hervorkommen des Christus-Bewusstseins auf der irdischen Ebene zu verhindern sucht, alles, was uns von der Erleuchtung abhält.

Mein Freund saß die ganze Nacht an meinem Bett und schaute mich an. Ich schlief ein, und er saß da und weinte. Er sagte, er hätte ja keine Ahnung davon gehabt, wie bedroht ich war und dass er mich beinahe verloren hätte. Als ich aufwachte, saß er immer noch da. Er schwor, dass er im Rahmen seiner Kräfte dafür sorgen würde, dass ich nie wieder in Gefahr käme.

Ich erinnere mich daran, wie ich Pam Kenyon zum ersten Mal begegnete. Es war ein paar Wochen nach jener schicksalhaften Erfahrung mit den Hathoren. Sie erhellte den ganzen Raum mit einem Leuchten, das wie ein Lichtstrahl direkt aus ihrem Herzen zu kommen schien. Ihr Lächeln war magnetisch und ihre Haltung göttlich. Sie war einer der schönsten Menschen, denen ich je begegnet bin. Tom und sie wurden sehr gute Freunde von uns, und als sie auf die Insel ganz in unsere Nähe zogen, schien unser Leben gesegnet und unser Kreis vollständig zu sein.

Dann ging mein Freund für ein paar Wochen nach Europa, und ich sollte bald nachkommen. Er rief mich mehrmals die Woche an, doch dann fand er heraus, dass sein europäischer Geschäftspartner die ganzen Rücklagen der Firma veruntreut, alle Konten geleert hatte und geflohen war. Mein Ritter und ich telefonierten mehrmals am Tag während dieser Krise, und ich erkannte den Ernst der Lage erst,

als ich ihn fragte, wie viel Geld er denn jetzt noch besäße. Er sagte, er hätte noch zwanzig Dollar in der Tasche, und da das nicht genug sei, um zu tanken, würde er das Auto stehen lassen und den Bus nach Hause nehmen.
Und dann hörten seine Anrufe plötzlich auf, und das Licht in meinem Herzen ging wieder aus. Dies war ein sehr erfolgreicher und mächtiger Mann gewesen, der alles, was er besaß, mit dem Partner geteilt hatte. Der aber war mit den Rücklagen der Firma verschwunden, um ein neues Geschäft in Amerika zu eröffnen. Sein Verlust war also sowohl finanziell als auch emotional. Viele Leute nahmen Schaden in diesem Prozess, und mein Freund fühlte sich neben allem anderen auch für die Angestellten seines Partners verantwortlich, die sich in ihrer Verzweiflung jetzt an ihn wandten.
Ich erinnere mich an den letzten Anruf, den ich von meinem strahlenden Ritter erhielt. Ich konnte die Anspannung in seiner Stimme hören und das mühsam unterdrückte Schluchzen eines Mannes im Hintergrund. Als ich ihn danach fragte, sagte er, das sei einer der leitenden Angestellten der Firma, der jetzt seine Hypotheken nicht mehr bezahlen könne und er selbst habe auch kein Geld, um es ihm zu geben.
Dann verstummte das Telefon. Ich nahm das Telefon mit ins Bett und versicherte mich immer wieder, dass es noch funktionierte. Sechs Wochen vergingen, und ich wurde fast wahnsinnig vor Sorge. Er war mir zur Hilfe geeilt, als ich am Boden lag. Ich musste jetzt das Gleiche tun, doch ich wusste nicht einmal, wo er war. Alle Firmennummern waren stillgelegt. Schließlich rief ich in meiner Verzweiflung den einzigen Menschen an, von dem ich annahm, dass er meinem Freund eine Botschaft zukommen lassen konnte. Ich bat ihn, meinen Freund ausfindig zu machen und ihm auszurichten, dass ich auf dem Weg nach Europa sei, um ihm zu helfen, weil er einst mein Leben gerettet hatte und ich jetzt das Gleiche für ihn tun würde. Ich wollte, dass er wüsste, dass er nicht allein sei. Was auch immer geschehen sei, wir könnten es hinkriegen.
Das wirkte, wenn auch nicht in der Weise, wie ich erhofft hatte. Ich erhielt ein Fax, in dem stand, dass er nicht mehr für alle alles sein könne. Er habe sich zu lange um zu viele Leute gekümmert und jetzt müsse er sich um sich selbst kümmern. Er sagte, dass er sich eine Zeitlang zurückziehen würde, um nachzudenken. Er sagte, dass er mich

sehr liebte, mehr als man mit Worten ausdrücken könne, und dass ich ihn eines Tages wiedersehen würde, doch dass viel Zeit vergehen würde, bis er sich dazu in der Lage sähe.

Mir fehlen die Worte für die Verlustgefühle, die mich überschwemmten. Ich kauerte auf dem Boden mit dem glatten Faxpapier in meiner Hand. Draußen war Tag, doch in meinem Herzen wurde es Nacht.

In mir ging die Sonne unter, und es dauerte lange, bis die Morgendämmerung kam.

Ich hatte kaum das Fax gelesen, als Rubys Nachbarn aus Virginia anriefen, die guten Christen, die immer wussten, was jeder in Christi Namen tun sollte. Sie sagten, dass Ruby nicht mehr alleine leben könne und dass sie sie in ein Heim stecken würden, wenn ich sie nicht holen würde. Sie wäre einfach zu boshaft geworden und sie würden sich das nicht mehr bieten lassen.

Adrianne und ich flogen nach Virginia, packten Rubys Habseligkeiten zusammen und brachten sie in unser kleines Inselhaus. Ich habe eine große innere Kraft und einen starken Überlebenswillen, doch ich kam an meine Grenzen, und ich wusste es. Ich trieb auf einer Eisscholle. Es war mein Herz.

Ich hatte einen Tyrannen überlebt und die Liebe meines Lebens verloren, und jetzt sollte ich für die 95-jährige Quelle der Qualen meiner Kindheit sorgen.

Eines Nachmittags, kurz nachdem sie zu uns gekommen war, ging ich zu einer Freundin, um mich auszuweinen. Als ich gegen fünf nach Hause kam, saß Ruby am Fenster, genauso wie damals, als ich achtzehn war. Ich zuckte zusammen, atmete tief durch und ging hinein.

»Wo bist du gewesen? Wie kannst du es wagen, so spät nach Hause zu kommen?« Ihr knochiger Finger stocherte in Richtung meiner Nase. Sie schnaubte, machte kleine Spuckgeräusche und schüttelte missbilligend den Kopf.

»So spät geht kein gutes Mädchen mehr aus. Was macht das für einen Eindruck! Oder ist es dir egal, was die Leute von dir denken?«

Da war es. Da war die Quelle, weshalb ich mir mein Leben lang Gedanken gemacht hatte, was andere Leute von mir denken!

Irgendetwas an diesem Bild war nicht in Ordnung.

Die Worte meines alten Lehrers im Wind klangen mir in den Ohren.

»Schau dich um, Meisterin«, sagte er. »Schau dir all die Leute in deinem Leben an. Nicht einer von ihnen würde für dich eine Kugel abfangen. Nicht einer wäre bereit, für dich zu sterben. Wenn sie nicht für dich sterben würden, warum solltest du dann für sie leben?«

Ich hasste es, die Königin Victoria bei mir im Haus zu haben, und mein Herz sehnte sich nach meinem Freund, nach jemandem, der mich einfach als die liebte, die ich war, nicht wegen meiner Erscheinung oder meines Aussehens oder wegen dessen, was ich für ihn tat.

Die Mauern von Jericho stürzten ein, sie brachen unter mir weg. Nichts konnte mich mehr halten. Ich hatte gerade begonnnen, mit meiner Wut in Kontakt zu kommen, meiner Wut auf all die Menschen, die mich in meinem Leben missbraucht oder hintergangen hatten. Ich hatte vierzig Jahre dafür gebraucht, doch jetzt hatte ich endlich meine Wut gefunden, und sie sollte ein großartiger Verbündeter für mich werden.

Jetzt lernte ich mit dem Verschwinden meines Freundes die Trauer kennen.

Es war das erste Mal gewesen, dass ich geglaubt hatte, dass mich jemand wirklich liebt.

Die Tränen von zehntausend Leben strömten wie Sturzbäche herab. Ich konnte dem Schmerz nichts entgegenstellen. Ich war immer in der Lage gewesen, meinen emotionalen Deich zu halten, doch diese Fluten hielt nichts mehr auf. Es gab keinen Trost. Die Adler schrieen, doch ich konnte sie nicht hören. Der große schwarze Fisch tauchte auf, aber meine Augen sahen ihn nicht. Sogar die weiße Eule kam, um mich zu trösten, doch ich konnte ihr liebevolles Streicheln nicht spüren.

Fast zwei Jahre lang lebte ich mit dem Schmerz und dem Wunsch, zu sterben. Ich kann die Qualen gar nicht ausdrücken. Ich weinte stundenlang, bis ich nur noch würgte.

Oscar Wildes großartige Ballade ging mir ständig durch den Kopf:

»*Doch jeder tötet, was er liebt, und dass es jeder hört: Der Feigling tötet mit 'nem Wort, der Tapfere mit dem Schwert.*«

Feiglinge und Tapfere hatten mich gleichermaßen getötet.

Ich flehte die Götter an, mich sterben zu lassen. Ich hatte nicht den Mut, selbst Hand an mich zu legen, doch ich sehnte mich danach. Ich liebäugelte damit in meinen Phantasien und träumte davon, den Mut zu finden, es umzusetzen.

Ich zog mich von allen Menschen außer meinen Kindern und Tom und Pam zurück. Die beiden hüllten mich in liebevolle Freundschaft und nahmen mich in ihr Heiligtum auf wie ein verwundetes Tier. Drei weitere Freunde blieben an meiner Seite. Meine Töchter hielten zu mir. Adrianne versprach mir, dass ich eines Tages wieder würde leben wollen. Das erschien mir kaum vorstellbar.

Jennifer sagte: »Stell dir nur vor, wie wunderbar der Nächste sein wird. Der wird noch besser!« Ich hielt sie für verrückt.

»Ich werde nie wieder einen Mann näher als drei Meter an mich heran lassen«, wetterte ich dagegen. »Lass mich mit diesem Unsinn in Frieden.«

Ich brauchte Zeit für mich. Mir schien, ich hätte bereits genug emotionales Material für ein Leben durchgearbeitet, und ich hatte genug davon. Ich war gefangen zwischen Schmerz und Wut, und meine Todessehnsucht wuchs.

Niemand schien je ein Versprechen mir gegenüber gehalten zu haben. So viele Beteuerungen im Laufe so vieler Jahre. Und so entstand ein Traum: Ich dachte, wenn niemand mir gegenüber je ein Versprechen gehalten hatte, dann müsste ich das wenigstens tun. Ich hatte mir immer versprochen, dass ich eines Tages mit den Mädchen nach Europa, auf eine Reise des Geistes gehen würde.

Verzweifelte Zeiten erfordern verzweifelte Mittel. Ich kratzte so viel Geld zusammen, wie möglich, stellte jemanden ein, der sich um meine Mutter kümmerte, mietete via Internet ein Auto und flog mit Jennifer und Adrianne nach Amsterdam. Es würde vielleicht unser letzter gemeinsamer Sommer sein. Jennifer wollte im Herbst nach Indien gehen und Adrianne würde im nächsten Jahr ihren Highschool-Abschluss machen. Ich nahm sie einen Monat aus der Schule, denn ich war davon überzeugt, dass sie in einem Monat Highschool niemals so viel lernen würde wie auf einer Reise zu europäischen Orten der Göttin.

Wir landeten in Amsterdam und wurden von einem Freund empfangen, der alles tat, damit wir nicht zu früh einschlafen und uns so besser an die Zeitumstellung anpassen würden. Adrianne schlief trotzdem ein, aber Jen und ich hielten einander wach und schauten uns ein Dokumentar-Video an, von dem er meinte, dass es uns interessieren würde. Das tat es zweifellos!

Es war die Geschichte einer Abtei von Sion, wie mein Name, und von einem Priester namens Saunier, der einen Schatz gefunden hatte. Er hinterließ ein Geheimnis, und einer der wenigen Hinweise darauf war ein Pergament, auf dem stand: Der Schatz gehört Dagobert und Sion. Ich dachte an den Schuppen in Appalachia, in dem ich geboren war und an meinen Geburtsnamen Zion, der früher Sion gewesen war. Ich hatte schon lange vor, meinen Geburtsnamen wieder anzunehmen, wenn die Frau, die mich aufgezogen hatte, gestorben wäre. Doch sie war fünfundneunzig und quicklebendig. Ich hing zwischen zwei Namen, so wie sie zwischen Schwachsinn und Klarheit hing, zwischen dieser Welt und der nächsten.

Die Dokumentation schilderte eine Geschichte, von der ich wusste, dass sie wahr war. In meinem Herzen kannte ich sie bereits und hatte sie schon vielen Menschen erzählt. Ich hatte aber nie geahnt, dass auch andere diese Geschichte erzählen. Ich hatte mir die Wahrheit logisch aus vielen kleinen Details und aus der Wahrheit meines Herzens hergeleitet. Doch hier gab es Beweise – oder zumindest wurde das behauptet – für etwas, mit dem ich mich so allein gefühlt hatte. Ich behielt einen Namen aus der Dokumentation in Erinnerung: Rennes-le-Chateau. Ich schwor mir, dass wir es finden würden. Rennes-le-Chateau, irgendwo in Frankreich.

Am nächsten Morgen fuhren wir los, und ich hatte nur ein Ziel: Diesen Ort zu finden und mein Geheimnis zu lüften. Wir fuhren mit halsbrecherischer Geschwindigkeit durch Deutschland, wo heftiger Hagel auf uns niederprasselte und die ganze Motorhaube verbeulte. Wir hatten noch viel vor, bevor wir nach Frankreich konnten. In Ancona nahmen wir die Fähre nach Griechenland und folgten der Mondsichel nach Delphi. Wir konnten die Straßenkarten nicht lesen, weil sie in kyrillischer Schrift geschrieben waren. Doch wir stiegen mitten in der Nacht auf Berge und als der Mond unterging, folgten wir unseren Herzen. Es ist schon seltsam, auf einem Stück Land zu stehen, auf dem man einstmals gelebt hat und sich nicht überall umsehen zu dürfen. Wir ignorierten die Absperrung, die den Weg zur Quelle der Phytia versperrte, tranken durstig ihr Wasser und stiegen die Stufen in die vaginale Schlucht hinter der Quelle empor. Danach gingen wir zu Heras Quelle in der Nähe von Nafplion, tranken aus ihr und badeten dort, wohin sie der Legende nach jedes Jahr zurückkehrt, um ihre Jungfräulichkeit zu erneuern.

Doch die eindrücklichste Erfahrung in Griechenland geschah nicht an einem so genannten heiligen Ort, sondern auf einem Zeltplatz in der Nähe von Isthmien, auf dem wir übernachteten. Ungefähr um drei Uhr morgens weckte Pam mich auf. Sie sagte mir etwas, doch ich war zu verschlafen. Da nahm sie mich bei den Schultern und schüttelte

mich und setzte mich auf. Ich starrte ihr buchstäblich in ihr herrliches Gesicht. Sie sah wunderschön aus, strahlend und sehr präsent. Sie sagte sechs Worte zu mir, und ich fiel zurück. Sie griff wieder nach meinen Schultern und schüttelte mich so lange, bis ich wach genug war, um ihre Worte, die sie ständig wiederholte, wirklich aufzunehmen. Sie nahm mir ein Versprechen ab und lies mich dann los. Ich schaute mich um und stellte fest, dass ich mitten in der Nacht an einem mediterranen Strand saß. Ich weckte die Mädchen auf und erzählte ihnen, was geschehen war, doch keine von uns verstand es.
Ein paar Tage später nahmen wir die Fähre zurück nach Venedig und fuhren endlich nach Frankreich. Doch einen Ort namens Rennes-le-Chateau konnten wir auf keiner Karte finden.
Also beschlossen wir, nach Arles zu fahren, um zu sehen, ob das Licht dort wirklich anders ist. Van Gogh hatte dort gemalt und geschworen, dass es nirgendwo sonst solches Licht gäbe wie in Arles. Wir befanden uns ganz in der Nähe von Arles, etwas südlich, als die Nachmittagssonne tatsächlich ein Licht verstrahlte, wie ich es sonst nie gesehen habe. Ich glaube, danach sind wir einfach nur noch dem Licht gefolgt. Arles selbst war uns zu geschäftig, so bogen wir Richtung Süden ab. Laut Karte konnte das Mittelmeer nicht allzu weit weg sein. Während wir darauf zufuhren, wurde das Land flacher, und zwischen den Lavendel-feldern wuchs immer mehr Schilf. Hinter einer Kurve stand plötzlich ein weißes Pferd auf dem ein Hirte saß, der eine Herde schwarzer Rinder hütete. Er trug einen verschwitzten Stetson und abgewetzte Jeans mit Lederstulpen. Wir fuhren weiter, und das Marschland setzte sich durch, mit seinen Wasserläufen und Herden weißer, galoppierender Pferde.
Immer wieder wurden Ausritte angeboten, und so ritten wir in die Landschaft. Als wir um eine Ecke trabten, sahen wir plötzlich hunderte rosafarbener Flamingos auffliegen. Den Pferden war das gleichgültig, doch wir waren völlig bezaubert.
Die Straße endete am Meer, und wir nahmen uns ein Zimmer für die Nacht. Es war ein Dorf, in dem es eher Paella gab als Crepes und eine Stierkampfarena statt eines öffentlichen Parkplatzes.
Ich hasse Kirchen seit jeher. Sie sind für mich Orte der Scheinheiligkeit. Doch ich hatte von einer kleinen Kirche gelesen, die wie so viele, auf einem alten Göttinnenheiligtum errichtet worden war, und wir kamen zufällig an ihr vorbei. Also gingen wir in die winzige Kirche von Les-

Saintes-Maries-de-la-Mer. Die Kunstwerke zeigten Frauen in einem Boot – die Marien – und die Geschichte, die ich seit so langer Zeit in meinem Herzen trug, erhielt endlich einen Ort und historische Bestätigung. Maria Magdalena war hier gewesen.

Im Laufe der Jahre war Magdalena zu meiner Lieblingsheiligen geworden. Ich sah in ihr die vergessene Braut Jesu, das Weibliche, das nicht nur durch die Bibelzensoren von der Seite Christi entfernt, sondern auch als Frau verschmäht und verleumdet wurde.

Wann immer ich die Frau, die mich aufzog, nach meiner Mutter fragte, wand sie sich und winkte die Frage mit einer Geringschätzigkeit ab, die sich irgendwie auf die Moral meiner Mutter bezog. Daher ist mir in gewisser Weise das Leid bekannt, das entsteht, wenn ein Mensch einfach fallen gelassen wird, weil er vielleicht irgendetwas Unstatthaftes getan haben könnte, ganz zu schweigen von dem deutlichen Etikett, das Maria Magdalena angehängt wurde.

Auf wunderbare Weise hatten wir den Ort gefunden, an dem Magdalena nach der Kreuzigung gelandet und nach Frankreich eingereist war. Die Legende erzählt, dass sie von mehreren historisch wichtigen Personen begleitet worden war.

Unter anderem saß ein kleines Mädchen in dem Boot, es wurde Sarah genannt. (Magdalena sagte, dieser Name könne nicht in unsere Sprache übersetzt werden, dass es ein sehr kehliger Laut sei, der vielleicht eher Sar'h geschrieben werden sollte.) Die Legende erzählt von ihr als Dienerin, doch ich wusste, dass sie die Tochter von Jeshua und Magdalena war. Sie wird die Dunkle genannt und für eine Ägypterin gehalten, weil sie verborgen gehalten werden musste, um sie zu schützen.

Wir besuchten die winzige Krypta, in der Sar'h steht, und ich war bezauberter als ich es je in einer derartigen Umgebung gewesen bin. Es war das einzige Mal, dass ich in einer Kirche ein Gefühl der Heiligkeit verspürte.

Sar'h ist die Schutzheilige der Zigeuner, und jedes Jahr im Frühling kommen Tausende von Zigeunern aus ganz Europa hier zusammen, um sie zu ehren und ihr Ebenbild in einem alten Isis-Ritual ins Meer zu tauchen. Das ganze Jahr über besuchen sie ihre Krypta und bringen ihr neue Kleider, Berge von Taft, Schleiern und Pailletten. Sie führen die Finger ihrer Säuglinge über ihre Lippen, küssen ihre hölzernen Wangen und reiben ihre Tränen in ihr hölzernes Fleisch. Dann, an ihrem Feiertag, wird sie auf ein Podest erhoben und von silbern aufgezäumten und geschmückten Pferden durch die Menge an das Ufer gebracht, wo sie mit ihrer Mutter seinerzeit an Land ging.

In der kurzen Zeit, die ich vor ihrer Krypta stand, fühlte ich mich zu ihr hingezogen und wollte gerne etwas Zeit mit ihr verbringen. Ich wartete geduldig, bis ich an sie herantreten und sie ehren konnte. Nach einer Weile fand ich den Mut, ihre hölzerne Wange mit dem Finger zu berühren, und Tränen stiegen mir in die Augen.

Ich konnte mich nur mit dem Versprechen losreißen, dass ich eines Tages mit den Zigeunern wiederkommen und sie auf ihrem Weg in die Fluten begleiten würde.

Jetzt hält mich nichts mehr davon ab, Rennes zu finden, dachte ich mir. Es war schon eine außerordentliche Reise, die wir drei Frauen da unternahmen, auf unserer Suche nach Geschichte, nach Blutsverwandtschaft, nach dem, was durch unsere Adern fließt, getrieben von etwas, das unser Begriffsvermögen überstieg, ohne eine andere Grundlage als die Michelin-Karten.

Doch Rennes zeigte sich nicht, und so landeten wir in Lourdes, mitten in einem Haufen kranker und alter Körper, die sich zusammengekauert von Dutzenden schwarzgewandeter Frauen hüten ließen. Traurige, verlorene Gestalten, die von ebenso traurig und verloren aussehenden Nonnen betreut wurden, beherrschten das Bild. Hunderte hielten verzweifelt ihre Plastikflaschen in Madonnenform unter Wasserhähne, füllten sie, schlossen sie und stopften sie in ihre Einkaufstaschen für zu Hause.

Ich fand es abstoßend und Adrianne, die nie über irgendetwas oder irgendjemanden ein böses Wort verliert, bezeichnete es als den dunkelsten Platz, den sie je gesehen hätte, und wollte am Ortsausgang auf uns warten.

Wir überlebten Lourdes und fuhren nachmittags weiter. Im Rückspiegel sah ich noch die schwarzgewandeten Nonnen die Rollstühle zurück zu den Bussen und Hotelzimmern schieben. An jenem Tag gab es in Lourdes keine Wunderheilungen.

Mein Herz sagte mir, dass Rennes hinter uns lag, irgendwo so nah, dass wir auf dem Weg nach Lourdes fast daran vorbei gefahren waren. Unsere Zeit neigte sich dem Ende zu. Wir mussten bald zurück in Amsterdam sein, Adrianne musste in die Schule, die Pflegerin meiner Mutter musste zurück nach Hause, und Jennifer wollte bald nach

Indien. Trotzdem steuerte ich den Wagen zurück Richtung Osten zu den Pyrenäen. Die Dunkelheit holte uns ein, doch die volle Mondin sang mir zu, während ich durch die Hügel kurvte. Dann begann die Mondin plötzlich zu verschwinden, Stückchen für Stückchen, als würde jemand daran nagen. Wir hielten an und waren dort in den Vorbergen der Pyrenäen Zeugen einer vollständigen Mondfinsternis.
In jener Nacht schliefen wir im Auto, irgendwo am Rand eines Feldweges. Ich weiß noch, wie ich aufwachte und darüber staunte, dass ich inzwischen unter dem Lenkrad schlafen konnte. Es war kühl, alles war taubedeckt, und die Morgenrufe der Kühe und Hähne verkündeten den neuen Tag.
Wir fuhren den ganzen Tag durch Dörfer und auf Landstraßen, hielten hier und da, doch niemand konnte uns sagen, wo Rennes-le-Chateau lag, außer einem Mann, dessen Wegbeschreibung in einer Einöde vor einem verlassenen Bauernhaus endete. Ich habe keine Ahnung, wie wir nach Carcassone gerieten, wo wir abends nach einem Hotel fragten. Ich brauchte ein Bett.
»Der einzige Ort, wo Sie hier übernachten können, ist in dem alten Schloss da unten am Fluss.« Hätte ich mir ja denken können, dass wir nach einer Mondfinsternis an so einem magischen Ort landen würden. Es fühlte sich vielversprechend an, wie wir die ausgetretenen Stufen zum Turmzimmer emporstiegen. Das Schloss ging auf die Zeit der Templer zurück, als Geschichten von Rittern und Kreuzzügen in der Luft lagen und die Häuser und Herzen der Katharer voller Geheimnisse waren.
Ich spürte, wie das Geheimnisvolle sich in mir einnistete und seine vertrauten Fäden um mein Herz spann. Früh morgens setzte ich mich in den Hof, umgeben von hohen Wänden und frühstückte mit Espresso und Croissants. In Südfrankreich lässt es sich gut leben.
Wir packten das Auto und sahen die Trauerweiden im Rückspiegel verschwinden, während wir einfach in irgendeine Richtung fuhren. Ich bog rechts ab und links, ohne zu wissen, warum. Ich kann nicht behaupten, dass irgendeine mysteriöse Kraft das Steuer übernommen hätte. Ich wand mich in endlosen Serpentinen einen Berg hoch, und ich fing an, eine Gänsehaut zu bekommen.
Oben auf dem Berg lag ein winziges Dörfchen und wir hielten an. Wir gingen in die einzige Richtung, die nicht wieder nach unten führte und kamen an einem Buchladen vorbei, der offensichtlich esoterische

Bücher führte. Es war äußerst merkwürdig, in so einem winzigen Dorf einen esoterischen Buchladen zu finden.

Unser Schritt beschleunigte sich. Wir gingen noch um eine weitere Kurve und da lag sie, die kleine Kirche von Rennes-le-Chateau. Die Tür quietschte gerade genug, um Eindruck zu machen, und wir traten ein, vorbei an einem etwa einen Meter hohen, holzgeschnitzten Teufel, oder dem, was die Unwissenden dafür halten würden, der das Weihwasser hielt!

Auf einem Tafelbild war Maria Magdalena mit einem Schädel zu ihren Füßen dargestellt. Auf einem Abendmahlsgemälde sitzt sie unter dem Tisch, und während die Jünger Jeshua zuprosten, hält sie die Wange an seinen Knöchel, ihr Haar ist um seine Füße gewickelt. Die Decke der Kirche ist blau mit Sternen, wie in einer ägyptischen Grabkammer. Ich setzte mich schnell hin, bevor meine Beine unter mir nachgaben. Hinter der Kirche lag das Haus des Priesters Saunier und die, von ihm erbaute und so benannte: Tour der Magdalena. Das Geheimnis, um das es in der Dokumentation gegangen war, interessierte mich nicht. Ich wollte nicht wissen, was er gefunden oder wo er es versteckt hatte. Ich wollte anderes ausgraben. Ich wollte die Wahrheit hinter den Geheimnissen. Ich wollte die alchemistische Wahrheit, und ich wusste, sie hing mit Magdalena und ihrer tantrischen Beziehung zu Jeshua zusammen.

Was konnte so wichtig sein, dass die katholische Kirche das ganze Volk der Katharer vernichtet und diese ganze Landschaft ruiniert hatte, um es geheim zu halten?

Dass Jeshua nicht im Zölibat gelebt hat. Dass Magdalena keine Hure war, sondern Jeshuas Braut, eine hohe Eingeweihte des Isis-Tempels, die auf ihre sexuelle Beziehung zu Jeshua gut vorbereitet war. Dass sie eine Tochter hatten, und dass ihre Nachkommen die rechtmäßigen Erben des Reiches waren, zumindest für jene, die an Reiche glaubten oder sie fürchteten, wie die Kirche.

Trotz der Höhenflüge, die ich in Europa erlebte, trotz der Visionen und Begegnungen, die ich dort erfuhr, mussten wir schließlich wieder nach Hause. Ich konnte meinem Leben nicht länger aus dem Weg gehen. Wir kehrten tief bewegt zurück, doch es war nur eine kurzfristige Ablenkung von meinen Verlusten.

Ich dachte mir, Beziehungen seien vielleicht doch nicht meine Lebensaufgabe. Vielleicht sollte ich die Fackel dieser Arbeit an jemanden weitergeben, der sie zum Ziel bringen kann, denn ich kann es offensichtlich nicht. Ich schloss mit den ganzen Ratgebern meiner Kindheit Frieden, verabschiedete mich von meinen Träumen, und als ich eines Nachts mit Tom und Pam durch das Land der Hopi fuhr, wusste ich plötzlich, was ich zu tun hatte.

Die Liebe zwischen den beiden war die tiefste und reinste Liebe, die ich je zwischen zwei Menschen erlebt hatte. Es war wunderbar, ihnen nahe zu sein, und je näher ich ihnen kam, desto deutlicher sichtbar wurde die Liebe. Sie war echt. Sie hatten einander vom ersten Augenblick an geliebt, und im Laufe der Jahre und angesichts der Unzulänglichkeiten des anderen war diese Liebe immer noch tiefer geworden. Sie schätzten einander über alle Maßen, sowohl spirituell als auch emotional.

»Vielleicht bin ich gar nicht diejenige, die diese Beziehungsarbeit machen soll«, rief ich vom Rücksitz aus mit großer Geste, die in der Dunkelheit niemand sah.

»Ich habe nie zwei Menschen gesehen, die sich so liebten wie ihr beide. Es wäre mir eine Ehre, die Fackel der Beziehungsarbeit an euch weiterzugeben. Dann kann ich mich ausruhen. Ich werde nie wieder eine Beziehung haben.«

Ich weiß nicht, ob sie sich des Ernstes bewusst waren, mit dem ich sprach, doch ich lehnte mich nach vorne und redete immer weiter. Ich erzählte ihnen, dass mir immer gesagt worden war, dass ich hierher gekommen sei, um ein Gleichgewicht zwischen männlichen und weiblichen Energien herzustellen, indem ich es mit meinem Partner im Alltag leben würde, in unserer alltäglichen Liebe und Harmonie und Wahrheit. Dann warf ich meine Hand nach vorne und gab ihnen symbolisch die Fackel. Damit sei ich aus dem Beziehungsgeschäft ausgestiegen, verkündete ich, das sei jetzt ihre Aufgabe. Ich lehnte mich zurück und ließ die Stille meine Worte bekräftigen.

Zu diesem Zeitpunkt hatte ich zwei Jahre mit dem Wunsch gelebt, zu sterben, und irgendwann bekommt man in der Regel, was man sich wünscht. Mir ist klar geworden, dass ich es meistens genau dann bekomme, wenn ich es eigentlich nicht mehr will. Irgendwann lenkten meine körperlichen Beschwerden meine Aufmerksamkeit von meiner Depression ab. Das Gehen war mühsam geworden, meine Gelenke schmerzten, ich fühlte mich elend. Ich schien keine Kraft mehr zu haben und auch wenig Willen. Ich hatte keine Energie mehr. Nachts konnte ich nicht schlafen und wälzte mich, gejagt von den Geistern meiner Vergangenheit, endlos hin und her.

Ich nahm durch eine bemerkenswerte Frau, die in Utah intuitive Medizin ausübte, mit dem Erzengel Metatron Kontakt auf. Ich hatte mehrere Sitzungen mit ihr gehabt, die im Laufe der letzten Jahre zusammen mit den Informationen, die durch Tom von den Hathoren gekommen waren, meine einzige Quelle des Trostes und der Heilung gewesen waren.

Diesmal setzte Metatron mir jedoch hart zu. Er sagte mir, dass ich Lupus erythematodes (eine Autoimmunerkrankung) im frühen Stadium hätte, und wenn ich nicht sofort etwas dagegen unternähme, würde mir mein Todeswunsch erfüllt. Er gab mir dann ein Rezept für Antioxidantien, die ich nehmen sollte. Ich rief sofort Tom an und bat ihn, mit den Hathoren sprechen zu können. Ich brauchte eine zweite Meinung.

Als sie durchkamen, gestand ich meine Untreue und sagte ihnen, dass ich mit jemandem anderes gesprochen hätte. Sie johlten vor Lachen, und ohne dass ich ihnen irgendetwas davon erzählt hätte, was mir gesagt worden war, beschrieben sie sofort, was alles mit mir nicht in Ordnung war und was ich dagegen tun könne – falls ich mich dafür entscheiden sollte, zu leben. Sie gaben mir einige Klänge, die mir helfen würden, mich zu läutern und zu heilen. Die Klänge wurden aufgenommen und ich hörte sie mir zu Hause immer wieder an.

Ich verdanke es Toms Hathor-Tönen und den Antioxidantien, dass ich gesund wurde.

Ich hatte zwar meine persönlichen Erfahrungen mit der Heilkraft der Töne gemacht, aber ich hatte Tom noch nie als Lehrer erlebt. Mit »Lehrern« hatte ich so meine Probleme, und ich beobachtete seine menschliche Makellosigkeit über lange Zeit hinweg, bevor ich mir anhörte, was er zu lehren hatte. Inzwischen waren jedoch die Auswirkungen der Töne in meinem Leben so enorm, dass es nur angemessen schien, dass ich beim nächsten örtlichen Seminar, in einem schwachen Versuch, meine Dankbarkeit zum Ausdruck zu bringen, bei der Anmeldung und anderen Organisationsaufgaben mithalf.

Am Ende des ersten Tages war mir klar, dass mein Freund Tom nicht nur über eine der erstaunlichsten Stimmen der Welt verfügte, sondern dass er auch in einer weiten Bandbreite von Themen außerordentlich beschlagen war.

Er kannte sich mit den Feinheiten und Absichten, sowohl hinter den wesentlichen Lehren der inneren Alchemie aus als auch des tibetischen Buddhismus, Taoismus, Hinduismus, der hohen ägyptischen Alchemie und des esoterischen Christentums. Worüber er auch sprach, er tat es mit Humor und Bescheidenheit, und er verstand es, sein Thema sowohl verständlich als auch bewusstseinsverändernd darzustellen.
Er hatte wirklich die Absicht dessen begriffen, was jeder Strömung heilig war. Er verstand das Geheimnis, ohne dass er sich in die Fänge des Dogmas begab. Er hatte die verschiedenen Lehren der inneren Alchemie in ihrem Kern erforscht und lehrte die Wissenschaft und die Physik des Bewusstseins.
Am Ende dieses ersten Wochenendes hatte Tom sich meine Achtung auf einem Gebiet erworben, auf dem ich nie erwartet hatte, einen Menschen achten zu können: als Lehrer. Die Informationen und Klänge hatten mich nachhaltig gewandelt.
Ich wusste, wie er lebte. Ich war oft genug bei ihm gewesen, um zu sehen, mit welcher Makellosigkeit er seinen täglichen Verrichtungen nachging. Ich kannte seine Ehrfurcht. Ich sah, wie sehr er seine Frau liebte, wie er dem Weiblichen diente, und wie die Mutter in seinem Leben zu Ehren kam. Jetzt wollte ich diesem meisterhaften Lehrer dabei helfen, seine Arbeit der Welt so zu präsentieren, wie sie es verdiente.
Ich fand heraus, dass er einer der Pioniere war, die der Wissenschaft die Augen dafür öffnete, dass Klänge und Frequenzen zu Veränderungen des Bewusstseinszustandes führen können. Daraus war 1983 die Forschungsgesellschaft »Acoustic Brain Research« entstanden. Er hatte zehn Jahre lang über dieses Thema geforscht und den Begriff der Psychoakustik geprägt, der die Verbindung von Psychotherapie und Klang ausdrücken soll. Er setzte dies in seinen Seminaren brillant um, indem er der linken Gehirnhälfte die harten Fakten gab, die sie von dem Wissenschaftler und Psychotherapeuten Tom erwartete, während die Bedürfnisse der rechten Gehirnhälfte durch die Klangmeditationen des Mystikers Tom befriedigt wurden. Bei diesen Klangmeditationen diente seine Stimme zur Übermittlung unausgesprochener Dinge, die in den Tönen kodiert waren. Durch diese Kombination des Lehrens in Worten und des Tönens von Klängen entstand eine bemerkenswerte Erfahrung.
Meine Intuition sagte mir, dass diese Arbeit in den nächsten paar Jahrzehnten auf dieser Erde von großer Bedeutung sein würde. Wir

begannen, darüber zu sprechen, wie ich Tom helfen könnte, seine Arbeit in die Welt zu bringen. Meine jahrelange Erfahrung auf dem Gebiet der Kommunikation könnte so etwas Sinnvollem dienen! Doch dann wollte der Vermieter ihr wunderschönes Haus verkaufen, und da sie deswegen ohnehin umziehen mussten, wollten sie in den Südwesten gehen. Ich konnte keine Verluste mehr verkraften. Wir standen einander so nahe, dass ich dachte, vielleicht sei es auch für mich an der Zeit für eine Veränderung, und ich überlegte mir, mit ihnen zu gehen. Die drei Musketiere sollten nicht durch etwas so Banales wie eine Kündigung auseinander gebracht werden. Solche Freunde findet man schließlich nicht alle Tage. Ich verkaufte einen Großteil meiner Sachen auf dem Flohmarkt und fuhr an die Ostküste, um ein paar Dinge aus alter Zeit zu regeln. Die Pflege meiner alten Mutter überstieg inzwischen meine Fähigkeiten, und ich hatte sie in ein Heim gebracht. Meine beiden Töchter waren auf dem College, ich konnte also ziehen, wohin ich wollte.

Ein paar Jahre zuvor hatte Pam Brustkrebs gehabt, doch sie hatte sich entschieden, zu leben und hatte ihn besiegt. Ich hatte jetzt eine Aufgabe und verbrachte meine Tage nicht mehr mit Todesphantasien. Auch ich hatte mich entschieden, zu leben. Das Leben fühlte sich an wie ein Frühling. In Toms Arbeit gab es viele Bereiche, in denen meine Geschäftserfahrung dringend benötigt wurde. Ich verbrachte auch viel Zeit damit, Sponsoren für einen Klangheilungstempel zu finden, den die Hathoren in New Mexiko errichtet haben wollten. Es gab viel zu tun, und ich war davon überzeugt, dass ich meine Talente auf bestmögliche Art einsetzte, wenn ich Toms Arbeit in die Welt brächte. Klänge und Musik überwinden alle Grenzen und Sprachbarrieren. Und er war authentisch, nicht einer von den Scheinheiligen. Er liebte und ehrte das Weibliche, die Mutter, genauso wie seine Frau. Das war letztlich für mich entscheidend, nachdem ich mein Leben mit Männern verbracht hatte, die das Weibliche entweder ignorierten oder missbrauchten.

Außerdem waren wir die engsten Freunde. Wir vertrugen uns bestens. In der Küche arbeiteten wir reibungslos miteinander. Wir konnten gut zusammen reisen. Wir lachten gemeinsam und schauten uns schlechte Fernsehprogramme an.

Pam und ich hatten miteinander wegen der Fehler geweint, die wir bei unseren Kindern gemacht hatten. Wir hatten uns unsere Kindheitsfotos angesehen und darüber geheult, dass wir uns unser Leben lang für dick und hässlich gehalten hatten, und jetzt, auf ihren Kinderfotos, sah ich eine der schönsten Frauen, die ich je gesehen hatte, und sie schwor das Gleiche beim Ansehen meiner Bilder. Wir hielten einander in den Armen und teilten die intimsten Geheimnisse miteinander. Genau wie ich hatte auch sie ein Baby, ebenfalls ein Mädchen, direkt nach der Geburt zur Adoption freigegeben.

Pams Schulter schmerzte und der Inselarzt hatte ihr gesagt, da sei etwas im Gelenk verschoben, wahrscheinlich von der letzten Operation, da könne man nichts machen, das würde einfach sehr langsam heilen. Also unternahm sie nichts weiter. Doch es wurde schlimmer, und kurz vor Weihnachten rief Tom mich an der Ostküste an, dass ihre Schmerzen so schlimm geworden waren, dass er sie in die Notaufnahme gebracht hatte. Dort hatten sie den Knochen geröntgt, was auf der Insel nicht möglich war, und Knochenkrebs diagnostiziert. Sie hatte Krebs der Stufe vier. Die Schulmedizin hatte ihr außer einem Totenschein nichts anzubieten. Das waren entsetzliche Neuigkeiten, doch Pam schwor, dass sie den Krebs besiegen könne. Noch bevor ich zurückkehrte, gaben sie alle Umzugspläne auf, denn Pam wollte Zuhause bleiben.

Dann fragten sie mich, ob ich Pam nach Mexiko begleiten könne, wo eine besondere Behandlung in einer Spezialklinik Anlass zur Hoffnung gab. Tom hatte sich während der letzten paar Jahre alleine um sie gekümmert, und da die Ausgaben zunahmen, musste er zurückbleiben und Geld verdienen. Ich würde einen Monat lang fort sein, und Adrianne war gerade für die Sommerferien nach Hause gekommen und freute sich auf mich. Doch ein paar Jahre zuvor hatte ich an einem griechischen Strand etwas versprochen, und deswegen musste ich gehen. So verbrachten Pam und ich einen Monat in Tijuana in einer Klinik, die den Körper mit Hilfe von Insulin in eine Art Koma versetzte, damit eine maximale Portion Sauerstoff in den Körper gepumpt werden konnte, der die Krebszellen abtötete. Es war ein ziemlich unerprobtes Verfahren und in Nordamerika nicht zugelassen, nicht bei dem Monopol, das die American Medical Association auf den Tod hat.

In jenem Monat beobachtete ich das Kommen und Gehen äußerst bemerkenswerter, verzweifelter und aufrichtiger Menschen. Ich sah Wunderheilungen, und ich sah Menschen sterben. Als Pam mit dem

Koma-Prozess begann, nachdem sie lange darauf vorbereitet worden war, quälte sie sich furchtbar mit dem induzierten Übergangsprozess. Diese Verschiebung der Dimensionen war emotional und physisch ungeheuer anstrengend, und nach ihrem ersten Koma schwor sie, dass sie so etwas nie wieder tun würde.
Sowohl die Induktion als auch die Rückkehr waren so intensiv, dass man leicht in Panik geraten konnte. Dazu kamen bei der durch eine Vitamininjektion hervorgerufenen Rückkehr schreckliche Schweißausbrüche und Krämpfe.
Als ihr zweites Koma an der Reihe war, weigerte sie sich. Alle hatten das Gefühl, dass diese Behandlung ihre einzige Hoffnung sei. Sie hatte alles andere wochenlang ausprobiert. In Nordamerika gab es nichts mehr, was ihr Hoffnung machte, und dies war zumindest eine Hoffnung. Solange sie glaubte, mit dem Prozess umgehen zu können, solange glaubte sie auch, dass sie gesund werden könne.
Ich wusste nicht, was ich tun sollte. Ich saß hier allein in Mexiko mit meiner besten Freundin, und die Verantwortung lastete schwer auf mir. Als Einziges fiel mir ein, ihr anzubieten, sie durch die Dimensionen während des Induktionsprozesses zu begleiten, sie mit meiner Stimme in das Koma und wieder heraus zu führen, so dass ihr Bewusstsein dieser gesungenen Spur folgen könne. Die Idee gefiel ihr.
Ich sprach mit dem leitenden Arzt, mit dem ich mich angefreundet hatte, und er war einverstanden. Ich hatte mich inzwischen nützlich gemacht, indem ich die Arztberichte aufarbeitete. Er war mit allem einverstanden, was dem Patienten half und den Prozess erleichterte. Ich argumentierte, dass der Glaube eines Patienten berücksichtigt werden müsse, da jedes Koma wie ein Tod erlebt werde. Wenn ich ihr durch meinen Gesang Trost spenden konnte und die Götter und Göttinnen anrief, die ihr heilig waren, dann würde ihr das vielleicht eine sichere Grundlage bieten.
Am nächsten Morgen nahm ich also meine schamanischen Dinge mit, die ich dabei hatte: Adler- und Habichtfedern, eine tibetische Rassel und andere tibetische Instrumente. Ich hatte Steine dabei, die zu mir gesprochen hatten und mitkommen wollten. Die Ärzte machten mir Platz, so dass ich auf der einen Seite des Bettes arbeiten konnte und sie auf der anderen. Wir breiteten unsere Werkzeuge aus, Spritzen, Stethoskope und Schläuche auf der einen Seite des Bettes, Federn und Rasseln auf der anderen. Ich war tief gerührt von ihrem Respekt.

Sie gaben ihr das Insulin, und ich küsste sie zum Abschied. Ich hielt ihre Hand, während das Insulin in ihr Blut floss. Ihre Reise begann. Beim ersten Mal war sie dabei in größte Panik geraten, weil sie durch die Dimensionen hindurch tief in ihre Unterwelt gerutscht war, wo sie den Dämonen ihrer Kindheit wiederbegegnete.
Diesmal rief ich die Erzengel an und sang die Gesänge der Gottheiten, die sie besonders liebte. Ich wollte ihr eine Klangspur legen, der sie folgen konnte, wie ich es bei Tom so oft erlebt hatte. Sie liebte Tara, also sang ich ihr den Tara-Gesang, immer wieder, bis sie mit einem Lächeln auf den Lippen ins tiefe Koma fiel. Beim ersten Mal hatte sie dabei furchtbar gezuckt und gestöhnt.
Ich blieb bei ihr, während sie abwesend war, und hielt ihre Hand wie beim ersten Mal. Dann gaben die Ärzte mir ein Zeichen, dass sie sie jetzt zurückholen würden. Ich nahm meine Federn und Instrumente in die Hand und rief sie zurück. Ich sang wieder den Tara-Gesang und andere Lieder. Ihre Rückkehr verlief friedlich, ohne jegliche Panik oder Krämpfe.
Ich war begeistert. Sie hatte Erinnerungen mitgebracht, die ihr helfen würden, viele der ungelösten Themen zu heilen, die sie so belasteten. Es ging um Missbrauch in der frühen Kindheit, den sie aus ihrem Alltagsbewusstsein gestrichen und mit vielen Schichten von Rechtfertigungen bedeckt hatte. Schließlich gab es Menschen, die zufrieden gestellt werden mussten! Das war es, was sie umbrachte, jedenfalls meiner bescheidenen, nicht kommissionsgeprüften Meinung nach. So setzten wir den Prozess jeden Tag fort. Als wir abfuhren, zeigten die Untersuchungen einen sechzigprozentigen Rückgang des Knochenkrebses an.
Doch das bedeutete, dass noch vierzig Prozent übrig waren, und die Klinik wollte sie nicht gehen lassen. Pam brauchte jedoch eine Pause, und so fuhren wir zurück in den Nordwesten.
Daheim wurde schnell klar, dass sie den Prozess fortsetzen musste. Diesmal konnte ich nicht mit ihr gehen. Der Sommer war fast vorbei, und Adrianne musste bald ins College zurück. Pams Sohn sollte sie statt meiner begleiten, denn die Ausgaben stiegen weiterhin und Tom musste arbeiten. Tom war nach Seattle gezogen, doch Pam gefiel es dort nicht, also packte Tom während ihres zweiten Klinikaufenthaltes alles wieder ein und zog dort hin, wo Pam sein wollte, auf unsere Insel, in ein schönes Haus an der Küste, nur wenige Häuser von mir entfernt.

Ich überdachte mein Leben. Die Arbeit in der Klinik hatte mir gut gefallen, und sie konnten mich dort gut gebrauchen. Ich hatte in meiner Zeit dort festgestellt, dass ich gut mit Menschen in Krisensituationen umgehen kann. Ich mag diese Schwelle zwischen Leben und Tod. Kein Wunder, dass ich mich so zum Schamanismus hingezogen gefühlt hatte. Ich konnte die Menschen gut durch die Dimensionen führen.
Ich begann, mit der Klinikleitung über eine mögliche Vollzeitstelle zu reden. Ich würde als nordamerikanische Schamanin in einer Krebsklinik in Mexiko arbeiten! Auf einer Insel verbreitet sich eine Nachricht genauso schnell wie in einer Kleinstadt. Als ich eines Morgens vor mich hin träumte, wie es sich wohl in Mexiko leben ließe, rief Tom an.
»Ich habe gehört, dass du vielleicht nach Mexiko gehst.«
»Ich denke darüber nach«, antwortete ich.
»Dann wirst du mir also wahrscheinlich nicht helfen, meine Arbeit in die Welt zu bringen.«
Wir waren alle so damit beschäftigt gewesen, für Pam zu sorgen, dass ich völlig vergessen hatte, was wir vor ein paar Jahren vorgehabt hatten. Mir wurde klar, dass Tom und ich schon seit fast einem Jahr nicht mehr über Geschäftliches gesprochen hatten. Seine Arbeit lag auf Eis, und was ich für ihn tun wollte, hatte nicht stattgefunden.

Ich saß an meinem Esszimmertisch, starrte aufs Meer und begriff langsam, was dieser Anruf eigentlich bedeutete. Er fragte mich, ob ich sie verlassen würde, wie sehr ich an seine Arbeit glaubte und wie wichtig es mir sei, mit ihnen zusammen zu sein. Ich erinnerte mich an das Versprechen, das ich Pam gegeben hatte, und hörte, wie ich Tom sagte, dass das mit Mexiko nicht so ernst gemeint sei. Mehr wurde darüber nicht gesagt. Mehr gab es nicht zu sagen.
Ich habe diese Entscheidung keine Minute lang bereut.
Dann erhielten wir einen Anruf aus der Klinik, dass sich in Pams Hüftknochen ein Haarriss gebildet hatte, so dass die Hüfte überhaupt nicht mehr belastet werden dürfe. Sie wollte nach Hause, obwohl man ihr riet, mit der Therapie fortzufahren. Doch es zog sie nach Hause, wo sie das Meer sehen konnte und die Adler und die Fährschiffe, wie sie durch den Puget Sound pflügten.
Tom und ich fuhren nach Seattle, um sie abzuholen. Wir hatten sie

vier Wochen lang nicht gesehen und waren entsetzt, als sie aus dem Flugzeug stieg. Sie konnte nicht mehr gehen und hatte viel Gewicht verloren.
In Orcas war der Fährbetrieb eingestellt, weil die Fähre gegen das Dock geschlagen war. Ich organisierte ein Privatschiff, das uns mit unserem Auto übersetzte. So brachten wir Pam nach Hause, wie McArthur auf die Philippinen zurückgekehrt war. Das Schiff senkte seinen Bug sanft auf das Ufer, und wir fuhren an Land.
Über die nächsten paar Monate könnte ich tausend Seiten schreiben und sie doch nicht angemessen schildern. Man geht so durch das Leben und glaubt, jemanden zu kennen, weil man kleine Erfahrungen miteinander geteilt hat, kleine Intimitäten, ein paar Tassen Kaffee und ein paar Tränen. So lernt man sich kennen, doch wir drei sollten uns in den nächsten Monaten ganz anders kennen lernen.
Zu diesem Zeitpunkt kannte ich Pam Kenyon seit fünf Jahren und ich glaubte sie zu kennen. Ich glaubte auch zu wissen, aus welchem Holz Tom Kenyon geschnitzt war. Doch im Laufe der nächsten Monate wurden diese beiden Menschen zu dem Blut in meinen Adern. Ich sah, wie Tom alles gab, was er konnte, um Pam am Leben zu erhalten. Er diente ihr Tag und Nacht. Er presste Säfte für sie aus, und wenn ihr davon übel wurde, machte er ihr Körner, und wenn sie die nicht vertrug, dünstete er ihr Gemüse, und wenn ihr das nicht schmeckte, kochte er Suppe. Er wälzte Zeitschriften und Bücher und kaufte alles, was ihr irgendwie helfen könnte. Ihr Wohnzimmer füllte sich mit Kartons voller Medikamente und Kuren.
Wir kamen einander so nahe in der nächsten Zeit, wie es nur wenigen Menschen vergönnt ist. Ich lernte, wie man jemanden in einem Rollstuhl badet, und wir suchten alle miteinander nach der besten Möglichkeit, sie anzuziehen, ohne die Hüfte zu belasten. Wir stolperten übereinander, während wir versuchten, ihr Bett zu machen und sie dabei hin- und herzurollen. Wir stopften ihr Kissen unter, damit sie bequemer liegen konnte, erzählten Witze, lachten, weinten und tauschten tiefe Geheimnisse aus. Sie hatte Durchbrüche, die ich hier nicht schildern will. Sie erinnerte sich an ihre finstersten Dämonen, an jene, die sie so tief in ihre Knochen getrieben hatte.
Ich ging morgens um sieben hinüber und kehrte gegen Mitternacht nach Hause zurück. Tom kümmerte sich nachts allein um sie, was ihn um den Schlaf brachte, denn nachts brach sie regelmäßig zusammen

und durchlebte ihre schmerzhaften Kindheitserlebnisse aufs Neue. Er kam nicht mehr zum Schlafen und ich sah, wie er erst blass und dann grau wurde. Wir waren davon überzeugt, dass Pam überleben würde, doch ich begann, mir Sorgen um Tom zu machen.

Wir stellten verschiedene Pflegerinnen an, so dass wir alle ab und zu Pause machen konnten, und wenn Tom ein Seminar gab, kamen Pams engste Freunde zu Hilfe. Einer nach dem anderen kam und verbrachte kostbare Stunden mit ihr. Bemerkenswerte Menschen kamen, sangen für sie, massierten sie, überprüften ihre Werte oder frisierten ihr Haar. Auch ein befreundeter Arzt schaute immer wieder vorbei.

Sie lebte zwei Jahre lang mit Knochenkrebs, ohne Schmerzmittel zu nehmen. Erst in den letzten paar Wochen hielt sie es nicht mehr aus. Tom linderte ihre Schmerzen liebevoll und humorvoll mit Klängen und Energiearbeit.

Eines Morgens, als ich hinüber ging, saß sie da mit dem strahlendsten Lächeln, das ich je gesehen habe. Sie war fröhlich und hatte Appetit, was schon lange nicht mehr vorgekommen war. Sie trank eine ganze Dose Flüssignahrung und bat um mehr.

Es kamen viele Freunde an diesem Tag vorbei, und sie begrüßte sie mit einem Lächeln, das bis in die dunkelsten Ecken leuchtete. Doch etwas war an diesem Tag anders. Es ging eine so selbstsichere Kraft von ihr aus, wie ich sie nicht an ihr kannte. Sie sagte uns genau, was sie wollte und wie sie es wollte. Sie kümmerte sich nicht darum, was die Menschen um sie herum an diesem Morgen wollten. Sie wusste, was sie wollte.

Tom gab einen Workshop in Kalifornien und sollte später am Tag zurückkommen. Ich konnte es kaum erwarten, dass er diese neue, kraftvolle Pam zu sehen bekam.

Ich badete sie und wusch ihr die Haare. Sie saß in ihrem Rollstuhl, und während ich Wasser über sie goss, wurde ich nässer als sie, worüber wir herzlich lachten.

Meine Tochter Jennifer kam vorbei. Ich weiß nicht mehr, was sie wollte, doch ich war dagegen und gab ihr meine üblichen elterlichen Ratschläge, mit Empfehlungen für ihre Zukunft, die in meinen Augen natürlich anders aussah als in ihren.

Als Jennifer ging, schienen plötzlich alle gleichzeitig gehen zu wollen. Pams erwachsene Kinder fuhren in die Stadt, und wir zwei waren allein im Haus.

»Du musst deine Kinder loslassen, Judi. Du musst sie ihre eigenen

Entscheidungen treffen lassen«, sagte Pam zu mir, während sie den Kopf schief legte und mich direkt ansah.
»Ja, ich weiß«, antwortete ich. »Aber sie brauchen mich als Mutter. Ich muss anderer Meinung sein.« Ich versuchte, es ins Scherzhafte zu ziehen, doch die Luft im Raum hatte sich verändert. Es war wieder diese schwüle Atmosphäre, die ich schon einmal in einem Raum erlebt hatte. Das Licht war irgendwie anders, sah feucht und schwanger aus. Pam ließ nicht locker.
»Ich meine es ernst. Du musst loslassen. Sie müssen ihr eigenes Leben leben. Lass Jennifer los. Lass Adrianne los. *Lass sie los.*«
Ich wollte noch immer scherzen. »Das musst du gerade sagen«, kicherte ich. »Wer hat denn seinen siebzehnjährigen Sohn in den letzten zwei Wochen nicht mehr aus den Augen gelassen?«
Ihre Augen ruhten auf mir wie Wolken, auf denen ich aufwärts schwebte.
»Das war gestern. Heute sehe ich manches anders.«
Die Luft wurde dichter. Das »Licht« in der Luft wurde sichtbar.
»Du musst alle deine Pläne für deine Töchter fallen lassen. Sie haben ihre eigenen Pläne. Erlaube ihnen ihre eigenen Pläne.«
Sie blieb beim Thema.
»Jeder hat Pläne.« Sie schaute aus dem Fenster auf das glitzernde Wasser. »Selbst die, die sich um mich kümmern, haben dabei Pläne. Sie wollen alle der- oder diejenige sein, durch die ich mich besser fühle, oder die zumindest den Schmerz lindert. Alle Heiler wollen derjenige sein, der mich heilt. Das ist in Ordnung, doch es sind *ihre* Pläne, nicht meine.«

Das war eines der zentralen Themen in Pams Leben. Sie hatte fast immer die Pläne anderer erfüllt und gelebt.
»Meine Pflegerinnen meinen sogar zu wissen, was ich sehen müsste, wenn ich aus dem Fenster schaue!« Sie lachte. »Gestern sah ich aus dem Fenster, und die Pflegerin fragte mich, wonach ich schaue. »Ich sehe mir das Glitzern auf dem Wasser an«, antwortete ich ihr. Und sie fragte: »Pam, was siehst du in dem Glitzern? Siehst du darin Gott?« Pam grinste mich schief an und verzog den Mund.
»Nein, habe ich gesagt. Ich sehe nicht Gott. Ich sehe Freiheit.«
Die Stille schnitt wie ein Messer durch die Luft. Wir waren an einem entscheidenden Punkt, irgendwo kurz hinter dem letzten Stern und

kurz vor der Ewigkeit. Ich wusste, wie die nächste Frage lauten musste, doch ich wusste nicht, ob ich den Mut finden würde, sie zu stellen. Ich glaube, keiner von uns hatte je ernsthaft in Erwägung gezogen, dass Pam sterben könnte. Sie ging durch einen *Heilungsprozess*. Dies war einfach eine Heilungskrise. Sie war nur zu Hause, damit ihre Hüfte heilen konnte, dann würde sie die Behandlung fortsetzen und alles würde gut werden.

Aber dieses Gespräch hatte eine Wendung genommen, die sehr nach letzten Worten klang. Und so wenig ich daran denken mochte, noch weniger würde ich mit dem Gedanken leben können, diese Frage nicht gestellt zu haben, falls dies wirklich ihre letzten Worte waren.

»Habe ich Pläne für dich?« Ich biss mir auf die Lippe.

»Du hattest welche, bevor du nach Albuquerque gefahren bist.«

»Welche Pläne hatte ich für dich?«

»Du wolltest, dass ich leben sollte.« Ihr Lächeln erhellte den ganzen Raum. Pam ist der einzige Mensch, der mir je begegnet ist, der einen Raum auf diese Weise erhellen konnte.

Meine Hand zitterte, als ich ihr eine Haarsträhne aus dem Gesicht strich. Die Tränen sprangen aus meinen Augen wie Korken aus einer Flasche.

»Ich möchte mit dir über die schönsten Strände dieser Welt tanzen.«

»Das werden wir auch«, sagte sie.

»Wie? In meinem Geist und in meinem Herzen?«

»Ja, in deinem Geist und in deinem Herzen.«

»Was war nach Albuquerque?«

Ich war gerade kurz in Albuquerque, Neu Mexiko gewesen, wo ich auf Anweisung der Hathoren den Grundstein für den Klangheilungstempel gelegt hatte, den wir dort errichteten. Es war eine tiefe mystische Erfahrung gewesen, bei der ich in meine Kraft gehen musste.

»Jetzt bist du bereit, mir meine eigenen Pläne zu lassen«, sagte sie mit einem breiten Lächeln.

»Schau«, fuhr sie fort, »es kommt nicht darauf an, ob du zwanzig Minuten lebst oder zwanzig Jahre. Es kommt auf den Weg an, auf den Prozess.«

Ich fühlte mich auf eine andere, mir unbekannte Ebene entrückt. In der Luft um uns herum war das Leuchten zwischen den Molekülen greifbar geworden. Die Luft war feucht und brach das Licht anders als gewöhnlich. Pam schien wirklich zu leuchten.

»Gib deine Tiere weg, Judi. Finde ein gutes Zuhause für Kola Bär. Du musst frei sein, um fort zu gehen.«

Sie schloss ihre Augen. Ich fragte sie, ob sie ein wenig ruhen wollte, und sie sagte ja, doch sie fürchte die Erinnerungen ihrer Kindheit. Ich versprach ihr, bei ihr im Raum zu bleiben, und sie schlummerte ein. Ich schrieb unser Gespräch auf und machte eine Notiz für die Pflegerinnen, dass sie Pam in Zukunft nicht ihre Vorstellungen aufzwängen sollten.

Sie fing an, seltsam zu atmen. Ich ging zu ihr und legte meine Hand auf ihren Arm. Sie schien einzuatmen, aber nicht auszuatmen. Sie hielt einfach den Atem an.

»Atme, Pam«, sagte ich, und sie atmete aus.

Während ich neben ihr saß, sie beobachtete und ihr beim Atmen half, erinnerte ich mich an etwas, was Tom gelehrt hatte. Es ging um die drei Gunas, und er hatte den Atem als Beispiel genommen.

Raja, hatte er gesagt, ist der Anfang einer Handlung. Sattva erhält sie aufrecht, bezieht sich also auf den Zeitraum, wo wir einatmen und die Luft halten. Die meisten von uns leben in diesem Zustand. Wir machen es uns dort bequem und halten den Atem an. Doch es gibt auch Tamas, das Ende einer Handlung, das Ausatmen. Niemand mag den Gedanken an Zerstörung, doch ohne Verfall, ohne den Atem loszulassen, wie Tom sagte, kann nichts Neues erschaffen werden.

Ich sann über die drei Gunas nach, während ich Pam beim Atmen zuschaute. Sie sah wunderbar aus. Ihre Haut schimmerte, und ich hatte sie nie so kraftvoll gesehen. Ihr Atem wurde gleichmäßiger, doch dann wurde er langsamer und flacher.

Ich weiß nicht, warum ich anfing zu singen, doch ich sang den Tara-Gesang, während ich neben ihr stand und ihren Arm hielt. Wenn so der Tod aussah, dann war er machtvoll, mystisch und zutiefst friedvoll. Mir blieb nichts, als für sie zu singen, also sang ich ihr Lied, den Tara-Gesang. Nach einer Weile dachte ich an Tom und fragte mich, wie ich ihn irgendwo in der Luft über Seattle erreichen könne, um ihm zu sagen, dass dies vielleicht das Ende war. Ich ging zu einem Gesang über, von dem ich hoffte, dass er in sein Bewusstsein dringen würde, doch dann kehrte ich zu dem Tara-Gesang zurück. Hier ging es um Pam, was auch immer gerade geschah.

Ich sang immer noch, als sie aufhörte zu atmen, genau zwanzig Minuten nachdem sie gesagt hatte, dass es nicht so wichtig sei, ob man zwanzig

Minuten lebt oder zwanzig Jahre. Sie war ihren Weg zu Ende gegangen. Sie war so frei wie das Glitzern auf dem Wasser.
Der Rest jenes Tages und Abends verschwamm in all den Störungen, die über einen hereinbrechen, wenn der Tod auf Besuch war. Bestattungsunternehmer, Polizei, ich hätte schreien können. Ich wollte ihnen etwas von der mystischen Erfahrung erzählen, die ich gerade mit Pam erlebt hatte, über die Schönheit und den Frieden ihres Todes und wie kraftvoll sie zuletzt gewesen war. Doch alle waren beschäftigt. Spät in der Nacht kehrte ich erschöpft und überdreht in mein leeres Haus zurück. Ich saß am Fenster und heulte. Mehr weiß ich nicht mehr von den folgenden Tagen, als dass ich in einem leeren Haus am Fenster saß und heulte.

Wir waren diesen langen, anstrengenden Weg zum Ende ihres Lebens gemeinsam gegangen und hatten über das Geheimnis des Todes und die unverschämte Unberechenbarkeit von allem gelacht und geweint. Das Leben, der Weg, seinerzeit so gering geschätzt, war am Ende so wertvoll geworden. Sie hatte sich am Ende doch noch die stets zur Verfügung stehende Kraft genommen, doch nicht mehr rechtzeitig genug, um ihr Leben zu retten.
Ich fühlte Pam überall um mich herum. Ich spürte sie in mir. Ich fühlte mich tagelang, als sei ich Pam.

Aus allen Himmelrichtungen kamen Leute. Ich wusste nichts mit mir anzufangen. Monatelang hatte ich genau gewusst, was ich zu tun hatte. Ich war früh aufgestanden und zu Tom und Pams Haus hinüber gegangen, um für Pam zu sorgen. Ohne sie war ich verloren und ohne Aufgabe. In dem neuen Leben, in das Tom hineingezogen wurde, schien es keinen Platz für mich zu geben. Niemand brauchte mich.
Eines Morgens, als ich da saß, aus dem Fenster schaute und weinte, rief Tom an.
Er hörte, dass ich weinte und fragte, was los sei. Ich sagte ihm, dass ich nicht mehr wüsste, wer ich sei und was ich mit mir anfangen sollte.
»Sonst bin ich jeden Morgen aufgestanden und zu deinem Haus gegangen«, sprudelte es aus mir heraus. »Aber jetzt weiß ich nicht mehr, was ich tun soll.« Die ganze Erschöpfung und Frustration angesichts all dieser Hoffnungslosigkeit brach aus mir hervor.
»Natürlich weißt du, was du zu tun hast«, sagte er trocken. »Du machst

mit dem weiter, was wir angefangen haben, bevor Pam starb. Du hast mir geholfen, meine Arbeit in die Welt zu bringen.«
Da fiel mir wieder ein, was ich getan hatte, bevor Pam krank wurde. Das war etwas, wofür es sich zu leben lohnte, etwas Sinnvolles!
Die nächsten paar Monate waren ein Paradestück der Fremdbestimmung. Es ist unglaublich, was über einen Mann hereinbricht, der gerade seine Frau verloren hat. Sie kamen von überall her, um ihm zu helfen. Ich fragte mich im Stillen, wo sie alle gewesen waren, als wir Hilfe brauchten. Doch meine Stimme verhallte neben denen von all jenen, die genau wussten, was Tom jetzt mit seinem Leben anfangen sollte. Jeder schien zu wissen, wo er am besten hinziehen sollte, wie er seine Zeit verbringen sollte, was ihm helfen würde, wie seine Trauer aussehen sollte, wen er um sich herum haben sollte und wen nicht – vor allem mich nicht. Ich beobachtete all das, doch er war so in seinem Kummer gefangen, dass er darüber hinaus nichts wahrnahm.
Als das immer so weiterging, fing ich an, meine Sachen zu packen, um wieder an die Ostküste zu ziehen. Ich hatte gerade meine beste Freundin verloren, und es sah so aus, als wäre ich dabei, auch meinen besten Freund zu verlieren. Ich konnte dem nicht einfach zusehen. Tom bemerkte überhaupt nicht, was um ihn herum geschah. Er ließ sich in diese Richtung ziehen und in jene. Er steckte in seiner Trauer wie im Treibsand, und da er nicht die Kraft hatte, sich selbst herauszuziehen, griff er nach jedem Strohhalm, den ihm jemand reichte.
Während ich meinen Umzug plante, wurde ich immer trauriger. Ich trauerte um den Verlust von Pam und um den Verlust von »Tom und Pam«. Die Hoffnungslosigkeit ergriff und überwältigte mich. Ich fühlte mich dem gegenüber, was mit Tom geschah, ziemlich hilflos. Er hatte gerade seine Frau verloren. Ich gehörte noch nicht einmal zur Familie. Ich wusste nicht, wo in all diesem Durcheinander mein Platz war.
Ich war also wieder einmal ganz unten angekommen, ohne zu wissen, woher mein nächster Atemzug kommen würde. Manche Dinge zwingen einen einfach in die Knie, und wenn man nicht an einen bärtigen, alten Gottvater glaubt, zu wem soll man dann beten?
Ich kann nicht behaupten, dass ich eine Botschaft bekam oder dass mir ein Licht erschien und mir Anweisungen gab. Ich gab einfach auf. Ich gab mich hin und wandte mich an die Mutter. Metatron hatte mir immer gesagt, dass ich unter anderem über die Macht verfüge, Dinge

hervorzurufen. Ich ignoriere diese Kräfte zumeist. Doch obwohl ich das niemals für möglich gehalten hätte, sank ich buchstäblich auf die Knie und bat um Hilfe. Das ist alles, worum ich bat. Und sofort begannen sich geheimnisvolle Dinge in meinem Leben zu ereignen. Während des abendlichen Einschlafens erschien mir Isis. Sie trat aus einem Kreis uralter Frauen hervor, die alle in Kutten mit Kapuzen gehüllt waren, so dass ich ihre Gesichter nicht sehen konnte.

Sie nahm meine Hand und führte mich durch wirbelnde Nebelschwaden, die wahrscheinlich Dimensionen waren. Wir tauchten bei einer Reihe von Tempeln auf. Während Isis jeweils auf mich wartete, nahmen mich in jedem Tempel Priesterinnen bei der Hand und tauchten mich in verschiedene Wannen voller Öl. Dieses Baderitual setzte sich jede Nacht fort und wenn der Morgen graute, wurde ich zurück gebracht. Langsam wurde meine Haut weicher und mein Herzschlag beschleunigte sich. Ich wurde mir meines Atems bewusst, der mir tiefer und hörbarer schien. Ich konnte sogar meinen Herzschlag hören.

Eines Nachts badeten sie mich wie gewöhnlich und wickelten mich danach in Tücher ein, wie eine Mumie. Dann wurde ich auf ein Lager von Kristallspitzen gelegt, die je nach Chakra verschieden waren. Ich »dachte«, das müsse weh tun, aber ob es an den Tüchern lag oder daran, wie sorgfältig sie mich hingelegt hatten, ich spürte jedenfalls keinen Schmerz. Auch das ging mehrere Nächte lang so weiter. Die Kristalle waren jede Nacht anders platziert. Manchmal war ein Rosenquarz von hinten auf mein Herz gerichtet, manchmal zeigte ein Rubin auf mein Kehlchakra, und manchmal spürte ich einen großen blauen Saphir von hinten in der Herzgegend.

Als ich eines Nachts im Bett lag, kroch ein dichter Nebel über den Boden, auf dem eine riesige Kobra zu schweben schien. Irgendwie jagte sie mir keine Angst ein, obwohl ich dachte, dass ich mich doch eigentlich fürchten müsste. Sie glitt unter meine Decke, über eines meiner Beine hinweg und unter dem anderen hindurch, dann wandte sie sich um und kroch wieder erst über das eine Bein und dann unter dem anderen hindurch, so dass sie mich in einem menschlichen »Mobius Strip« hielt. Sie richtete sich auf und spreizte ihre Haube, während sie meinen Körper fest im Griff behielt.

Ich erzählte niemandem von diesen nächtlichen Besuchen von Isis und ihren Freunden.

Ich begann, mich anders zu verhalten, wenn Tom anrief. Ich merkte,

wie ich mit der Telefonschnur spielte, ins Leere starrte und grundlos errötete oder kicherte.
Die Menschen, die Tom sagten, was er mit seinem Leben anfangen sollte, begannen mir auf die Nerven zu gehen. Ich traute ihnen nicht. Ich sah ihre Absichten und machte mir Sorgen, ob ich vielleicht auch Pläne für Tom hegte, die nicht seine eigenen waren. Ich versuchte, seine Freundin zu bleiben, was auch immer mich das kosten mochte. An die Ostküste zurückzugehen war eine Möglichkeit für mich, mit den Gefühlen, die mich überschwemmten, umzugehen. Ich hatte gelernt, nach Möglichkeit wegzulaufen, bevor ich verletzt werde.
Ich fing an, mit den Freunden, die mir dort noch verblieben waren, Kontakt aufzunehmen.
Eines Tages fuhr ich Tom zur Fähre, weil er auf einer nahe gelegenen Insel zu einem Heiler gehen wollte. Wir saßen in meinem Auto und warteten auf das Schiff. Es regnete in Strömen und es lag ein stiller Ernst in der Luft. Wir starrten hinaus, wo die Fähre wie ein Geisterschiff in den Hafen glitt und die vor Regen graue Luft wie der Atem eines Drachens wogte.
Wir schwiegen. Dann streckte Tom seinen Arm aus und legte seine Hand auf mein Herz. »Ich gelobe dir meine Wahrheit«, sagte er.
Mein Herz zitterte. Ich legte meine Hand auf sein Herz und antwortete: »Ich gelobe dir meine Wahrheit.«

Das war die größte Verpflichtung, die man eingehen kann. Sie hat uns durch alles hindurch getragen. Sie hat uns gehalten, wie ein wunderbares Band. Wann immer ich glaube, dass ich darüber unmöglich mit ihm sprechen kann, wird mir klar, dass es nicht meiner Wahrheit entspricht, wenn ich es unterlasse. Wann immer ich etwas einfach unausgesprochen verstreichen lassen möchte, erkenne ich, dass das nicht geht, wenn ich mit ihm in vollkommener Wahrheit leben will. Monate später fuhren wir als zwei alte Freunde in den Südwesten, um den Schmerz mit einer Portion Sonne zu lindern. Als wir zurückkamen, schlug Tom vor, dass ich nicht in mein altes Haus zurückkehren sollte. So zog ich meinen Stuhl näher an sein Klavier, und er schrieb ein Lied.

»Manchmal, wenn ich dir nahe bin, scheine ich zu schweben.
Und ich staune, denn ich merke es kaum.

*Manchmal, wenn ich bei dir bin, scheine ich durchs All zu fliegen.
Und zwar meistens, wenn ich auf dein Antlitz schau.
Was ist das, was ich da in mir spüre?
Welche Gnade wird mir da zuteil?
Ich weiß nicht warum, doch ich könnte mit den Tauben gurren.
Bin ich dabei, mich zu verlieben?«*

Und ich schrieb ein Gedicht: »Ich sehne mich danach, deinen Geschmack so gut zu kennen wie dein Lied.«
Mehr kann und will ich nicht mehr von unserer Geschichte erzählen. Es ist zu kostbar, zu magisch und zu mächtig, als dass ich es in Worte fassen möchte.
Jetzt leben wir den Traum meiner Kindheit, jene Prophezeiungen, die sich bis jetzt noch mit niemandem erfüllt hatten. Ein medialer Mensch hielt einmal den ganzen Verkehr einer stark befahrenen Straße auf, weil er mir eine Botschaft über die Aufgabe meines Lebens überbringen wollte. Sie hatte mit heiligen Beziehungen zu tun.
Als ich eines Abends in einem Restaurant in Washington, D.C. saß, spürte ich, dass mich jemand quer durch den Raum hindurch anstarrte. Ich sah, wie er etwas auf eine Serviette schrieb und wie sie von Tisch zu Tisch weitergegeben wurde. Ich wusste, dass sie für mich war, und ich wusste, was darauf stehen würde: Das Gleiche, was mir die »Worte ohne Stimme« gesagt hatten, als ich im Alter von fünf Jahren in der Astgabel des Birnbaums gesessen hatte. Und ich hatte die Hoffnung aufgegeben gehabt.

An manchen Tagen fühle ich mich wie eine alte Frau, die alles schon kennt. Dann fühlen sich diese Erinnerungen an wie das Buch eines anderen Lebens. Ich kann sie mir aus der Entfernung anschauen, doch sie scheinen zu jemand anderem zu gehören. Ich fühle mich meiner eigenen Lebensgeschichte gegenüber immun. Es ist einfach eine Geschichte, wie ich schon so viele gehört habe. Sie sind alle gleich. Und sie sind alle anders.
Ich weiß, wie es sich anfühlt, wenn man sich endlich sicher wähnt und in ein Auto einsteigt, um nach Hause gebracht zu werden, und dann den kalten Stahl eines Messers an der Kehle spürt. Ich habe Schreie gehört und erkannt, dass sie meine eigenen waren. Ich habe unter den Schrecken des Gebärens um Atem gerungen und nächtelang

nicht geschlafen, weil ein kostbares kleines Mädchen mich mehr brauchte als ich den Schlaf.
Und ich habe mich immer und immer wieder entschieden, zu lieben. Ich habe einen langen, harten Kampf mit der dunklen Seite um die Seele eines Mannes ausgefochten und verloren.
Ich habe mit einem guten Freund Abende lang gelacht, meine Seele und meinen besten Rotwein mit ihm geteilt, und wurde damit belohnt, dass er mich seiner Karriere opferte. Ich bin mit Messern und mit Worten verletzt worden.
Ich habe in langen Nächten der Ekstase vor Wonne geschrien und in den Armen eines anderen die höchsten Gipfel der Welt erklommen. Das sind die Nächte, die ich nie bereuen werde. So bin ich dem Gott, der Göttin am nächsten gekommen.
Ich habe mir so manches für meine Kinder erträumt und vergessen, dass sie ihre eigenen Träume haben. Meine Achtung und meine Liebe für Jennifer und Adrianne wächst täglich. Sie lehren mich Stärke und Integrität. Das Kind, das ich weggegeben habe, hat mich wiedergefunden und den leeren Platz in meinem Herzen wieder gefüllt. Es tut mir so leid, dass ich nicht den Mut hatte, sie aufzuziehen, denn ich habe sie aus Feigheit aufgegeben. Sie heißt Laura, ist von großer äußerer und innerer Schönheit und ich liebe sie.
Und ich habe einer guten Freundin den Arm gehalten, während sie gestorben ist. Sie lehrte mich, wie Freiheit aussieht: Wie das Glitzern auf dem Wasser an einem sonnigen Tag, wie ein Meer von Diamanten, in das man eintaucht, um selbst zu einem zu werden.
Ich habe so tief geliebt und mich so verzweifelt gesehnt, dass ich jemandem erlaubt habe, mich zu verletzen, mich gegen eine Tür zu pressen, so dass ich weder atmen noch mich irgendwohin bewegen konnte, um den niederprasselnden Fausthieben zu entgehen. Ich habe gebetet und geschwitzt und gefleht und gewollt und gehofft und genommen und gehungert und geglaubt und *gewusst*. Ich wollte sterben, Freiheit im Glitzern des Wassers finden – ich wollte es mehr als alles auf der Welt. Und gerade als ich keinen Atemzug, keine Hoffnung mehr in mir spürte, sprach ein Engel zu mir: »Stell dir nur vor, wie der Nächste sein wird. Solange du lebst, besteht Hoffnung. Erinnere dich daran, wo du herkommst.«
Ich erinnere mich an einen Ort, wo Wesen in blauflüssiger Liebe schwimmen. Wo die schönste Feenprinzessin der Welt rosa Frauen-

schuhe (die Orchidee) trägt und sie und ihr Prinz in einem Blütenkelch leben – und sie leben glücklich, bis an ihr Lebensende. Wo Pferde fliegen können und ich ebenfalls.
Ich hatte aufgehört, daran zu glauben, Aber ich hatte nie aufgehört, es zu wissen.
Und gerade, als alle um mich herum gestorben waren – und es gibt viele Arten, zu sterben – gerade als eine andere Spielart des Todes hinter der Ecke lauerte, legte mein bester Freund seine Hand auf mein Herz und sagte: »Ich gelobe dir meine Wahrheit.«
Und wie alle großen Poeten wissen, liegt in der Wahrheit Schönheit. Es gibt kein »und glücklich bis an ihr Lebensende« in einer Welt, in der wir nicht in flüssiger Liebe schwimmen. Doch es gibt viel zu tun, und ich habe den dynamischsten und schnellsten Weg zur Gotteserkenntnis genau da gefunden, wo ich ihn immer vermutet hatte. Und ich habe meine Göttin gefunden, die Mutter von Raum und Zeit. Sie kehrt jetzt, am Anfang vom Ende der Zeit zurück. Und wenn *Sie* diese Worte wirklich *hören*, dann ist das genug.

Vor ein paar Jahren assistierte ich bei einem Seminar und bediente die Videokamera. Tom hatte alle gebeten, einen Partner zu finden und sich gegenseitig in fünf Minuten die jeweilige Lebensgeschichte zu erzählen. Kein Gespräch – einfach das sagen, was in fünf Minuten heraus kommt. Ich hatte keinen Partner, also stellte ich die Kamera ab und setzte mich so weit wie möglich von den anderen weg, weil ich nicht den Eindruck erwecken wollte, dass ich irgendjemandes privater Geschichte zuhörte. Ich versuchte, mit der Wand zu verschmelzen, weil ich mich so offensichtlich allein fühlte. Doch ich konnte so weit abrücken, wie ich wollte, ich hörte doch, was die Menschen um mich herum erzählten. Ich beugte den Kopf und hielt mir die Ohren zu, doch ich hörte die Geschichten nur um so lauter. Es gab keine logische Erklärung dafür. Schließlich hörte ich alle Geschichten, die in dem Raum erzählt wurden, gleichzeitig.
»Mein Vater wollte nicht, dass mich irgendjemand hochnahm, also lag ich monatelang nur so da. Ich wurde gefüttert und gewickelt, doch niemals gehalten....als ich drei Jahre alt war, wurde ich so krank, dass ich ins Krankenhaus musste...ich bin beinahe gestorben...dann schlug sie mich und schlug mich immer und immer wieder...und er hielt mich fest, und ich spürte ihn auf mir und seinen schlechten Geruch, er stank so, und er war doch

mein Vater…und sie starb, als ich sechs Jahre alt war, und niemand hat mich seitdem wirklich geliebt…ich habe meinen Vater verloren, und er war der Einzige, der mich je geliebt hat, und ich fühle mich so allein…meine Familie hatte alles in dem Feuer verloren, und wir lebten von der Armenküche…als mein Hund starb, dachte ich, das Leben sei vorbei…ich vermisse meine Mutter immer noch…ich habe Millionen verdient, aber ich war nicht glücklich…ich hungerte und fror…ich glaubte immer, dass ich hierher gekommen sei, um etwas zu tun, aber ich weiß nicht, was…und er verließ mich wegen ihr…und sie verließ mich wegen ihm…«

Ich hielt mir die Ohren zu. Ich glaubte, jeder würde wissen, dass ich all ihre Geschichten hörte. Dann teilten sich die Klangwellen des Kosmos. Es rauschte wie in einer riesigen Muschel, wie Wellen, die auf den Strand laufen, es öffnete sich eine Art Klangtor und ich hörte *alles*. Ich hörte alle, die dort im Raum waren, und ich hörte die Litanei aller Geschichten seit Anbeginn der Zeit. Sie bewegten sich spiralförmig aus einem unsichtbaren Tunnel um mich herum hervor. Geburt, Liebe, Hoffnung, Verrat, Misstrauen, Wut, Mitleid, Geringschätzung, Verlust, Freude, Lachen, Tränen, Schweiß, harte Arbeit, Millionen von Geschichtsblasen platzten gleichzeitig in mir. Ich hörte sie alle. Und sie sind alle gleich. Wir haben alle die gleiche Geschichte. Die Details sind unterschiedlich, doch auf seltsame Art ist es die gleiche Geschichte. Wir sind nicht nur ein einziges erhabenes Wesen, auf einer universellen, göttlichen Ebene miteinander verbunden. Wir alle sind ein Kapitel der gleichen Geschichte. Mein Kopf platzte und umfasste alle, die mit im Raum waren, alle seit Anbeginn unserer Art von Zeit.

Die Grundlage ist, dass ich immer noch das kleine Mädchen bin, das an die Liebe glaubte und das wusste, dass die Geheimnisse des Universums in der Liebe liegen, die sich zwischen zwei Menschen entfalten kann. Ich bin dasselbe kleine Mädchen, das wusste, dass man in dieser Suche-nach-Gott-Angelegenheit weiter kommt, wenn man einen Partner in sein Leben zieht, einen Gefährten oder eine Gefährtin, und wenn man in ausgeglichener, vollkommener Wahrheit miteinander bleibt, tagein, tagaus, im Schlafzimmer, im Bad und in der Küche. Ich bin dasselbe kleine Mädchen, das immer daran glaubte, dass man, wenn man keinen Partner hat, eben in ausgeglichener und vollkommener Wahrheit mit sich selbst bleiben muss.

Es ist gleichgültig, ob ich zwanzig Minuten oder zwanzig Jahre lebe. Es kommt auf den täglichen Prozess, auf den Weg an. Was tun Sie mit Ihrer Zeit? Vielleicht ist diese Minute, dieser Tag, alles, was Ihnen noch bleibt. Bleiben Sie lieber mit einem Geliebten oder einer Geliebten noch zehn Minuten im Bett liegen oder stehen Sie auf und gehen joggen? Lächeln Sie noch einmal von der Tür aus zurück oder drehen Sie sich einfach um und gehen? Wer ist Ihr Gott? Ist er dieser Furcht einflößende, eifersüchtige Typ, der Sie als Sünder oder Sünderin bezeichnet? Das ist nicht Gott. Das ist das Gerede des Patriarchats. Das ist die Sprache der Kirchen, der Regierungen oder ungebildeter Außerirdischer. Das ist die Stimme der Versklavung. Seit Äonen werden wir durch die vereinten Bemühungen der Ignoranz und der Lüge unter Androhung von Hohn und Verachtung in diesen Vorstellungen gefangen gehalten.

Meine Geschichte enthält keine harten Wahrheiten. Sie enthält keine alchemistischen Formeln, die sorgfältig angewandt zur großen Liebe oder zur Erleuchtung führen werden. Es ist mir egal, wie kultiviert wir erscheinen mögen – ich weiß, was wir alle uns aus tiefstem Herzen wünschen: Jemanden, der uns liebt und der uns erlaubt, ihn zu lieben. Das ist unser Potential.

»Wie ihr wisst, wird die Zeit knapp, und die Göttin selbst hat mir erlaubt, ja, sie hat mich sogar gebeten, euch einige der bestgehüteten Geheimnisse aller Zeiten zu enthüllen. Sie werden euch enthüllt in der Hoffnung, dass ihr euch im Laufe der Zeit erhöhen werdet....

So kommt es, dass ich eines der verlorenen Geheimnisse der alten Zeit aufdecke – dass der Geist, das männliche Prinzip, die Unterstützung des weiblichen Prinzips, der Intelligenz der Materie, braucht, um durch seine Reise durch die Materie zu sich selbst zurückzukehren.

Doch aus der, von Sonnenlicht durchfluteten Perspektive des männlichen Prinzips trägt das weibliche Prinzip einen dunklen, feuchten, gefährlichen Abgrund in sich. Das solare Prinzip fühlt sich von der Dunkelheit des lunaren Prinzips bedroht. Doch durch die Vereinigung von Sonne und Mond, durch die Vereinigung des maskulinen und des femininen Prinzips, ausgeglichen und energetisch gleichgewichtig, kann wahre Erleuchtung erreicht werden«.

Maria Magdalena

Eines Abends, ziemlich am Anfang unserer sich zart entfaltenden jungen Liebe und mitten zwischen all den Plänen, die andere für Tom hatten, standen wir auf einer Klippe. Wir waren an der Küste einer anderen Insel. Es war ein schwerer Tag gewesen, und die Seeungeheuer waren hinter Tom her. Alle Sirenen hatten ihre Lautstärke voll aufgedreht und übertönten sogar die Brandung. Sie zogen an ihm, lockten ihn in die See hinaus, Hals über Kopf, und er war von ihrem Licht geblendet. Nur weil etwas licht aussieht, ist es noch lange kein Licht. Ich habe diese Lektion auf die harte Weise gelernt.
Er ging von mir fort. Er ging einfach los, die Palmen wiegten sich sanft in der Nachtluft. Er ließ mich da stehen, allein, mitten in der Nacht. Ich schaute mich um, an kleinen Feuern saßen Menschen zusammen, tranken, feierten. Ich wollte nicht zugeben, dass ich mich davor fürchtete, durch die Dunkelheit allein nach Hause zu gehen. Außerdem fühlte ich mich in meinem Stolz verletzt. Einer, der von einem Spinnenbiss betäubt das Licht nicht mehr von der Dunkelheit unterscheiden konnte, hatte mich einfach so an einem fremden Strand stehen lassen.
Es ist alles in Ordnung. Es geht mir gut. Ich werde nicht um Hilfe bitten! Ich brauche niemanden! Ich kann allein sein. Ich bin da ziemlich gut drin. Ich bin gerne allein. Aber in Beziehungen bin ich nicht so gut. Da habe ich etwas zu lernen. Also schluckte ich einmal und rief ihn zurück. Er war noch nicht außer Rufweite. Und er *entschied* sich, umzukehren. Beides war notwendig: Dass ich mich entschied, ihn zu rufen und dass er sich entschied, zurückzukommen. In jedem Augenblick, unter allen Umständen kommt es einfach darauf an, wie man sich entscheidet.
Ich gehe davon aus, dass wir in den folgenden Jahren mit Entscheidungen umzugehen haben, mit denen sich die Menschheit noch nie auseinandersetzen musste. Entscheiden wir uns für Freiheit! Entscheiden wir uns für Liebe! Wenn es irgendeine Weise gibt, wie Sie vollständige, ausgeglichene Wahrheit in Ihr Leben bringen können, dann bitte ich Sie: Tun Sie es! Die Wahrheit wird Sie frei machen und ohne Freiheit gibt es nichts.
Und zu dir, mein Geliebter: Wie ich dich dafür liebe, dass du bereit warst, den dunklen, feuchten, gefährlichen Abgrund zu durchqueren, um in der Pforte des Weiblichen zu leben, im heiligen Gral, mit mir. Möge es andere Menschen, wenn sie davon lesen, so zu Tränen rühren, wie die Liebe Magdalenas zu Jeshua mich zu Tränen gerührt hat. Deine

Integrität und deine Achtung strahlen hell, und das Echo deines Liedes wird in den Hallen der Ewigkeit ertönen. Danke, dass ich sowohl die Eingeweihte als auch die Liebende sein darf. Für mich wirst du immer der kleine Junge sein, der durch das Busfenster schaute, und dessen Gesicht ich nie vergaß. Ich wusste, dass er später Gitarre spielen und Lieder singen würde. Ich wusste, dass er mein Seelengefährte war. Du singst mein Herz. Dein ist die Stimme Gottes.

Nachgedanken – Tagebuch nach der Übermittlung des Manuskriptes
Alle folgenden Tagebuch-Einträge entstanden in dem Jahr, nachdem wir das *Manuskript* erhalten hatten. Wir fügen sie hier ein, weil sie den Prozess darstellen, den dieses Material und unsere Verpflichtung zur Wahrheit in unserem Leben auslösten. Ich warne Sie! Es ist nicht immer lustig. Doch es ist die Wahrheit. Diese Einträge zeigen, wie ich das Material so gut lebte, wie ich konnte.
Zurück auf Gozo, als die Überlieferung des *Manuskripts* durch Maria Magdalena sich dem Ende zuneigte, ging ich durch einen quälenden Prozess, und wir wollen ihn hier darstellen, um zu zeigen, dass am Anfang nicht alles eitel Freude ist.
Zuerst kommen der Mann und die Frau zusammen, und aus ihrer Liebe wird ein Kind geboren. In heiligen Beziehungen wird immer etwas erschaffen, wird immer ein Drittes geboren – und Geburten sind ein schmerzhafter Prozess. Doch es lohnt sich. Ein neues Leben entsteht, ob es ein Kind ist oder eine Energie. In unserem Fall wird unsere Arbeit in die Welt geboren. Ich fürchte, so ist die Liebe einfach: ein Prozess, ein Weg, wie das Leben. Und wie Pam sagte, es kommt auf den Weg an.
Übrigens hatte Tom nie etwas von dem, was ich schrieb, zu Gesicht bekommen, bis ich mit meiner Geschichte fertig war und sie ihm vorlas. Als ich an der Stelle war, wo ich den Jungen im Busfenster vorbeifahren sah, legte er den Kopf zu Seite und unterbrach mich. Er erzählte mir, dass er im Alter von etwa acht oder neun Jahren mit seiner Familie im Bus durch Virginia reiste, auf der Bundesstraße 1, und dass er ein kleines Mädchen in einem Auto sah. Der Bus und der Wagen fuhren einen Moment lang nebeneinander her, und er schaute dem Mädchen in die Augen, bis die Fahrzeuge sich trennten. Er hatte das Mädchen nie vergessen. Vielleicht ist das weit hergeholt, aber ich glaube an Weithergeholtes.

Ein Flughindernis
Mein erster Eintrag – Dezember 2000, Gozo

Der Sturm, der über die Insel brauste, dauerte fünf bis sechs Tage. Mein Sturm dauerte jedoch mindestens vierzehn Tage. In meinem Wahn glaubte ich fast, dass der Sturm von dem Aufruhr in meinen brodelnden, modrigen Tiefen hervorgerufen worden sei.
Im Außen donnerte die See unermüdlich mit ähnlicher Wucht gegen die winzige Insel, wie es auch in meinem Inneren kochte. Hurrikans und ähnliche Orkane sind schrecklich, doch sie haben Anfang, Mitte und Ende. Dieser Sturm aber fegte herein, kreiste und blieb, und auch während ich dies schreibe, zieht mir der Wind am Rücken.
Am Anfang war es nachts schlimmer, und die Tage waren noch zum Aushalten. Dann wurde es durchgängig so stark, dass man nirgendwo in unserem Kalksteinhaus dem Heulen des Windes entkam. Um das Quietschen und Schlagen der Türen zu mindern, stopften wir Handtücher darunter, doch der Wind fand immer noch reichlich Möglichkeiten, zu uns durchzudringen. Er fegte durchs Schlafzimmer und ins Bad, röhrte im Badewannenabfluss und veranstaltete ein derartig schauriges Konzert, dass wir in das Gästeschlafzimmer im Untergeschoss flüchteten. In Marsalforn schleuderte die See riesige Felsbrocken auf die Strandpromenade, als ob sie die Häuser auf der anderen Seite von ihren Fundamenten schießen wollte. Zwischen Zabbat und Marsalforn türmten sich die Wellen so hoch, dass sie bis oben hin türkis leuchteten, bevor sie schaumig auf die felsige Küste donnerten und die Steine mit sich in die Tiefe zogen, aus der sie einst hervorkamen. Ich habe noch nie derart türkise Wellen gesehen und hoffe, weder die Farbe noch den Zusammenhang je zu vergessen, genauso wenig wie das Geräusch von den Tausenden von Steinen, die mit jedem türkisblauen Brecher über den Strand rollten.
Innerlich wundere ich mich über dieses Material und den Zeitpunkt seiner Präsentation. Damit meine ich, dass wir alle kleine Risse haben, die wir zumauern und nett anmalen, vielleicht sogar noch einen hübschen Teppich darüber legen, so dass niemand etwas merkt.
Ein einfaches, unschuldiges Ereignis grub sich tief in mich ein, fand einen passenden Riss und begann, alles, was ich zu wissen glaubte, zu zersetzen. Der Riss wuchs und wuchs, bis ich den ganzen Tag über nichts anderes mehr tat, als mich mit diesem an sich kleinen Riss

herum zu quälen. Ich schreibe dies nicht um des persönlichen Ereignisses willen, sondern um zu demonstrieren, wie der Prozess ablaufen kann, damit ich die Grundlage meines Seins nicht nur um meinetwillen aufgerissen habe.

Wovor fürchten Sie sich? Es wird eintreten, wenn Sie sich für den Weg einer oder eines Eingeweihten entscheiden.

Ich fürchtete, hintergangen und verlassen zu werden. Ich war an einem der sichersten Orte der Welt, umgeben von Menschen, die mich liebten und verehrten, aber meine Ängste fanden mich trotzdem.

Ich fürchtete nicht den Wind. Ich sah in seinem Treiben nur einen Spiegel. Und ich behaupte auch sicherlich nicht, den Sturm hervorgerufen zu haben. Ich beobachtete nur, wie er aus der Ruhe heraus plötzlich loswütete. Und ich weiß, dass er genau wie mein Sturm seine Zeit hat. Ich fragte mich, was den Sturm erzeugt hat? Wann änderte sich das Barometer, und was hatte den Luftdruck um mich herum verändert, um meinen inneren Sturm in all seiner Pracht hervorbrechen und mich danach wieder in meinen seligen Beziehungszustand zurückfallen zu lassen?

Das Ereignis als solches war unbedeutend gewesen und hatte lauter als notwendig eine Botschaft an meine Ohren getragen. Warum? Maria Magdalena hatte gerade darüber gesprochen, wie wichtig es sei, dass der *Boden* einer Frau stark und sicher sei, wie wichtig es sei, dass sie sich geliebt und sicher fühlt. Ich war begeistert von diesen Informationen, weil ich mir vorstellte, wie süß und klar diese Botschaft in den müden, erschöpften Ohren klingen würde, die wir Frauen haben. Ich weiß, dass wir uns sicher fühlen müssen, um voll erblühen zu können. Eine Mohnblüte sieht nicht genauso aus wie zuvor, wenn sie der Wind gegen den Fels gedrückt hat. Aber sehen Sie sich eine große Mohnblüte an, die aufrecht zwischen ihren Schwestern auf dem Felde steht, mit all der Sonne, Feuchtigkeit und Dunkelheit, die sie braucht. In dieser Umgebung kann sie alles sein, was in ihr liegt.

Wie viele von uns fühlen sich jemals so sicher, dass sie alles sein können, was in ihnen liegt?

Als ich klein war, wurde mir gesagt, dass ich alles erfahren würde, was ein Mensch erfahren kann, damit ich später aus Erfahrung sprechen würde und etwas Wertvolles zu sagen hätte. Eine merkwürdige Botschaft für eine Fünfjährige, die in der Astgabel eines Birnbaums sitzt. Ich habe sie nie vergessen.

Wenn ich also darüber spreche, dass wir unter dem Stress von Gewalt und Missbrauch nichts leisten können, dann spreche ich aus Erfahrung. Ich habe fünf Jahre mit einem gewalttätigen Mann verbracht. Es begann langsam, sonst wäre ich wohl niemals in diese Situation geraten, sage ich mir. Am Anfang war es vor allem verbale Gewalt. Dann schnitt er mich systematisch von meinen Freunden ab, doch auch darin witterte ich keine Gefahr. Dann schlug er mich, völlig aus heiterem Himmel, ohne dass es einen Wortwechsel oder eine Meinungsverschiedenheit gegeben hätte. Es geschah so unerwartet, dass ich hinterher kaum glauben konnte, dass es geschehen war. Es war beschämend, entwürdigend, lähmend und machte mich fast verrückt.
Ich prüfte jeden Aspekt einer jeden Bewegung, die ich vor den Schlägen gemacht hatte. Was hatte ich gesagt? Was hatte ich getan? Nichts hatte ich getan. Hatte ich es geträumt? Ich schämte mich so dafür, dass ich niemandem davon erzählte. Ich war viel zu hoch entwickelt, als dass ich ein derartiges Verhalten hätte zulassen dürfen. Außerdem – laut den Grundsätzen der Religion – musste es ja mein Fehler gewesen sein. Schließlich sind wir Frauen hinterhältige Kreaturen, die in Sünde und Scham erschaffen wurden.
Doch auch diese entsetzliche Beziehung war zu Ende gegangen, und ich lebte noch. Viele Jahre und eine Menge harter Arbeit lagen zwischen jenen Ereignissen und *mir*.

Hier sitze ich also, mit der wunderbarsten, kraftvollsten, liebevollsten und würdevollsten Beziehung, von der ich jemals auch nur gelesen geschweige denn, die ich erfahren habe, – und ich fürchte mich, fühle mich bedeutungslos und bin eifersüchtig wegen nichts. All meine Unsicherheit ist in meinen Kopf gezogen und hat sich dort breit gemacht, um mich zu verfolgen, zu jagen, zu erschrecken. Und alles wegen eines einzigen, winzigen Ereignisses.
Niemand hatte mir etwas getan. Es war eine schlichte E-Mail-Kommunikation zwischen Tom und einer anderen Person, die ich übertrieb. Ich kochte sie auf, nahm sie auseinander, setzte sie wieder zusammen, legte sie zurecht, tischte sie allen Stimmen in meinem Kopf auf und veröffentlichte meinen Bericht.
Ich war verletzt, vielleicht tödlich verletzt.
»*Ich bin eine Eingeweihte*«, argumentierte ich mit mir. »*Ich kann damit umgehen. Ich lebe das Leben, das ich mir erträumt habe.*«

Also legte ich einen klitzekleinen Teppich über den kaum sichtbaren Riss im Linoleum.
Dann sprach Magdalena:
»Die nächste Verständnisebene handelt von dem emotionalen »Tuning« der Partnerin, denn die Empfänglichkeit der Frau hängt von ihrem emotionalen Zustand ab. Das entspricht einfach ihrem Wesen und muss berücksichtigt werden, wenn die Techniken funktionieren sollen.«
Und als wäre das nicht schon genug, um die Situation anzuheizen, fuhr sie fort:
»Für die Eingeweihte ist das authentische Gefühl von Sicherheit und Liebe, oder zumindest von Würdigung, von essentieller Bedeutung. Ist das gegeben, kann etwas in ihrem Wesen loslassen, und die Alchemie kann sich ereignen. Die Alchemie entsteht durch die Vereinigung der Ka-Körper des Mannes und der Frau. Wenn sie sich lieben, verbinden sich ihre Ka-Körper, und dies bringt die Frau dazu, ihren Magnetboden zu öffnen.«
Ich erstarrte, während sie weitersprach.
»Dies ist ein merkwürdiger Ausdruck, der sich aus der Sprache ableitet, die in den Tempeln der Isis verwendet wurde. Der Boden ist die Grundlage, auf der man steht. Wenn wir etwas sicher abstellen wollen, legen wir es auf den Boden. In den Tempeln bezeichneten wir somit etwas Grundlegendes als »Boden«. Wenn ich also von dem Magnetboden der Frau spreche, dann meine ich, dass dies das Grundlegende ist, das sich ereignen muss.«

Der leichte Wind hatte sich in einen Sturm verwandelt, die See trug Schaumkronen, und der Teppich flog davon.
Etwas Größeres als meine Scheu hatte meine Bodenbretter hochgehoben, damit der Riss deutlich sichtbar würde. Wo ich hin will, da kann es keine Schwächen geben, keine Risse und keine Furcht. Ich wusste, dass einige der großen Geheimnisse aller Zeiten in jenem schlichten und kurzen Material lagen, das uns mit so viel Kraft und Klarheit übermittelt wurde. Ich sage »Geheimnisse«, doch jede Frau, die dies liest, wird sagen, dass sie das schon wusste. Aber wir sind so lange zum Schweigen gebracht worden, dass wir unserem inneren Wissen nicht mehr vertrauen.
Magdalena war von Isis und Metatron gebeten worden, sich von dort, wo sie gemeinsam mit ihrem Geliebten Jeshua in der Seele ruhte, zu erheben, um uns ihre Geschichte zu erzählen. Und ich hatte Teppiche ausgelegt, um sie zu begrüßen. Ich habe mich zu zwei Dingen verpflich-

tet: Zur Wahrheit mit Tom und dazu, mir all meine unerledigten Themen anzuschauen. Ich bitte jetzt seit zwanzig Jahren darum. Ich hätte nie geglaubt, dass ich so viele unerledigte Themen habe.

DIE FEMINISTIN ERHEBT SICH
Zweiter Eintrag – Dezember 2000, Gozo

Das *Manuskript* wurde im Jahre 2000 zwischen dem Erntedankfest und Weihnachten übermittelt. Maria Magdalena kam zum ersten Mal in einer Nacht in Zürich durch, in einem kleinen Hotel in der Altstadt. Sie fuhr fort, während wir durch den Mittelmeerraum kreuzten, bis wir auf der kleinen Insel Gozo bei Malta landeten. Sie beendete den Prozess kurz nach dem oben erwähnten Sturm, kurz vor Weihnachten 2000, indem sie ihren Text selbst noch einmal Wort für Wort überprüfte.
Sie hatte jedes Wort genau gewählt, bevor sie es durch Tom mit einer Kraft und Klarheit aussprach, wie ich sie nie zuvor von einem Menschen oder einem geistigen Wesen vernommen hatte. Sie zeigte während ihrer Erzählung keinerlei Wut, sie jammerte nicht oder war sonst irgendwie emotional. Nur wenn sie über ihre Liebe zu ihrem Mann Jeshua sprach, zitterte ihr Herz. Ich weinte jedes Mal, wenn sie erzählte, wie hart es für sie war, die Rolle der Eingeweihten zu übernehmen, eine Aufgabe, für die sie so gut ausgebildet war, und gleichzeitig eine Frau zu sein, die einen Mann liebt, wofür es nirgendwo eine Ausbildung gibt.
Und er war ein Mann mit einer Mission!
Wie viele haben wir davon kennen gelernt?
Und die Aufgabe, um derentwillen er hier war, war wichtiger als seine Liebe zu ihr!
Wie oft haben wir das erlebt?
Und dann wird von ihm als dem Christus erzählt, man erinnert sich an ihn als den Erlöser, den eingeborenen Sohn Gottes, und sie gilt als die Hure, obwohl sie es war, die ihn erfüllt hat.
Wie oft haben wir das erlebt?
Und sie war das Gefäß der Energie, das ihm die Kraft gab, das zu tun, wofür er hierher gekommen war. Er tat es und ging dann?
Mein kleiner, winziger Riss weitete sich, und zu Weihnachten war die Bruchlinie für jeden, der mir nahe kam, deutlich zu erkennen.

SCHÖNE BESCHERUNG
Dritter Eintrag – Dezember 2000, Gozo

Der Dezember pfiff weiter über die spärlich bewaldeten Felder auf Gozo, und nicht nur die Luft war kühl. Der kleine Zwischenfall mit der E-Mail verfolgte mich immer noch. Es war eine einfache, unschuldige Mail einer alten Freundin von Tom gewesen, aber zufällig war es eine Freundin, die einst Pläne mit Tom gehabt hatte, die etwas mehr als Freundschaft vorsahen. Diese Person hatte mich damals verletzt und uns fast die Beziehung gekostet. Ich konnte nicht verstehen, warum sie immer noch in unserem Leben war, da die ursprüngliche Erfahrung sehr schmerzhaft gewesen war.

Heilige Beziehungen – so wie ich sie leben möchte und so wie ich meine, dass sie gelebt werden *müssen* – müssen das Wichtigste im Leben sein. Vernunft zählt nicht! Wenn ich Gott bin und mein Partner Gott ist, warum sollte dann irgendein Gott außerhalb von uns – irgendeine Religionsausübung, irgendeine Verehrung, irgendein Wesen, überhaupt irgendetwas – mehr Beachtung verdienen als unsere Liebe. Sie muss immer, Tag und Nacht, im Zentrum unseres Lebens stehen, immer das Wichtigste im Leben sein. Sie muss in vollkommener Wahrheit bleiben. Es darf nichts unter den Teppich gekehrt, nicht der kleinste Makel versteckt werden. Wenn sie nicht als heiligste und kostbarste Erfahrung betrachtet wird, wird sie anfangen zu schlingern und der Verfallstendenz aller Beziehungen nachgeben. Das empfinde ich in meinem Herzen als zutiefst wahr. Dies ist die Wahrheit, mit der bislang kein mir bekannter Mann umgehen konnte – und hier stand ich wieder an diesem Punkt. Ich fürchtete, wie eine eifersüchtige, verständnislose Megäre auszusehen. Ich hatte nicht das Gefühl, dass es mir darum ging, doch mein Selbstwertgefühl war so tief gesunken, dass ich meine Intuition in Frage stellte. Doch wenn mein Gefühl nicht zutraf, wenn Tom mich wirklich liebte, warum verkehrte er dann noch mit dieser Person? Wenn er doch wusste, dass seine Kommunikation mit dieser Person mich verletzte, warum führte er sie dann fort?

Vielleicht sollte ich gehen.

Mit mir kann es keiner aushalten. Mein Preis ist zu hoch, als dass ihn irgendjemand zahlen könnte. Ich verlange zu viel. Ich lasse keine Spielräume. Ich habe selbst keine Spielräume, nach allem, was ich erlebt habe. Doch wer kann den Anforderungen einer unnachgiebigen, anspruchsvollen Frau ent-

sprechen, die ein von einem anderen Universum geprägtes Bild von Beziehung in sich trägt? Ich kann meine Gedanken und mein Mundwerk nicht mehr in alter Weise unter Kontrolle halten. Alle Tricks der Frauen aus dem Süden haben mich verlassen. Ich kann nicht mehr anders als zu sagen, was ich denke. Göttin, hilf!
Vielleicht sollte ich gehen.
Man sagt, dass es auf Gozo war, wo Odysseus von der Sirene Calypso sieben Jahre lang gefangen gehalten wurde. Ich bin hier gefangen. Ich kann nirgendwo hin. Es ist eine winzige Insel, mit Feldern, katholischen Kirchen und den freundlichsten, ehrlichsten Menschen der Welt, auf der ich hier festsitze, gefangen in meinem Strudel.
Vielleicht sollte ich gehen. Tom kann dies nicht brauchen, nicht nach allem, was er durchgemacht hat. Er braucht Frieden, keine Zicke. Ich bin eine Zicke. Aber ich habe Recht. Ich bin eine Zicke, die Recht hat! Seufz.
Willst du Recht haben? Oder willst du glücklich sein? Doch was kostet das Glück?
Wir gingen wandern – lange wandern. Es war Zeit für die Wahrheit. Jeder Bauer auf Gozo hat ein kleines Stückchen Land, das ordentlich mit merkwürdig geformten, weil im Laufe von Generationen aufgeschichteten Trockenmauern eingefasst ist.
Ich bin wie ein Dampfkessel. Ich scheine einigermaßen ruhig und gelassen zu sein, doch wenn etwas passiert, wie diese E-Mail, fing ich früher langsam an zu kochen und es konnte Jahre dauern, bis ich dampfte. Heute koche ich einfach direkt über und brodele dann weiter. Ich meine, ich kann ziemlich auf etwas herum reiten, was nur ein bisschen daneben scheint. Ich will das nicht, ich kann mir einfach nicht helfen. Ich sehe keine anderen Dimensionen, aber ich verpasse keinen energetischen Austausch auf dieser Ebene. Zu lange in der Politik gewesen, nehme ich an. Mir entgeht kaum ein energetischer Prozess um mich herum, und ich konnte spüren, dass sich die Atmosphäre zwischen Tom und mir verändert hatte, seit ich ihn auf jene E-Mail angesprochen hatte. Er zog sich von dem dunklen, feuchten, gefährlichen Abgrund des Weiblichen zurück. Ihr Preis war dieser Tage ziemlich hoch, das musste ich zugeben. Sie verlangte absolute Hingabe und absolute Wahrheit, das Gleiche, was er von mir erwartete. Wir fingen an, darüber zu reden.
Ich wäre am liebsten im Boden versunken. Ich musste zugeben, dass

ich eifersüchtig auf eine E-Mail war. Ich fühlte mich nicht gewürdigt. Ich fühlte mich verletzt und verlassen – durch eine E-Mail. Ich wäre am liebsten gestorben. Wenn wir uns auf diese Weise einem anderen Menschen öffnen, unsere ganzen Ängste und Unzulänglichkeiten, unseren wackeligen Boden bloßlegen, dann meinen wir oft zu wissen, dass der andere das nicht aushalten kann. Wir halten unsere Abgründe für zu hässlich, zu schwer verdaulich für irgendjemand anderen. Wir halten es für unmöglich, dass uns jemand mit unserer ganzen Wahrheit lieben könnte.

Ich befürchtete, dass es so aussehen könnte, als wollte ich Tom einschränken, und ich kann den Gedanken nicht ertragen, dass irgendjemand Tom noch einmal einschränken könnte. Ich hatte mich geweigert, so wie die anderen Menschen zu werden, die ihn nach Pams Tod umgaben, und die alle nur um ihren Anspruch wetteiferten, ihm ihre Grenzen aufzusetzen.

Aber Tom erkennt die Absichten der Menschen nicht so wie ich. Er sieht Geister und Wesen aus anderen Dimensionen, und er spricht mit ihnen, wie ich mit der Kellnerin eines Restaurants spreche. Ich dagegen erkenne Absichten und politische Strategien. Meine prophetische Gabe beschränkt sich auf die Menschen um mich herum. Ich höre, was sie verschweigen, und ich sehe, was sie verbergen. Ich erkenne ihre wahren Motive, und diese wenig geschätzte Fähigkeit macht mich verrückt. Ich *sah* die Botschaft hinter den geschriebenen Worten in der E-Mail, die Tom bekommen hatte.

An jenem Tag liefen wir stundenlang über Felder und Steinwälle, bis zu den Klippen von Dwejra, einer schwindelerregend hohen Felswand an der Küste. Ich weiß, dass Tom darüber nachdachte, wie nett es sein könnte, allein zu leben. Ich dachte darüber nach, wie nett es sein könnte, allein zu leben. Das hier war Arbeit!

Aber die Liebe ist so stark, dass sie mir den Atem raubt!

Wir sprachen es durch und durch und durch und durch und durch. Vom Reden und Gehen erschöpft, drehten wir um und machten uns auf den Heimweg. Vielleicht war es an der Zeit für uns, dass sich unsere Wege trennten.

Da sah ich etwas neben meinem Fuß auf dem Boden liegen. Es schien eine Art Keramikscherbe zu sein, die fast völlig im Sand vergraben war. Irgendein Muster bedeckte ihre Oberfläche. Wir blieben stehen und fingen an, unseren Schatz mit einem Stein auszugraben. Wir hatten ein altes Symbol von einem der vielen Tempel der Göttin gefunden, die einst hier auf der Insel gestanden hatten. Vielleicht war es eine Botschaft für unsere Situation, ob wir uns lieben oder verlassen sollten. Als wir unseren Fund jedoch recht betrachteten, fielen wir fast um vor Lachen. Es war weder ein altes Amulett noch eine Tonscherbe, sondern die Abdeckung eines Kupplungspedals, das hier seit langer Zeit im Sand vor sich hin rottete!

Wir nahmen es als wunderbares Zeichen und schalteten in den Leerlauf. Wir hatten einander unsere Wahrheit mitgeteilt. Wir standen da, im Licht jenes langen Tages, und hielten einfach an. Wir gingen nach Hause und hielten einander einfach im Arm. Die Wahrheit, die absolute Wahrheit ist, dass noch niemand mein Herz so zum Springen gebracht hat wie Tom Kenyon. Er wird lernen, die Absichten anderer Menschen zu erkennen, und ich werde lernen, in andere Dimensionen zu schauen. Aber auch wenn ich niemals andere Dimensionen sehen werde, ist das in Ordnung. Ich habe Tom, der mir davon erzählt, was da draußen los ist. Und wenn er niemals die verborgenen Absichten anderer Leute erkennt, ist das in Ordnung, denn er hat mich. Und so lange wie er meine Gabe anerkennt und mir zuhört, und ich seine Gabe anerkenne und ihm zuhöre, haben wir gemeinsam den vollständigen Durchblick. Maria Magdalena hatte Recht – Anerkennung und Wertschätzung sind das Mindeste, was notwendig ist.

Quälende Gedanken
Vierter Eintrag – Juli 2001, Paros, Griechenland

Viele Gedanken quälen mich, während ich darüber nachdenke, dieses Material der Welt zu präsentieren. Heute Nacht bedrückte mich die Verantwortung, derartige Informationen drucken zu lassen, so sehr, dass ich keinen Schlaf finden konnte und mich an den Küchentisch setzte, mit dem Palmtop in der Hand, trotz der kykladischen Mücken, die, da sie nicht summen, in ihrer lautlosen Gier besonders tückisch sind.

Das Bewusstsein von Maria Magdalena ist jetzt auf der irdischen Ebene, weil wir die Wahrheit der Emotionen und der körperlichen Leidenschaften erkennen und die Rückkehr des weiblichen Prinzips willkommen heißen. Auf Ihrer Reise werden Ihnen vielleicht andere Gesichter und Stimmen beggnen, die vorgeben, für Magdalena zu sprechen oder gar sie zu »sein«. Diese verschiedenen Magdalenas erzählen unterschiedliche Geschichten. Durch manche Kanäle, die ich sehr schätze, kam die Botschaft, dass Magdalena und Jeshua als Gefährten zusammen waren, aber keine Kinder hatten. Manche erzählen, dass sie viele Kinder miteinander hatten. Manche sagen, dass Jeshua während der Kreuzigung starb und Magdalena seine Lehren weitertrug. Andere sagen, er starb nicht am Kreuz, sondern lebte noch Jahre lang weiter, dass er die Kreuzigung nur brauchte, um seine Freiheit zu gewinnen. Manche behaupten, er sei während der Belagerung von Masada ums Leben gekommen, andere meinen, seine letzte Ruhestätte eindeutig in Indien ausmachen zu können. Eine neuere Version geht davon aus, dass er in den Pyrenäen in Südfrankreich begraben sei. Es gibt gechannelte Versionen von Magdalenas Geschichte, die von ihrer eigenen Mysterienschule in Südfrankreich erzählen, und dass ihre sterblichen Überreste dort zu finden seien. Andere vermuten ihre letzte Ruhestätte in England. Manche sagen auch, dass es nie einen Jesus Christus gegeben habe, und dass seine Figur aus denen von verschiedenen Lehrern jener Zeit zusammengesetzt wurde, um die Massen des römischen Reiches mit einer neuen Religion ruhig zu stellen.

All diese Abweichungen stören mich nicht, obwohl es natürlich viel einfacher wäre, wenn alle dasselbe erzählen würden. Doch in einer wesentlichen Tatsache erzählen sie dasselbe, nämlich dass Jeshua und Magdalena Gefährten waren, und dass die Kirche vorsätzlich und hinterhältig bei der Übersetzung das Wort »Hure« eingeführt hat, um Maria Magdalena abzuwerten, um alles Weibliche zu brandmarken, um das Patriarchat zu fördern und Leidenschaft zu verdammen, damit, wie Magdalena sagte, niemand zufällig über die großen Wahrheiten stolpert, die in der Leidenschaft liegen.

Mir ist an diesem *Manuskript* die Kraft seiner Worte wichtig, die transzendente und spürbare Liebe zu ihrem geliebten Jeshua, an der sie beständig festhielt.

Darüber hinaus erzeugen die Praktiken, die sie übermittelt hat, zweifellos eine elektrische Veränderung.

Wenn ich mich von dem persönlichen »Hoch« löse, das ich durch die Übermittlung und durch die direkte Präsenz von Magdalena erfuhr, während ich unter Tränen ihrer Geschichte lauschte, dann kann ich jetzt, Monate später, mich meiner Neigung zum Hinterfragen hingeben. Ist all dies heute von Bedeutung?

Sie hatte jedes Wort mit höchster Genauigkeit gewählt. Sie war zu

uns gekommen, um eine Geschichte zu erzählen und ein paar Dinge richtig zu stellen, vor allem die Lügen, die die Kirche verbreitet hatte. Jeshua hatte eine Sprache verwendet, die nur wenige verstanden, und die, aus dem Zusammenhang gerissen, Aussagen zu unterstützen schien, die in völligem Gegensatz zu dem standen, was er eigentlich meinte. Ein einfaches Mahl mit dem Meister, bei dem er gerne Brot und Wein mit den Menschen teilte, wurde zum Essen seines Fleisches und zum Trinken seines Blutes. Und eine solche Kirche bezeichnet andere als Heiden?
Wie können wir vermeiden, das Gleiche zu tun? Wie können wir eine Sprache wählen und erläuternde Kommentare formulieren, die nicht im Laufe der Zeit entstellt werden können? Sind die Menschen in der Lage, das Göttliche der Heiligen Beziehungen zu verstehen und zu wählen? Oder werden sie es einfach für ein tolles Handbuch über »Kraft durch Sex« halten?
Und wie sieht ihre Rolle aus der Sicht des Feminismus aus? War sie einfach eine weitere Frau, die ihre Kraft an einen Mann abgab – in diesem Fall buchstäblich abgab – der ohne ihren Beitrag nicht das hätte tun können, was er tat?

Wenn Sie meinen, dies sei ein Handbuch über Sex oder die Geschichte einer Frau, die ihre Kraft abgab, dann haben Sie nicht wirklich verstanden, worum es hier geht, und werden mit Sicherheit nicht das damit Mögliche erreichen.
Dies ist die Geschichte dessen, was Magdalena heilige Beziehungen nennt und es handelt von der inneren Alchemie, die in der Sicherheit und der Hingabe einer Heiligen Ehe möglich ist.

Wir waren so vorsichtig wie möglich in unserer Wortwahl, immer mit Blick auf ihre langfristige Bedeutung. Wir haben versucht, Modeworte oder moderne metaphysische Begriffe zu vermeiden, damit der Text zumindest im Laufe unseres Lebens nicht verzerrt verstanden werde. Darüber hinaus können wir ohnehin nur unsere Absicht ausdehnen, Licht und Wahrheit zu vermitteln.

NACHDENKLICHES
Fünfter Eintrag – Dezember 2001
Orcas Insel, Washington State

Es ist jetzt ein Jahr her, dass uns Magdalena das *Manuskript* gab. In zwei Monaten hatte sie damals das übermittelt, was sie von ihrer persönlichen Geschichte und von ihrer Geschichte als einer Eingeweihten des Tempels der Isis mitteilen wollte. In ihrem dünnen Büchlein lehrte sie, was gelehrt werden konnte, für alle, die bereit sind, dessen Schönheit zu erkennen. Sie gab uns einige der größten Geheimnisse der Isis-Tempel und der Ekstase zurück, die uns entwendet worden waren. Ich habe ein Jahr gebraucht, um es zu verdauen und das hinzuzufügen, worum ich gebeten worden war. Die Aufgabe hat mich sehr demütig werden lassen. Ich habe jetzt mehrmals mit ihrer Energie gearbeitet, allein und mit anderen Menschen, und ihre Schönheit, ihre Liebe, ihr Genius und ihre Kraft versetzen mich immer wieder in ehrfürchtiges Staunen und tiefste Dankbarkeit.

Ich weiß nicht, was mit uns Menschen geschieht. Wir kommen mit allem auf die Welt, was wir im Leben brauchen. Wir werden in Schönheit und Genialität geboren. Wir werden aus Gott und voller Göttlichkeit geboren. Wir *sind* Gott. Es gibt keinen Gott außerhalb von uns. Das macht mich nicht besser als meinen Nächsten. Mein Nächster ist auch Gott! Wir schauen uns um und sehen genug Land und genug hart arbeitende Menschen, um jeden auf diesem Planeten mit genug Nahrung zu versorgen. Wir sehen so viel Fülle, dass es für alle reicht, alle Tiere, alle Kreaturen. Und wir schwören uns, dass wir die Dinge ändern werden, wenn wir erst erwachsen sind. Wir werden etwas bewirken. Und dann geschieht etwas.

Ich hatte Glück. Ich wuchs unter merkwürdigen Umständen auf, fern aller normalen Einflüsse, außer wenn die Menschen mir etwas erzählen wollten, was ich in der Natur anders erlebte. Obwohl mir gesagt wurde, was ich zu tun und zu lassen hätte, hatte ich doch als Gegengewicht die Natur um mich herum. Ich hatte tiefere Naturerfahrungen, als irgendjemand, dem ich sonst begegnet bin. Ich konnte diese »Sünde«, in der wir angeblich alle geboren waren, nicht erkennen. Ich sah Schönheit, egal was die Menschen mir erzählten. Ich sah Schönheit in der Liebe, die zwischen Menschen möglich ist, und ich konnte mir nicht vorstellen, dass diese Schönheit böse sein sollte! Dann ging ich hinaus in die Welt und wurde verletzt. Meinem gebenden Wesen begegnete die nehmende Art vieler Menschen um mich herum.

All der Schmerz und die Scheinheiligkeit, die Frömmelei und das Verurteilen mit dem ich aufwuchs, wurden durch den Glauben an Jesus Christus hervorgerufen! Ich erlebte nicht, dass die Liebe, die die Menschen für dieses Wesen zu empfinden vorgaben, irgendeine Schönheit hervorbrachte. Als ich in meiner eigenen Spiritualität wuchs, verstand ich, dass er ein großer Meister und Lehrer war, einer von vielen, mit denen die Erde gesegnet wurde, aber ein Meister, in dessen Namen die Regierungen eine Religion errichteten. Magdalena hatte gesagt, dass die Jünger entsetzt waren, dass er jemandem wie ihr am Brunnen half. Wie merkwürdig, dass dieses Material, nach meinen Erfahrungen mit dem Christentum, zu »so einer wie mir« kommen sollte.

DIE ANGST VOR DEM FLIEGEN KEHRT ZURÜCK
Ein abschließender Eintrag
31. Dezember 2001, Orcas Insel

Während an diesem Buch die letzten Korrekturen vorgenommen wurden, trafen Tom und ich auf ein weiteres »Flughindernis«, das eine so große Veränderung herbeiführte und so viel Verständnis von uns verlangte, dass wir uns verpflichtet fühlten, es mit aufzunehmen. Sie sollen wissen, dass unter den duftenden Rosen der heiligen Beziehungen Dornen lauern. Sie sollen auch wissen, dass wir jeden Tag daran arbeiten. Wir leben in einem alchemistischen Ofen. Je mehr ich verstehe und erfahre, was Magdalena mit den wahren heiligen Beziehungen meint, und je mehr ich sie lebe, desto mehr Ehrfurcht habe ich vor dem Prozess, und desto mehr Achtung habe ich vor denen, die mutig genug sind, sich in die Katakomben dieses Prozesses zu begeben.

Wieder geschah etwas Einfaches, keine große Angelegenheit. Aber es war eine. Es war eigentlich ganz ähnlich wie das kleine Ereignis, das unsere Erfahrung auf Gozo ausgelöst hatte. Wenn einer der Partner in einer Beziehung etwas tut, das den anderen verletzt, dann muss das respektiert werden. Wenn es nicht ans Licht der näheren Betrachtung geholt wird, wird es irgendwann das Tor zur Liebe verdunkeln, entweder durch Kontraktion oder durch Revolution. Wenn das Sicherheitsnetz verdampft, verschwindet auch die Alchemie.

Tom hatte jemanden in sein Leben eingeladen, der ihm meiner Meinung nach gefährlich werden konnte, und er hatte es getan, ohne mich vorher zu fragen. Dann hätte ich ihn zumindest vor der möglichen Gefahr einer solchen Begegnung warnen können. Ich bin damit geschlagen, die Ränke und Absichten der Menschen um uns herum wahrzunehmen, genauso wie er Geistwesen wahrnimmt. Ich betrachte seine Gabe als ein Geschenk, meine jedoch oft als Fluch.

Als er mir von der Einladung erzählte, drehte sich mir der Magen um, und mein Herz begann zu rasen. Ich machte mein Bett, packte meinen emotionalen Koffer und ging. Ich zog mich um ungefähr vierzig Jahre in meine Kindheit zurück. Zuerst sagte ich nichts. Ich versuchte, meine Gefühle zu unterdrücken. Aber mein Herz machte so viel Lärm, dass ich fürchtete, es würde explodieren.

Ich wusste, dass meine Einwände bezüglich dieses speziellen Flughindernisses erst einmal nicht besonders willkommen sein würden. Schließlich hatten wir unsere Erfahrung auf Gozo gemacht. So setzte ich mich schweren Herzens hin und fing an, ihm zu erzählen, was seine schlichte, unschuldige Einladung an diese Person mit mir gemacht hatte.

Er hatte einfach jemanden in die Beziehung eingeladen, den ich als potentiell gefährlich betrachtete. Er hatte es unschuldig getan, und die Person, um die es ging, würde von kaum jemandem als gefährlich betrachtet werden. Alle waren bester Absicht. Aber ich »sah«, dass durch diese Person möglicherweise Tore geöffnet werden könnten, durch die, sagen wir mal einfach »andere Energien« Zugang finden könnten. Zu ihrer Zeit nannte Magdalena diese anderen Energien »Dämonen«.

Was bedeutet das? War ich einfach eine eifersüchtige Frau? Oder war ich so empfindsam, dass ich jeden wahrnahm, der auch unabsichtlich gefährlich sein könnte? Oder wollte ich kontrollieren, dass niemand ohne meine Zustimmung in unser Leben trat?

Als ich das Thema zuerst ansprach, rief ich genau die Reaktion hervor, die ich erwartet hatte. Ich begann also, emotional meine Sachen zu packen, um jederzeit bereit zu sein, das Herz zu verlassen. Tom tat das, was er in solchen Situationen zu tun pflegt – er wurde gefühlstaub. Da waren wir also. Die gleichen Magneten, die uns sonst zusammenziehen, wechselten ihre Polarität und trieben uns auseinander. Es ist schwierig, vom Herzen her zu sprechen, wenn man sich abgestoßen fühlt, und wenn man weiß, dass man den anderen abstößt.

Ich redete mit ihm über das, was meiner Ansicht nach die Situation heraufbeschworen hatte, und dass ich mich unberücksichtigt gefühlt hatte als er, ohne mit mir darüber zu sprechen, dieses Tor geöffnet hatte.
Er war entsetzt über meine Reaktion. Natürlich war er das, denn ich klang wahrscheinlich wieder wie eine Verrückte. (Ich glaubte natürlich, dass ich Recht hatte, das heißt, ich wusste, dass ich nicht verrückt war, aber ich fürchtete, dass er mich dafür hielt. Ich wusste, dass ich Recht hatte, aber ich hatte ja auch die andere große Wahrheit gelernt: Willst du Recht haben oder willst du glücklich sein?)
Ich kann gar nicht genug betonen, wie lebensbedrohlich dieses ganze Totale-Wahrheit-Ding für die Psyche ist. Man glaubt wirklich, fast zu sterben, wenn man anfängt zu sprechen. Diese totale Wahrheit, die wir vor allen verbergen, ist irgendwie zutiefst furchterregend.
Und es ist ganz leicht, all dies vorüberziehen zu lassen, gar nicht erst damit anzufangen. Es wäre uns gut gegangen, hätte ich nicht mit diesem Thema angefangen. Jedenfalls oberflächlich. Ich wusste jedoch, dass wir letztendlich so enden würden, wie alle anderen Paare auf der Welt – zusammen, aber nicht wirklich zusammen – ko-abhängig von der Weigerung des anderen, die Wahrheit zu sehen. Man kann wirklich meinen, jemanden so sehr zu lieben, dass man ihn nie auf seine schwierigen Seiten anspricht, weil man meint, dass es ihn zu sehr verletzen würde. Aber was wirklich weh tut ist, den Partner nicht auf seine schwierigen Seiten hin anzusprechen. Das tötet und macht krank und unterstützt Stagnation und Enttäuschung.
Ich weiß in meinem Herzen, dass in einer heiligen Beziehung aus all diesen kleinen Nichtigkeiten, diesen kleinen Dingen, die uns auf die Nerven gehen, diesen kleinen Wahrheiten, dicke, unüberwindbare Wände entstehen, wenn sie nicht mitgeteilt werden. Wenn Sie Ihre Wahrheit nicht mitteilen, wachen Sie eines Morgens auf und merken, dass Sie neben einem Fremden liegen, einem Wohngenossen. Lesen Sie meine Geschichte noch einmal. Ich habe es ausprobiert, und es ist nicht der Weg zu Heiligen Beziehungen.
Ich wünschte, ich könnte Ihnen erzählen, dass wir unsere Antworten ohne Hilfe gefunden hätten. Wir baten jedoch um Hilfe. Ich verlor fast den Verstand, weil ich mich mit einem Bild von mir als verängstigter, eifersüchtiger Frau quälte. Ich hatte schließlich gerade dieses ganze Kapitel geschrieben und all meine Ängste offen gelegt und da

waren sie schon wieder. Ich hatte gedacht, ich wäre darüber hinweg! In Wahrheit hatte meine Grundlage jedoch einen weiteren, winzigen Riss, und ich fürchtete um meine eigene und um Toms Sicherheit.
Also erzählte ich Tom von meinen Bedenken und »unsere Magnete kehrten sich um«, wie wir es nennen. Die sonst so mächtige Anziehung zwischen uns verwandelte sich in Abneigung und wir zogen uns in unsere Ecken zurück. Ich fühlte mich verletzt, er fühlte sich verärgert.

Wir ließen alles liegen und baten um Hilfe. Diese Gelegenheit, uns durch die Beziehung zu transformieren, ist für uns beide der heiligste und wichtigste Aspekt in unserem Leben. Wir haben uns dafür entschieden, und wir haben die Vereinbarung, unsere Beziehung weiter zu führen. Aber wir saßen fest und brauchten Hilfe.

Ich weiß, dass es ein großes Glück ist, dass wir derart Zugang zu Rat und Führung haben, und weil ich auch weiß, dass das nicht jedem zur Verfügung steht, will ich hier mitteilen, was uns gesagt wurde.
Uns wurde erklärt, dass wir von unserer Kindheit an durch die Fülle unserer Lebenserfahrungen geschmiedet werden. Die Schwerter, die jeder von uns in seine Beziehungen trägt, sind in der Hitze des Schmerzes und unter großem Druck entstanden. Diese Erfahrungen bestimmen unser Sein, unsere Legierung, wenn man so will. Es ist mindestens ebenso viel Hitze notwendig, um die Legierung zu ändern, uns umzuschmelzen, zu verändern wer wir sind, die »Flughindernisse« auszubrennen, wie Magdalena es nennt. Ich will brennen, obwohl ich zugeben muss, dass mir die Hitze manchmal Angst macht. Es hat mir sehr geholfen, zu hören, dass wir nichts verkehrt machen, dass dies in der Tat der Prozess sei, und dass unsere jetzige Erfahrung ein Hinweis darauf sei, dass wir uns mitten in dem Prozess befanden.
Tom und ich haben uns entschieden, diesen Ausschnitt aus dem, was uns persönlich geraten wurde, hier zu veröffentlichen, weil er vielleicht ein paar Fragen beantwortet.

»Die Antwort liegt im Kontext des alchemistischen Prozesses. Zeigst du das Gesicht der eifersüchtigen Frau oder zeigst du das Gesicht der Frau, die Gefahr wittert?
Dies ist der Prozess zwischen euch. Du musst die Wahrheit dessen, was du empfindest, aussprechen, und Tom muss seine Wahrheit bezüglich dem, was

in ihm aufsteigt, aussprechen, sei das Konflikt oder Harmonie. Dies sind die beiden Gesichter. Dies ist der Prozess, in dem die Schlacken ausgebrannt werden. Ihr beide seid in einem alchemistischen Prozess, und ihr macht das alles ganz richtig.

Wir verstehen, dass dies eine schwierige Situation ist und ihr nach Antworten sucht, mit denen ihr die Hitze vermeiden könnt. Aber die Hitze ist notwendig! In jedem von euch gibt es psychologische Muster, die ihr negativ nennt oder wenig hilfreich, und sie werden mit jenen verschmolzen, die positiv sind.

Die eifersüchtige Frau ist mit der Frau, die Gefahr wittert, verschmolzen, denn zur Stahlherstellung werden verschiedene Metalle miteinander verbunden, legiert. Deine Legierung entstand in deiner Kindheit. Du nimmst die Schwerter deiner Identitäten und steckst sie in den alchemistischen Ofen, und es gibt keine Antwort, die dies leichter machen könnte, außer anzuerkennen, dass ihr euch in einem alchemistischen Prozess befindet, in den ihr euch freiwillig begeben habt. Wenn eure Schwerter schmelzen, fühlt sich das an, als würdet ihr eure Identität verlieren.

Die Antwort für euch beide liegt darin, eure Wahrheit darüber auszusprechen, welches Gesicht ihr jeweils gerade tragt.

Wenn der Ofen so heiß wird, dass die Magnete sich umkehren, so liegt das daran, dass die enorme Hitze die Struktur der Magnete verändert. Die Magnete sind in jedem von euch durch Polarisation entstanden. Wenn sich diese Polarisationen gegenseitig anziehen, passt es. Der Magnetismus zieht euch zusammen. Wenn die Hitze steigt, drehen sich die Magnetpole um, und mit der gleichen Intensität, die euch gewöhnlich zueinander zieht, stoßt ihr euch jetzt ab. Das ist aber nur vorübergehend, bewertet das nicht zu hoch, seht einfach zu, dass ihr durchkommt. Ein Teil von euch sucht nach Beweisen dafür, dass dies gefährlich sei und ihr besser die Flucht ergreifen solltet. Es gibt in diesen Zeiten jedoch kein Entkommen, nur Wahrheit.

Macht euch klar, dass ihr in einer heiligen Beziehung, einem alchemistischen Prozess seid. Ihr sucht nach Bildern, und wenn die Bilder nicht passen, bekommt ihr Angst. Ihr seid in einem alchemistischen Prozess. Wenn die Hitze zunimmt und ihr es nicht mehr aushaltet, geht woanders hin, wo die Hitze nicht ganz so stark ist. Macht ein bisschen Pause, lasst die Welt still stehen, haltet euch bei den Händen, obwohl Berührung eigentlich das Letzte ist, was ihr in diesen Augenblicken tun wollt. Sprecht aufrichtig darüber, welches Gesicht sich gerade zeigt. Macht euch klar, dass das Aussprechen der Wahrheit nichts kaputt macht.

Lasst nichts zwischen euch kommen. Ihr müsst in einer fließenden Umgebung leben, in der keine Anforderungen an euch gestellt werden, damit ihr, wenn die Hitze zu groß wird, alles liegen lassen und durch den Prozess gehen könnt. Ihr müsst in einer frei fließenden Umgebung leben, damit ihr in das Mysterium gehen könnt.
Wenn das Wesen des Weiblichen etwas entdeckt hat, das ihm kostbar ist, wird es zu einer grimmigen Beschützerin, koste es, was es wolle. Eifersucht ist ein Gesicht, das sich im Laufe des Lebens zeigt. Das Problem ist nicht die Eifersucht, sondern das Verschweigen der Wahrheit darüber, was man braucht. Das wirklich Riskante ist, die Wahrheit zu sagen, der Möglichkeit ins Gesicht zu sehen, dass der andere dir nicht geben wird, was du möchtest. Beziehungen sind wie Pokerspiele. Jeder blufft, dass er die höheren Karten hätte. Wenn ihr in heilige Beziehungen eintretet, werden alle Karten auf den Tisch gelegt. Alles, was hochkommt, wird auf den Tisch gelegt, denn die Klarheit von zwei Menschen, die sich alle Karten anschauen, ermöglicht Transformation.«

Ich will es noch einmal zusammenfassen.
Bleiben Sie immer in der Wahrheit.
Es wird heiß werden.
Geben Sie nicht auf. Kaufen Sie sich ein Kupplungspedal und legen Sie es auf Ihren Altar. Halten Sie sich an den Händen, und gehen Sie über glühende Kohlen. Und ich verspreche Ihnen – Sie werden glauben, zu sterben. Und Sie werden nicht sterben.

POST PARTUM
Nachgedanken

Dies ist die Geschichte von dem, was Magdalena heilige Beziehungen nennt, und von der inneren Alchemie, die in der Sicherheit und Hingabe einer Heiligen Ehe möglich ist.

Wir leben nicht in Zeiten des Lichtes. Wir stehen, wie Magdalena sagte, am Anfang vom Ende der Zeit. Die verbleibende Zeit ist knapp, daher werden Geheimnisse in der Hoffnung enthüllt, dass mehr Menschen erwachen und die, für einen Umschwung notwendigen Veränderungen vornehmen werden.

Das erinnert mich an die Geschichte eines jungen Mannes, der alleine den Strand entlang geht. Weit hinten sieht er kleine Punkte über den Strand verstreut und die Gestalt einer alten Frau, die sich immer wieder bückt, zum Wasser geht, etwas hineinwirft und dann wieder zurückgeht, sich wieder bückt und wieder etwas zum Wasser bringt.

Als er näher kommt, sieht er, dass der Strand voller Seesterne ist, die eine schnell abfließende Ebbe zurückgelassen hat. Hunderte von Seesternen sterben in der Sonne und eine alte Frau nimmt einen nach dem anderen hoch und bringt ihn ins Wasser zurück. Er staunt über die Unmöglichkeit ihrer Bemühungen und fragt: »Warum tun Sie das bloß? Warum machen Sie sich diese Mühe? Sie können sowieso nicht so viele retten, dass es wirklich etwas ausmachen würde!«

Sie warf noch einen Seestern in das Wasser und rief in den Wind: »Diesem hier macht es etwas aus!«

In ihrer letzten Übermittlung hatte Maria Magdalena gesagt, dass nur wenige ihre Geschichte verstehen werden, aber dass das genüge.

Mir ist klar, dass ich mit meiner »Geschichte einer Frau« viel Kritik ernten werde. Manche werden mich beneiden, andere werden mich beschimpfen, viele werden mich verurteilen. Ich habe mich dafür entschieden, die Bitte von Magdalena, dass meine Geschichte mit veröffentlicht werden soll, zu ehren, einfach weil ich ihrer Weisheit mehr vertraue als meinen Ängsten.

Mögen Sie Ihre eigene heilige Beziehung finden, in Ausgeglichenheit, Gleichberechtigung und ekstatischer Hingabe aneinander und an sich selbst.

*Was würde geschehen, wenn eine Frau
die Wahrheit über ihr Leben schreiben würde?
Die Welt würde sich öffnen.*

Muriel Rukeyser
Dichterin

Fragen an Magdalena

Nachdem sie uns das *Manuskript* überliefert hatte, stellten wir Maria Magdalena viele Fragen. Manche, weil wir wussten, dass man sie uns bei der Veröffentlichung dieses Materials stellen würde, andere waren eher persönlicher Art. Manche unserer Fragen wurden beantwortet, aber häufig sagte sie einfach: »Magdalena gibt hierzu keinen Kommentar.« Wir erzählen das hier, um zu zeigen, mit welcher Art von Persönlichkeit wir es hier zu tun hatten. Sie setzte klare Grenzen. Sie machte ohne Umschweife deutlich, was ihre eigene Angelegenheit sei und was für unsere Zeit hilfreiche Informationen sein könnten. Sie hatte kein Verständnis für Fragen, die ihre Geschichte auf einer trivialen Unterhaltungsebene betrachteten.
Wir wollen unsere Fragen und ihre Antworten hier genauso darstellen, wie sie ausgesprochen wurden.

F: Warst du mit Jeshua verheiratet?
Magdalena: »Jeshua und ich waren auf rabbinische Art verheiratet. In den Evangelien steht, dass Jeshua auf einer Hochzeit Wasser in Wein verwandelte. Sie erwähnen allerdings nicht, dass es unsere Hochzeit war. Es war bekannt.
Es gibt zwei Wege, die sich manchmal überschneiden: die Einweihung und die Ehe.
Einweihung bedeutet, eine Schwelle zu höherem Verständnis und zu erweiterten Fähigkeiten zu überschreiten. Einweihungen werden einzelnen Individuen gegeben.
Wer in heiligen Beziehungen lebt, begibt sich durch das gemeinsame Einverständnis auf diesen Weg.
Es ist nicht notwendig, dass dies durch eine andere Person anerkannt wird. Das ist mehr kulturell bedingt. Wer sich in das Herz der heiligen

Beziehungen begibt, geht durch die Einweihungen, einfach weil er sich in die Mysterien begibt. Es geht bei den heiligen Beziehungen vor allem um den Prozess, nicht um den Akt.«

F: Wie verändert sich die Sexualmagie der Isis bei Frauen, die keine Gebärmutter mehr haben oder im Klimakterium sind?
Magdalena: »Die Sexualsekrete einer Frau sind unter diesen Umständen natürlich anders als bei einer Frau, die fruchtbar ist. Der Austausch zwischen dem Samen des Mannes und den Sexualsekreten der Frau hat dann nicht die gleiche energetische Zusammensetzung. Trotzdem gibt es eine Reaktion und alle anderen Aspekte der Sexualmagie der Isis kommen voll zum Tragen. Das Streicheln, die Berührungen, das Einnisten, all das erschafft magnetische Felder, die in die Subtilkörper der beiden Eingeweihten gezogen werden können. Der Akt ist dann vielleicht nicht so dynamisch wie in der Jugend, aber immer noch wirkungsvoll.«

F: Wie verändert sich die Sexualmagie bei Männern, die sterilisiert sind?
Magdalena: »Das war zu meiner Zeit in den Tempeln der Isis natürlich kein Thema. Vom Standpunkt der Sexualmagie aus muss sich der Mann auf das Streicheln, Berühren und Einnisten verlassen, um die Magnetfelder zu erzeugen. Wird die Sexualmagie auch bei einem sterilisierten Mann funktionieren? Ja, mit einer Einschränkung. Weil die Magnetismen seines Samens sich nicht mit den Sexualsekreten seiner Partnerin mischen können, muss er sich noch mehr als normal auf das Streicheln und Berühren seiner Partnerin verlassen, um die gleiche magnetische Intensität aufzubauen.«

F: In dem *Manuskript* sagst du, dass die Probleme, die ein Mann mit seiner Mutter hat, die Alchemie zwischen ihm und seiner Partnerin beeinflussen können. Trifft das auch für Frauen zu? Wirkt deren Beziehung zu ihrem Vater in gleichem Maße auf den alchemistischen Prozess?
Magdalena: »In gewissem Maße schon. Die Erfahrungen, die eine Frau mit ihrem Vater gemacht hat, färben ihren späteren Umgang mit ihrem Partner. Die Auswirkungen sind also ähnlich. In Bezug auf den männlichen Eingeweihten wollte ich jedoch darauf hinweisen, dass

sich der Mann in Bezug auf die Frau oft sehr verletzlich fühlt. Eine Tochter wurde nie von ihrem Vater »unter dem Herzen getragen«, weil der ja keine Gebärmutter hat. Ihr Körper wurde nicht auf gleiche Weise aus seinen Elementen gebildet.

Der Sohn wurde dagegen im Bauch seiner Mutter getragen und war während seiner Entwicklung völlig von ihr umgeben. Nach seiner Geburt fängt für ihn der Trennungsprozess an. Falls er als Mann noch ungelöste Probleme mit seiner Mutter hat, findet er es möglicherweise schwierig, sich einzunisten, denn dabei ist er wieder völlig von der weiblichen Energie umgeben, genauso wie im Mutterleib. Darin unterscheidet er sich von der Situation der Frau und ihren Problemen mit dem Vater.«

F: Hast du irgendetwas zu den anderen alchemistischen Strömungen zu sagen, die lehren, dass ein Mann während des Geschlechtsaktes seinen Samen zurückhalten soll?

Magdalena: »Ihr könnt sagen, Magdalena lachte!

Als Priesterin der Isis bin ich da voreingenommen. Die Alchemie, in der ich unterwiesen wurde, ist weiblich orientiert, daher sehen wir manche dieser Dinge etwas anders als die Lehren, die ihr gerade erwähnt habt. Wir gehen davon aus, dass die Schöpferin von Zeit und Raum, die wir Isis nennen, im Wesen jeder Frau enthalten ist. Sie ist ein Teil von ihr, so wie die Samen einer Feige in der Frucht verborgen sind. Wir wussten auch, dass die Alchemie aus der Verbindung zweier Gegensätze entsteht, nämlich dem männlichen und dem weiblichen Prinzip. Aber nach unserem Verständnis liegt der Schlüssel zur alchemistischen Reaktion bei der Frau. Der Mann ist notwendig, um den Schlüssel zu drehen, und in dieser gegenseitigen Verbindung der polaren Gegensätze im Mann und in der Frau findet die Alchemie statt. Aus unserer Sicht ist das Zurückhalten des männlichen Samens nur ein weiterer Ausdruck der allgemeinen Tendenz zur Zurückhaltung.

Es ist wahr, dass zwischen der Vitalität eines Mannes und den Energien seines Samens ein Bezug besteht, und dass unmäßiger Samenerguss die Lebenskraft beeinträchtigen kann. Aber wenn er seinen Samen in seine Geliebte ergießt und sich in ihre Energien einnistet, wird er bei der Öffnung ihres inneren Wesens von den Magnetismen genährt, die beide Partner mit Lebenskraft überfluten. Darin unterscheidet sich dieser alchemistische Weg von den anderen, die es zur Zeit auf der Erde gibt.«

F: Hast du in Frankreich oder England gelehrt oder Mysterienschulen gegründet?
Magdalena: »Als wir zum ersten Mal in Les-Saintes-Maries landeten, kümmerte ich mich vor allem um die Sicherheit von Sar'h. Deshalb reisten wir mit den Druiden weiter Richtung Norden zu dem Glastonbury Tor. Als Sar'h zwölf Jahre alt war, kehrten wir zu dem mediterranen Schilfland zurück, an dem wir gelandet waren, um das Wasserritual der Isis durchzuführen. Zu jener Zeit war Sar'h nicht mehr in Gefahr, und wir reisten entspannter nach England zurück. Ich gründete einige Lehrkreise. Nach Sar'hs Hochzeit reise ich ab und zu nach Frankreich und in verschiedene Teile Englands, um die Mysterien der Isis-Tempel zu lehren.

F: Ist »Magdalena« ein Titel?
Magdalena: »Es ist ein spirituelles Erkennungszeichen. Es gibt einen Orden der Magdalena. Er ist verborgen.«

F: Warum wurden in der Alchemie des Horus diese Reptilienbilder verwendet?
Magdalena: »Das Bild der Schlangen soll die schlangenartige Struktur des aufsteigenden Sekhem verdeutlichen. Wenn die, durch die alchemistischen Praktiken des Horus freigesetzten Energien den Djed entlang aufsteigen, verhalten sie sich schlangenartig. Man könnte auch sagen, sie winden sich. Wenn sie in den Kopf eintreten, breiten sie sich oft über die Gehirnhemisphären aus, wie eine Kobra ihre Haube spreizt. Die Schlangengestalt ist daher eine Metapher, ein symbolisches Element, das auf tiefere Strukturen und das Wesen des Bewusstseins im Subtilkörper (Ka) hinweist.«

F: In den Evangelien steht, dass Jeshua dir sieben Dämonen ausgetrieben hat. Was war das?
Magdalena: »Jeshua vollzog einen Reinigungsritus an mir, um das, was ihr negative Energien nennen würdet, aus meinen sieben Chakren zu entfernen. Es war eine Chakra-Reinigung. Die »sieben Dämonen« waren einfach negative Energien, wie wir sie alle manchmal in unserem Energiefeld haben. Er reinigte mein Feld von ihnen, um mich für die tiefere Alchemie vorzubereiten, die wir zusammen durchführen wollten.

Es wird auch nichts davon erzählt, dass ich auch seine sieben Chakren reinigte. Ich tat das Gleiche für ihn.

Das Prinzip ist folgendes: Mit zunehmender spiritueller Kraft oder Erleuchtung wird man zum Magneten für viele Energien, die gar nicht zu einem gehören. Menschen in einem niedrigen emotionalen Zustand sind für negative Kräfte offen, die man in Jeshuas Zeit Dämonen nannte. Besonders bei Menschen, die unter Drogen stehen trifft dies zu. Wenn der emotionale Tonus (oder Schwingungszustand) niedrig ist, öffnet man diesen negativen und manchmal zerstörerischen Energien Tür und Tor.

Paradoxerweise geschieht etwas ganz Ähnliches, wenn man in höhere Bewusstseinszustände aufsteigt, weil man für diese negativen Energien anziehend wird. Wir alle haben unsere Augenblicke, in denen wir unachtsam sind, und manchmal begeben wir uns an Orte, die nicht zu unserem Besten sind. Dann können sich diese Energien sozusagen einnisten.

Was wir praktizierten, war einfach eine alte Technik aus den Tempeln der Isis. Es war eine Reinigung der sieben Siegel, die alle negativen Energien austreibt, die wir in uns tragen, und deren wir uns vielleicht gar nicht bewusst sind. Der Prozess enthielt geheime Mantren, Gebete und absichtsvoll auf diese Zentren gelenktes Licht. Es ist ein komplexer Prozess, zu dem nicht jeder in der Lage ist, es wäre also nicht sinnvoll, diese Methode zu veröffentlichen, sie würde nur verzerrt werden. Es ist eine gewisse Meisterschaft notwendig, um die Siegel auf die Weise zu reinigen, wie ich es an ihm und er es an mir vollzog.

Wir sehen hier in den Evangelien wieder eine einseitige und manipulierte Perspektive. Niemand erwähnte, dass Jeshua auch zu mir kam, um diese Reinigung zu erfahren, obwohl alle davon wussten.«

F: Was bedeutet »die Rückkehr der Kosmischen Mutter«?
Magdalena: »Es bedeutet den Wandel des kollektiven Bewusstseins zu einer Würdigung des Weiblichen hin. Er wird sich als globales und kollektives Verständnis der Heiligkeit der Erde selbst zeigen, so dass Ko-Kreation, ein schöpferisches Miteinander, an die Stelle von Ausbeutung und Raubbau tritt. Und die Frauen – die Seelen, die sich als Frauen verkörpern – werden auf einen Platz der Gleichheit, der Wertschätzung neben dem männlichen Prinzip erhoben.

Ihr könnt sehen, dass die Erde noch einen weiten Weg vor sich hat, bevor es dazu kommt.«

F: Willst du damit sagen, dass es noch lange dauert, bis dies geschieht?
Magdalena: »Nein, ich meine, dass es vom heutigen kollektiven Zustand der Menschheit aus einen großen Bewusstseinssprung darstellt. In dieser Hinsicht besteht ein großer Bedarf für Reinigung. Diese Notwendigkeit zur Reinigung sinkt mit jedem Einzelnen, der ein inneres Gleichgewicht zwischen dem inneren Weiblichen und dem inneren Männlichen herstellt und diese männlich/weiblichen Beziehungen damit ehrt, dass er sie im Außen verkörpert.«

Wir fragten Magdalena, ob sie andere Inkarnationen gehabt hätte, und sie sagte uns, dass sie keine anderen Inkarnationen gehabt habe.
Maria Magdalena erwähnte in unseren Gesprächen mehrfach diejenigen, »die in Übereinstimmung mit der neuen Erde sind«. Als wir sie fragten, was solche Menschen ausmachen würde, antwortete sie ohne Zögern: »Keine Schuld. Keine Scham. Kein Bedauern.«

Glossar

Alchemie – die Kunst und Wissenschaft davon, eine Form in eine andere zu verwandeln. Innere Alchemie (wie die ägyptische) transformiert die Energie des Bewusstseins und die Lebenskraft der Verkörperung in erweitertes Bewusstsein und verleiht den Praktizierenden besondere Fähigkeiten.

Ammit - ein mythisches Wesen, das auf den Djed oder heiligen Pfad bezogen ist. Es ist eine Kombination aus Krokodil, Löwe und Nilpferd und wird oft zusammen mit einer Darstellung des Djed abgebildet. Dabei steckt seine Krokodilsschnauze zwischen dem dritten (Kraft-) und dem vierten (Herz-) Chakra.

Anubis – ein ägyptischer Gott, der halb Mensch, halb Schakal ist und in Verbindung mit dem Totenreich steht. Die ägyptische Mythologie besagt, dass Anubis Osiris in die Unterwelt geführt hat. Daher wird er mit den unterirdischen Bereichen der Psyche assoziiert.

Aufstieg – der Prozess, bei dem die Lebenskraft (Sekhem) den Djed hinauf zu den höheren Hirnzentren geleitet wird, wodurch die Bewusstseinskräfte (Siddhis) aktiviert werden und der Übende Zugang zu den spirituellen Bereichen des Seins erfährt. Der Begriff bezieht sich auch auf den Aufstieg des Ka-Körpers in höhere Bereiche der Energie und des Lichtes.

Ba – die Himmlische Seele

Chakra – ein Energiewirbel im feinstofflichen Körper. Das Wort bedeutet »Rad«, da die Chakren sich wie Räder drehen. Die Wissenschaft hat die Existenz der Chakren bestätigt. Von ihnen strömt Licht und Klang aus.

Djed – Der heilige Pfad der Chakren. Der Djed verläuft von dem unteren Ende der Wirbelsäule (dem Muladhara) zum Schädeldach (dem Kronen-Chakra). Dies ist der heilige Pfad für den Aufstiegsprozess in der ägyptischen Alchemie.

Eingeweihte/r – jemand, der durch ein Tor oder über eine Schwelle von einem Bewusstseinszustand zum nächsten gegangen ist. Im Allgemeinen sind Eingeweihte in einer heiligen Wissenschaft ausgebildet und haben Zugang zu der spirituellen Tradition, die für diese heilige Wissenschaft verantwortlich ist.

Flughindernisse – ein Begriff, mit dem Magdalena die psychologischen Hindernisse auf dem Weg zur Erleuchtung beschrieb. In ihrer Tradition besteht eine der Aufgaben des Alchemisten darin, diese Flughindernisse zu beseitigen, damit das Bewusstsein den Djed entlang aufsteigen kann.

Goldenes Gewand – siehe Sahu

Goldene Schlange – ein Begriff, den Magdalena verwendet, um den solaren Weg die Wirbelsäule hinauf zu beschreiben (siehe auch Pingala). Der solare Pfad verkörpert den männlichen Aspekt der Schöpfung und steht in Bezug zum Licht.

Horus – der Sohn von Isis und Osiris. Horus symbolisiert die Verbindung des Geistes (Osiris) und der Materie (Isis). Die Geschichte seiner Reise ist eine Allegorie für unsere Reise den Djed hinauf zu erweiterten Bewusstseinszuständen hin.

Ida – ein yogischer Begriff für den feinstofflichen Kanal auf der linken Seite der Wirbelsäule, der auch als lunarer oder Chandra Pfad bekannt ist. Ida verläuft vom Wurzel-Chakra bis zum Kopf und endet am linken Nasenloch (siehe auch Schwarze Schlange).

Initiation – der Prozess, bei dem jemand von einer Bewusstseinsebene zur nächsten überwechselt. Initiationen sind ein Zeichen dafür, dass jemand einen gewissen Grad der Meisterschaft erreicht hat. Sie können von einem Geistwesen oder direkt von einer physischen Person verliehen werden.

Inkarnat – eine Priesterin des Isis Kultes, die dafür ausgebildet ist, die Energien der Isis zu verkörpern.

Isis – die Mutter von Horus, eine der bekanntesten Gottheiten des ägyptischen Pantheons. Sie wurde als die Kosmische Mutter betrachtet. Ihr Kult war in der ganzen alten Welt verbreitet.

Ka – ein subtiler Energiekörper der ägyptischen Alchemie. Das Ka ist das energetische Doppel des physischen Körpers, das manchmal auch als spiritueller Zwilling bezeichnet wird. Die Transformation des Ka-Körpers steht im Mittelpunkt der ägyptischen Alchemie.

Khat – unser dichter physischer Körper aus Fleisch und Blut.

Kundalini Yoga – eine Yogaform, die sich auf die Bewegung der Kundalini-Shakti bezieht, einer Energieform, die mit dem Aufsteigen des Sekhem entlang der Wirbelsäule eng verwandt ist. Beim Aufsteigen der Kundalini-Shakti entlang der Wirbelsäule werden die verschiedenen Chakren aktiviert, was dem Yogi oder der Yogini Meisterschaft über die entsprechenden Bewusstseinsebenen gibt.

Maat – eine ägyptische Gottheit, die mit dem Land der Toten in Verbindung gebracht wird. Maat hält eine Waage, auf deren einer Schale eine Feder liegt. Auf der anderen Schale wird das Herz desjenigen gewogen, der in das spirituelle Paradies eingehen möchte. Wenn das Herz durch Scham und Bedauern beschwert ist, zieht es die Schale nach unten und die Person muss die Unterwelt durchwandern. Wenn das Herz leicht ist wie eine Feder, erhält die Person Einlass in die höheren Reiche des Geistigen.

Neter – sind subtile Kräfte. In der klassischen ägyptischen Alchemie gibt es 26 Neter, aber der Begriff ist auf alles anwendbar, was Energie oder Kraft hat. Er kann daher auch auf das Konzept der Shakti oder der yogischen Energie angewendet werden.

Pingala – ein yogischer Ausdruck für den feinstofflichen Pfad rechts von der Wirbelsäule, der auch als solarer oder Surya Pfad bekannt ist. Pingala geht vom Wurzel-Chakra aus bis in den Kopf und endet am rechten Nasenloch (siehe auch Goldene Schlange).

Pranaröhre – kann als die zentrale Kraftlinie der Magnetfelder des Körpers betrachtet werden. Alle bipolaren Magnete, inklusive unserer Körper, haben einen Nord- und einen Südpol. Diese beiden Pole entstehen entlang einer Achse, ähnlich der Erdachse, die ebenfalls ein bipolarer Magnet ist. Im menschlichen Körper verläuft diese Achse vor der Wirbelsäule vom Schädeldach zum Perineum (siehe auch Djed und Zentralsäule).

Ra – der ägyptische Sonnengott. Nach alchemistischem Verständnis ist jedes Feuer ein Ausdruck der Kraft von Ra. Im Ka-Körper gibt es ein Energiezentrum oder Chakra, das feuriger Art ist: der Solarplexus. Ein großer Teil der ägyptischen Alchemie befasst sich mit den vielen Ausdrucksformen des Ra als Energiequelle für die alchemistischen Reaktionen im Ka.

Rote Schlangentropfen – eine feinstoffliche, energetische Substanz, die vom Kronen-Chakra ausgeschieden wird und mit den Eigenschaften der biologischen Mutter zusammenhängt. Diese Tropfen entstehen durch eine alchemistische Meditation mit der Schwarzen und der Goldenen Schlange, die im *Manuskript* dargestellt wird. Interessanterweise entspricht diese Praxis in vielfacher Hinsicht dem tibetischen Vajrayana Yoga, wo auch so genannte weiße und rote Tropfen verwendet werden. Auch in der tibetischen Praxis werden diese Topfen dazu verwendet, Glückseligkeit zu erzeugen, aber dann verweilt der Praktizierende in diesem seligen Zustand und kontempliert dabei das Wesen der Leerheit oder die Leerheit aller Dinge. In der Alchemie des Horus strebt man jedoch nach einem anderen Ziel. Auch hier erzeugen diese Tropfen Glückseligkeit. Diese wird jedoch dann in den Ka-Körper geleitet, um ihn zu stärken. Laut Magdalena stärken ekstatische Bewusstseinszustände das Ka.

Samadhi – ein yogischer Zustand innerer Aufmerksamkeit, der durch Meditation hervorgerufen wird. In Samadhi wird das Bewusstsein von den äußeren Sinneswahrnehmungen ab- und den inneren Welten zugewandt. Es gibt viele Grade von Samadhi, von einer leichten inneren Aufmerksamkeit bis hin zu tief veränderten Bewusstseinszuständen. In den tiefsten Formen von Samadhi bleibt die wahrgenommene Zeit stehen. Alles Gefühl für Zeit verschwindet genauso wie alle Wahrnehmung der äußeren Welt. Das Bewusstsein wird sich seiner selbst bewusst und aus dieser tiefen Selbsterkenntnis entsteht spontane Glückseligkeit.

Sahu – der unsterbliche Energiekörper, der auch als das Goldene Gewand bezeichnet wird.

Schwarze Schlange – ein Begriff, mit dem Magdalena den lunaren Energiepfad entlang der Wirbelsäule beschreibt (siehe auch »Ida«). Die Schwarze Schlange verkörpert die weiblichen Schöpfungsmysterien. Sie bezieht sich auf die Leerheit, die Quelle, aus der alles erschaffen wurde.

Sekhem – bedeutet Lebenskraft, das »Aufrichtende«. In der ägyptischen Alchemie wird das persönliche Sekhem gestärkt, um in erweitertes Bewusstsein umgewandelt zu werden. Das Sekhem erzeugt die Kraft, um die Chakra-Leiter zur Erleuchtung zu erklimmen. Diese höchst potente Lebenskraft wird auch in spezifischen alchemistischen Prozessen verwendet, um Bewusstseinskräfte zu erzeugen (siehe Siddhis).

Seth – ist der Bruder und Mörder von Osiris, dem Vater von Horus. In dem Osiris-Mythos muss Horus Seth überwinden.

Sexualmagie – Die Verwendung von Sexualität im Zusammenhang mit Magie hat eine jahrtausendealte Geschichte, die sich über viele Kulturen und spirituelle Traditionen erstreckt. Die Sexualmagie der Isis bezieht sich jedoch im Gegensatz zum allgemeinen Verständnis von Magie nicht auf eine magische Wirkung in der äußeren Welt, sondern konzentriert sich auf die magische Transformation des Bewusstseins selbst. Damit ist sie eine echte Form der inneren Alchemie, einer Alchemie, die mit den ursprünglichsten und potentesten Energien arbeitet, die verkörperten Wesen zur Verfügung stehen.

Siddhis – sind yogische Kräfte, die eine große Bandbreite von außergewöhnlichen Fähigkeiten umfassen. Dazu gehören solche Dinge wie Hellsichtigkeit, Hellhörigkeit, Hellfühligkeit und Hellwissen (wenn man etwas weiß, ohne zu wissen, woher man es weiß). Dies umfasst

Heilkräfte und gewisse prophetische Begabungen genau so wie Bi-Lokation, Teleportation und Levitation. Es gibt in vielen Weltreligionen und alchemistischen Traditionen Berichte über diese Bewusstseinskräfte, zum Beispiel im Buddhismus, im Christentum, im Hinduismus, im Islam, im Judentum und im Taoismus. Darüber hinaus wird von den Schamanen vieler Eingeborenenvölker erzählt, dass sie ähnliche Fähigkeiten demonstriert haben.

Tantra – ist ein Begriff für energetische Praktiken. Im Buddhismus wird der Begriff manchmal für energetische Bewusstseinsübungen verwendet, er kann jedoch auch sexuelle Praktiken bezeichnen. Diese Form des Tantra bezieht sich auf die Verwendung sexueller Energie für die Erweiterung des Bewusstseins und hat weltweit viele verschiedene Ausdrucksformen.

Uräus – wird manchmal auch »die Salbung« genannt. Der Uräus tritt auf, wenn Sekhem den Djed entlang ins Gehirn aufsteigt. Diese Bewegung erzeugt eine schlangenähnliche Energieform. Wahrscheinlich wurde deshalb der Uräus im alten Ägypten als Schlange dargestellt.

Weiße Schlangentropfen – eine feinstoffliche, energetische Substanz, die vom Kronen-Chakra ausgeschieden wird und deren Eigenschaften in Bezug zu dem persönlichen biologischen Vater stehen. Diese Tropfen werden durch eine alchemistische Meditation mit der schwarzen und der Goldenen Schlange erzeugt, die im *Manuskript* beschrieben wird.

Zentralsäule (Shushumna) – ein subtiler Energiepfad, der vor der Wirbelsäule von ihrem unteren Ende bis zum Schädeldach verläuft (siehe auch Pranaröhre).

Zirbeldrüse – eine Drüse, die ungefähr in der Mitte des Kopfes sitzt. Die westliche Schulmedizin versteht nicht ganz, wozu sie dient. Aus esoterischer Sicht liegen in ihr die Schlüssel zu höherem Bewusstsein.

Judi Sion

Judi Sion hat in den Bereichen Kommunikation, Werbung und politische Beratung gearbeitet. Darüber hinaus war sie Photographin, Talk Show-Gastgeberin und Zeitungskolumnistin. Ihre Artikel sind in verschiedenen Zeitschriften und Magazinen erschienen. Sie hat sieben Jahre in der Mysterienschule ihres »Lehrers im Wind« verbracht. In jenen Jahren erschienen von ihr »Der letzte Walzer der Tyrannen«, »Financial Freedom« und »UFOs...« auf Englisch, Deutsch, Spanisch und Französisch. Aus Interesse an den Traditionen der nordamerikanischen Indianer hat sie fünf Jahre lang mit den Großvätern und Großmüttern verschiedener nordamerikanischer Stämme gelernt, einschließlich denen, der Hopi. Sie hat in Nordamerika und Europa Vorträge über UFOs und Spiritualität gehalten. Zusammen mit Tom Kenyon verbreitet sie das *Manuskript* der Magdalena in der ganzen Welt.

Tom Kenyon

Tom Kenyon ist Musiker, Forscher, Autor und Therapeut. Er hat ein Diplom in psychologischer Beratung und siebzehn Jahre praktische Beratungserfahrung. In seiner therapeutischen Arbeit erkannte er das enorme Potential der Wirkung von Klang und Musik auf das Bewusstsein und gründete 1983 »Acoustic Brain Research«, um diese Wirkung zu dokumentieren. Er betrieb zehn Jahre lang psychoakustische Hirnforschung und hat verschiedene CDs produziert, mit denen sich Kreativität, Erkenntnis und spirituelle Erleuchtung fördern lassen.
Er ist Autor von »Brain States«, einem viel gerühmten Führer zu den ungenutzten Potentialen des Gehirns. Er ist auch Koautor von »Die Hathor-Zivilisation«. Sein Buch »Mind Thieves« ist ein visionärer Science Fiction Roman, der sich mit den Feinheiten der Quantenmechanik und des Bewusstseins befasst.
Tom führt weltweit regelmäßig Kurse und Seminare zu den Themen Heilung durch Klang, Bewusstsein und spirituelle Erleuchtung durch. Zusammen mit Judi Sion verbreitet er das *Manuskript* der Magdalena in aller Welt.

Tom Kenyon
Die Weisheit der Hathoren
Botschaften einer aufgestiegenen Zivilisation

gebunden, 240 Seiten
ISBN 978-3-86728-210-9

»Wir sind die Hathoren. Wir sind Meister des Klangs und der Liebe aus einer aufgestiegenen intergalaktischen Zivilisation. Hier auf eurer Erde ist etwas im Gang, was noch nie zuvor stattgefunden hat, und es bereitet uns enorme Freude, mit euch daran teilzuhaben und in euer Bewusstsein zu treten. Wir kommen in Liebe und verkünden euch eine neue, traumhafte Wirklichkeit für eure Erde.«

Zwanzig Jahre nach dem ersten Erscheinen seines Bestsellers »Die Hathor-Zivilisation« hat Tom Kenyon zusammen mit den Hathoren das gesamte gechannelte Material neu überarbeitet und umfangreich ergänzt.

- Informationen und Übungen zur Stärkung des KA-Körpers für den Aufstieg und zur Stabilisierung des Emotionalkörpers
- Das Potenzial des menschlichen Bewusstseins und das menschliche Dasein in dieser Zeit als Initiationsweg zu innerer Meisterschaft
- Bislang unveröffentlichtes Material über die Wechselwirkungen zwischen Geometrie und Bewusstsein
- Informationen und Übungen zu drei grundlegenden geometrischen Mustern, zur Stärkung der Hirnfunktionen, insbesondere der Kreativität, Problemlösungskapazität und der Fähigkeit zur interdimensionalen Wahrnehmung

Tom Kenyon und Wendy Kennedy
Lebe in deinem eigenen Licht
Lehren der Plejadier, der Hathoren und der Magdalena von Arcturus

gebunden, 192 Seiten
ISBN 978-3-86728-250-5

»Die Erde stellt ein bemerkenswertes Experiment dar. Aus Tausenden von Welten wurde hier genetisches Material deponiert. Zusammen mit all den emotionalen Codierungen und Erfahrungen all dieser Planeten und Arten bildete es die Grundlage für DAS GROSSE EXPERIMENT. Es gibt andere Zeitlinien, auf denen dieses Experiment nicht gelingt. Doch bei euch, mit denen wir dieses Gespräch führen, bei euch gelingt es, und deshalb geht ihr durch den Aufstiegsprozess. Wenn ihr erkennt, dass ihr Schöpferwesen seid, könnt ihr eure Version der Wirklichkeit verwandeln – trotz aller negativen Aspekte und manipulativen Spiele. Und wenn sich ausreichend viele von euch für eine andere Version der Wirklichkeit entscheiden, erzeugt das eine ganz neue Zeitlinie, durch die sich die gegenwärtigen Ereignisse verändern und eine ganz neue Welt entstehen wird.
Es bleibt also nur eins zu tun: Träumt euren schönsten Traum!«

Tom Kenyon
Ascension Codes

Musik-CD, 61.04 min
ISBN 978-3-86728-146-1

Diese Klangcodes, die uns Tom Kenyon aus der Zukunft übermittelt, unterstützen uns in dem Prozess, unsere Schwingungsebene zu erhöhen, damit wir uns über das Chaos erheben und in die höheren Sphären des Seins aufsteigen. Man könnte diese Musik auch als Klang-Chiffren bezeichnen. Sie ist ein Geschenk, dessen Quelle bei den Hathor, den En-geln und Wesen aus den Sphären des Lichts liegt und das Tom Kenyon mit seiner beinahe vier Oktaven umfassenden Stimme für uns öffnet. Jedes kleinste Detail dieser Produktion wurde von Wesen betreut, deren Ziel darin besteht, der Menschheit in der gegenwärtigen Zeit des Wan-dels beizustehen. Atemberaubend – eindringlich – magisch! Die Musik trägt Sie auf direktem Weg in die strahlendsten Lichtsphären Ihres ur-eigenen Seins!

Tom Kenyon
Immunity
Schamanische Heilgesänge

Musik-CD, 60 min
ISBN 978-3-86728-029-7

Klangheilung ist eine der neuen Heilweisen unserer Zeit. Die durch Tom Kenyons wundervolle Stimme gechannelten Heilungscodierungen von zweiunddreißig geistigen Klangheilern verbinden sich auf dieser CD zu einem einzigartigen Gewebe heilender Klangwellen. Diese Klänge reichen bis tief in Körper, Geist und Seele des Zuhörers und können eine kraftvolle Klangheilungserfahrung erzeugen.